之江法学文库

交叉法视阈下刑事一体化的展开

DEVELOPMENT OF CRIMINAL JUSTICE INTEGRATION FROM AN INTERDISCIPLINARY LEGAL PERSPECTIVE

李世阳／著

法律出版社 LAW PRESS · CHINA
北京

图书在版编目（CIP）数据

交叉法视阈下刑事一体化的展开 / 李世阳著.
北京 : 法律出版社, 2025. --（之江法学文库）.
ISBN 978-7-5244-0348-7

Ⅰ. D924.114

中国国家版本馆 CIP 数据核字第 20252W5591 号

交叉法视阈下刑事一体化的展开
JIAOCHAFA SHIYU XIA XINGSHI YITIHUA DE ZHANKAI

李世阳 著

策划编辑 李沂蔚
责任编辑 李沂蔚
装帧设计 臧晓飞

出版发行 法律出版社
编辑统筹 法律应用出版分社
责任校对 晁明慧　张翼羽
责任印制 刘晓伟
经　　销 新华书店

开本 710 毫米×1000 毫米　1/16
印张 19.75　**字数** 260 千
版本 2025 年 8 月第 1 版
印次 2025 年 8 月第 1 次印刷
印刷 北京科信印刷有限公司

地址:北京市丰台区莲花池西里 7 号(100073)
网址:www.lawpress.com.cn
投稿邮箱:info@lawpress.com.cn
举报盗版邮箱:jbwq@lawpress.com.cn
销售电话:010-83938349
客服电话:010-83938350
咨询电话:010-63939796

书号:ISBN 978-7-5244-0348-7　**定价**:78.00 元

凡购买本社图书,如有印装错误,我社负责退换。电话:010-83938349

序言一

李世阳近些年来学术创作风头正健，在交叉法视阈的语境下，发表了具有前沿性的成果。现在结集出版，由此而完整地呈现出李世阳在交叉法视域中的学术图景，这是值得祝贺的。

本书有两个关键词：第一是交叉法视阈，第二是刑事一体化。这里的交叉法视阈，是指对部门法进行交叉研究，它属于跨法域的研究。这种跨法域的研究对于刑法来说尤其必要且重要。因为在法学体系中，刑法处于十分独特的地位，它是以前置法为条件的。例如法定犯的构成要件深深地嵌入前置法，离开前置法就无从对法定犯进行构成要件的分析。基于法秩序统一原理，应当将刑法研究置于整个法秩序之中，形成刑法与前置法之间的协调关系。因此，跨法域的研究对于刑法教义学的展开具有重要意义。第二个关键词是刑事一体化，也就是协调刑事法中各个学科之间的关系，形成刑事法的整体知识体系。德国学者李斯特最早提出了整体刑法学的命题，将刑法、刑事诉讼法、监狱法、犯罪学、刑事政策等刑事法的相关学科知识置于同一个屋顶之下。我国学者储槐植教授提出了刑事一体化的思想，不仅对刑事司法的协调运行具有现实意义，而且对刑法、刑事诉讼法等刑事法学科进行一体化研究提出了明确的思路，对于促进我国刑事法学科的发展具有重要现实意义。在本书中，李世阳采用交叉法视阈的方法和刑事一体化的思想展开研究，使得本书的内容具有跨学科的交叉研究的性质，同时也破除了刑法的学科藩篱，将理论触须伸向相邻的刑事诉讼法等学科领域，充分展示了本书宽阔的学术视野和丰富的知识储备。本书不仅对刑法，而且对刑事诉讼法的理论研究都具有重要的方法论启示。当然，本书在跨法域的交叉性程度方面还存在不足，这也是毋庸讳言的。

本书的内容可以区分为两个部分，一部分主要是刑事诉讼法的问题探究。刑事诉讼法与刑法是程序法和实体法之间的关系，两者之间具有密切的关联性。这两个学科的学者基于学科的差异性，在研究对象上作了明确的区隔，具有各自为阵的特征。近些年来，我国刑法学者不满足于对实体法的研究，尝试着对刑事诉讼法进行著述并获得成功。例如邓子滨教授出版了《刑事诉讼原理》（北京大学出版社 2019 年版、2023 年修订版），该书是我国刑法学者所撰写的第一部刑事诉讼法著作。李世阳收入本书的是刑事诉讼法的专题论文，相较于邓子滨教授的著作是对刑事诉讼原理的宏观考察，李世阳的论文则侧重于对刑事诉讼具体制度的微观分析，因而具有一定的可操作性。值得注意的是，李世阳曾经在日本早稻田大学留学，因而其对刑事诉讼制度的探讨在更大程度上参考了日本刑事诉讼法理论。例如本书第一篇论文就是对令状主义例外的论述，在日本刑事诉讼法中令状主义是指实行强制处分原则上必须基于法院或法官所签发的令状。由此可见，令状主义是对侦查权行使过程中所涉及的对犯罪嫌疑人拘捕行为的法律限制。因此，令状主义设置的初衷在于保障被羁押者的权利。我国刑事诉讼法中并未采用令状主义的术语，而且对犯罪嫌疑人的羁押采用三种方式：第一是刑事拘留，这是由侦查机关行使的羁押权。第二是逮捕，这是由检察机关行使的拘捕批准权。第三是在人民法院案件审理期间，具有拘捕批准权。应当指出，我国法院行使拘捕批准权是极为个别的现象。也就是说，我国刑事诉讼中的拘捕批准权主要是在检察机关。在这种法律语境下，显然无法直接等同于日本刑事诉讼法中的令状主义。然而，李世阳认为我国宪法和刑事诉讼法中还是体现了令状主义的精神。例如我国《宪法》第 37 条第 2 款的规定，任何公民，非经人民检察院批准或者决定或者人民法院决定，并由公安机关执行，不受逮捕。我国《宪法》的这一规定表明，侦查机关的逮捕行为受到人民法院和人民检察院的限制，由此而使被羁押者的合法权利受到宪法保护。与此同时，我国《刑事诉讼法》规定，对犯罪嫌疑人逮捕的，应当出示逮捕证；对犯罪嫌疑人的人身或者住所进行搜查的，应当出示搜查证。这些规定都是令状主义的体现。因此，我国刑事诉讼法中虽然没有使用令状主义的概念，却在宪法和刑事诉讼法的相关规定中体现了令状主义的精神。在该论文中，李世阳主要分析的是令状主义之例外，也就是在特殊情形下，逮捕或者搜查无须令状。在采用令状主义的日本刑事诉讼法中这种例外是存在的，我国也是如此。例如，我国《刑事诉讼法》第 82 条规定在 7 种特殊情形下，公安机关对于现行犯或者重大嫌疑分子可以先行拘留。第 138 条第 2 款规定：在执行逮捕、拘留的时候，遇有紧急情况，不另用搜查证也可以搜查。上述先行拘留和无证搜查的规定，都是令状主义例外的反映。李世阳结合具体案例，对这些令状主义例外情形的具体适用作了具有新意的探讨，其基本精神是要对例外情形加以限缩。通过令状主义之例外的论述可以看出，李世阳虽然采用的是令状主义这个日本刑事诉讼法中的概念，但其所探讨的却是我国《刑事诉讼法》中的具体问题。我认为，这种吸收和借鉴国外制度，但落脚点在于我国的刑事诉讼制度的学术研究进路是值得肯定的。本书中其他刑事诉讼法的论文，还包括对证据规则、讯问程序和共犯自白等问题的细致论述，充分反映了李世阳在刑事诉讼基本理论上的学术功底。作为一名以刑法作为主业的学者来说，这是难能可贵的。我也期待着更多的刑法学者关注刑事诉讼法问题；同样也期望更多的刑事诉讼法学者关注刑法问题，真正打通刑事实体法与程序法之间的界限。

本书另一部分，李世阳还对司法实务中较为疑难的刑法问题进行了具有深度的刑法教义学的分析。刑法教义学应当面对司法现状，解决定罪量刑中的难点问题，这是刑法学者的使命。李世阳在本书中以敏锐的眼光去发现问题,并从法理上去对这些问题进行辨析,因而具有现实意义和理论价值。例如链条式钓鱼软件是目前在我国网络犯罪中常见的犯罪手法,它的出现对传统的财产犯罪构成要件的分析带来了难题。在本书第六章中,李世阳结合具体案例,对链条式钓鱼软件的运行机制及其刑法规制进行了刑法教义学的考察。链条式钓鱼软件带来的司法难以主要反映在盗窃和诈骗的区分上。盗窃罪和诈骗罪是我国刑法中财产犯罪的两个基本罪名,在刑法教义学中这两个罪名之间的性质和界限都是十分明确的。其中,盗窃罪是取得型的财产犯罪,行为人采用秘密窃取的方法将他人所占有的财物据为己有。而诈骗罪是交付型的财产犯罪,行为人采用欺骗方法使他人基于财物认识而交付财物。因此,在通常情况下,盗窃罪和诈骗罪是容易区分的。但在网络中出现链条式钓鱼软件以后,盗窃罪和诈骗罪之间的界限变得模糊了,这对传统的财产犯罪教义学是一个重大的考验。在本书中,李世阳引述了具体案例,得出如下结论:“盗窃罪与诈骗罪都是占有转移型的犯罪,只是转移的方式不一样而已。具体而言,盗窃是行为人基于自身的实力以相对和平的方式完成占有转移过程,与此相对,在诈骗的过程中,介入了被骗人的因素,由被骗人实施财产处分行为以完成占有转移过程。由此可见,财产处分行为的存在与否成为区分盗窃罪与诈骗罪的关键。”也就是说,在借助于链条式钓鱼软件侵犯他人财产权利的犯罪案件中,到底是认定为盗窃罪还是诈骗罪,核心问题在于财产处分行为。我认为,这一结论切中要害,对于网络犯罪中的盗窃罪与诈骗罪的界限区分具有重要意义。随着社会生活的发展,犯罪现象随着发生形态上的变化,由此带来对传统刑法教义学理论的挑战。在这种情况下,更需要刑法学者具有学术洞察力和理论应变能力。可以说,李世阳做到了这一点,为提升我国刑法教义学的水平做出了独特的学术贡献。

李世阳自入职浙江大学光华法学院以来,在完成教学本职的同时,潜心于学术著述和译作并取得斐然成就,成为中青年刑法学者中的佼佼者。李世阳在权威刊物发表了具有代表性的论文，出版了博士论文和个人专著。本书是李世阳在交叉法领域取得的又一重要成果。本书中的论文曾经在核心刊物发表，现在以一种体系性化的方式对论文进行整合与编辑，完整地呈现在读者面前，具有较高的学术价值。我特此向读者郑重推荐李世阳的本书，并期待着李世阳在未来的刑事法研究中取得更具创新性的学术成果。

是为序。

陈兴良*

谨识于云南昆明滨江俊园寓所

2025年7月24日

---

* 北京大学博雅讲席教授。

序言二

摆在读者面前的这本《交叉法视阈下刑事一体化的展开》学术专著，是李世阳教授近年来遵循师爷储槐植先生刑事一体化研究范式的跨学科、交叉型研究成果之集大成。作者嘱我为之写序，我虽不擅作序，但身为储槐植先生的弟子、李世阳教授的老师，能够见证恩师的刑事一体化思想传承后继有人、弟子在学术上迅速成长，欣喜之余似乎责无旁贷，只好勉力为之。

刑事一体化是储槐植先生于1989年率先提出并不断完善的个人标签性学术思想。根据先生本人的界定，刑事一体化思想包含两层意思，即刑法运作的一体化和刑法研究的一体化。刑法运作的一体化，旨在建构一种结构合理和机制顺畅即刑法和刑法运作内外协调的实践刑法形态。刑法研究的一体化则旨在打破刑法知识体系的内部封闭和外部隔阂，实现刑法知识体系内部的对话与融通，推进刑法知识体系向外部生活事实、社会科学乃至自然科学的开放。[1] 几十年来，刑事一体化思想不仅深刻地影响了我国刑法运作的实践样态，而且开启了我国刑事科学研究的方法论自觉，但刑事一体化的真正践行知易行难、任重道远。世阳教授的《交叉法视阈下刑事一体化的展开》得师爷刑事一体化思想之真传，是真正践行刑事一体化研究范式的重要学

---

〔1〕 参见储槐植：《建立刑事一体化思想》，载《中外法学》1989年第1期。储槐植：《再说刑事一体化》，载《法学》2004年第3期。

术努力。

世阳教授专攻的专业是刑法学，曾出版《共同过失犯罪研究》《规范论在刑法解释中的作用》等学术专著，并发表数十篇高质量刑法学术论文。在本书中，世阳教授试图突破刑法教义学、刑法解释学固有学术范式与研究疆域的藩篱，遵循师爷所倡导的以犯罪学为起点，经由刑事政策，抵达刑法科学的研究范式，并将学术关注的重点转向刑事诉讼法解释学，实现刑法学与刑事诉讼法学在研究范式与研究方法上的一体化。全书共分十章，前五章对令状主义、讯问程序、共犯自白的证明力、正当防卫的证明责任分配、公诉变更范围的限制等刑事程序问题，运用法教义学方法，进行体系化建构与精细入微的规范解释，推进了刑法学与刑事诉讼法学的对话与融贯。第六至第八章则基于对网络灰黑产业生态的实证分析，根据网络犯罪的技术特征、治理需求与教义逻辑，对链条式钓鱼软件、网络索财、拒不履行信息网络安全管理义务等，进行了交叉型和一体化的专题研究，展示了信息网络时代前沿、新型、复杂问题的刑法研究，如何具体践行刑事一体化研究范式的路径与方案。第九章则以更加开放与宏大的视野，将刑法置于公法框架与分配行政理论中进行考察，运用社会学差序格局理论，考察贿赂对价关系的外波效应及其最大射程范围，揭示了贿赂犯罪的三重差序法益构造与具体内涵，超越了既往研究拘泥于贿赂对价关系的当事人视角对贿赂犯罪保护法益的通行界定，提供了实定刑法的教义分析和规范诠释，如何在对外向其他学科知识资源和方法开放与对内恪守法教义学方法规训、尊重刑法学术传统的来回往返中，推进学术创新的研究范例。第十章则将研究聚焦于刑法教义学与解释论内部的两个黑暗篇章即不作为犯与共犯的交叉领域——不作为共犯，解决以不作为方式参与他人犯罪的责任归属问题。面对这一极具挑战性和争议性的纯正刑法教义学问题，世阳教授展示了积淀深厚的刑法教义学功力，游走于理论演绎与案例分析的驾驭能力，以及穿透复杂生活事实和不典型刑法现象进行类型化处理的高超思维能力，具体而微但又条理清晰地对以不作为方式参与他人犯罪的责任归属提供并论证了不同情形下的解决方案。

正如世阳教授在本书绪论所言,刑事一体化首先应从刑法与刑事诉讼法的一体化开始,当前刑法学与刑事诉讼法学研究存在研究路径的巨大差异,导致人为地割裂了两个本来紧密联系的学科。基于这一问题意识,世阳教授在本书中试图运用法教义学方法和法解释学原理,对刑事诉讼法进行体系化建构和精细化的解释,将刑事诉讼法的基本理念沉淀并贯彻到具体法条的解释中,形成刑法与刑事诉讼法之间在同一语境下的有效对话。我完全认同这一学术判断与学术努力。在我看来,刑法与刑事诉讼法的交错适用,是刑事司法不变的主旋律,刑法学与刑事诉讼法学的对话与融贯,更是刑法规范科学永恒的主题。近年来,中国刑法学与刑事诉讼法学正在努力打破学科壁垒、展开学术对话,但总体状况确实不尽如人意。而研究范式与方法论的差异,无疑是学术对话、学科融通难以全面、深入、有效地展开的重要原因。比较而言,中国刑法学当下的主要学术努力聚焦于运用法教义学方法,对实定刑法规范予以体系建构与教义解释。中国刑事诉讼法学研究的鲜明特色则在于,聚焦中国司法改革与刑事诉讼法修改,突出问题意识导向,回应本土实践需求,具有强烈的"批判现实主义"的色彩。这种研究范式与研究方法的差异,当然有刑法与刑事诉讼法规范属性差异的原因。刑法学运用法教义学方法,以实定刑法规范为逻辑起点,进行知识体系建构与规范内涵阐释,侧重通过体系性思维,实现刑法适用的确定性和一贯性,保障国民的法自由与法安全;刑事诉讼法学则必须更多地通过对制度实践的动态观察与实证分析,以问题与实践需求为导向,推动刑事诉讼程序的运行过程符合程序正义要求,保证刑法的正确实施,保障人的主体性和人格尊严。但是,规范属性与学科使命的差异,无法否定两者作为刑法规范科学对共同方法论的需求。因此,法教义学虽然不是唯一的研究方法,但应当成为两者共同的研究方法;法解释学虽然不是法律科学的全部内容,但无疑是刑法学与刑事诉讼学的本体。受共同方法论规训、以法解释学为本体的刑法学与刑事诉讼法学,才能使对刑法学与刑事诉讼法学的学术对话和学科融通,在方法共识、逻辑共识与话语共识的基础上,得以真正有效地展开。

但是,刑法学者一旦涉入刑事诉讼法学解释学领域,展开对刑法与刑事诉讼法交错适用问题的研究,在学术态度上必须展现对友邻学科知识体系、研究方法、学术传统的尊重和敬畏,对具体问题的教义分析、规范诠释以及观点形成、方案论证更应当足够谨慎、缜密。世阳教授对令状主义原则的确立、令状主义例外的限缩解释、紧急处分作为限缩解释根据的法理分析、令状主义例外的具体适用条件、要素与程序,进行了抽丝剥茧般的演绎、分析与界定,具体展示了这种学术态度与学术严谨。但是,世阳教授关于正当防卫的证明责任分配的见解或有进一步商榷的余地。世阳教授反对正当防卫的证明责任在于控方、辩方不承担正当防卫举证责任的主张,并从诉讼构造的转变与证明责任分配的维度,论证了随着我国刑事诉讼构造由职权主义向某种程度的当事人主义化转型,应当肯定控方在完成对构成要件事实的证明责任后,辩方承担对正当防卫的争点形成责任。争点形成责任主要由平野龙一等日本同行提出,与日本战后在职权主义诉讼构造基础上引入英美对抗制诉讼模式、刑事诉讼当事人主义化有着直接关系,中国刑事诉讼构造虽然已经在职权主义的基础上引入了当事人主义的要素,但是是否已经达到了日本诉讼构造当事人主义化的程度,可能还有待具体观察。即使是在作为当事人主义诉讼构造典范的普通法系,辩方承担积极抗辩事由说服责任亦在走向衰落,要求控方排除合理怀疑地证明不存在积极抗辩事由的趋势正在形成。更为重要的是,如果肯定辩方对正当防卫事由承担争点形成责任,则意味着如若辩方未能履行该争点形成责任,则将承担相应不利后果,甚至可能据此证立构成要件该当行为具有违法性。而在阶层犯罪论体系中,构成要件该当性、违法性(阻却违法事由的不存在)与责任(阻却责任事由的不存在),

既为犯罪成立条件,理应都由控方承担证明责任,辩方既不承担构成要件事实不存在的证明责任,也不承担阻却违法事由、阻却责任事由存在的证明责任,这是无罪推定原则和证据裁判原则的要求。当然,否定辩方的争点形成责任,并不是否定行使抗辩权。恰恰相反,在我看来,所谓争点形成责任不是辩方如若不履行就应承担不利后果的法律负担,而是辩方在控方证明存在构成要件该当事实、原则上可以推定行为具有违法性之后,可以积极行使的抗辩权。即使辩方不积极行使抗辩权,或者抗辩没有达到争点形成程度的,亦不意味着由构成要件该当事实至违法性或者责任的推定当然成立。无论辩方是否积极行使抗辩权、是否达到争点形成程度,控方都应承担排除合理怀疑地证明不存在阻却违法事由、阻却责任事由因而成立犯罪的责任。当然,以上个人看法是否误读了世阳教授主张的争点形成责任,仍然值得进一步探讨。

是为序。

梁根林

2025 年 8 月 18 日

目　录

绪　论

自1979年颁布《刑法》和《刑事诉讼法》以来，我国刑事法取得长足发展。然而，刑事法各个学科的发展方向及程度存在巨大差异。例如，刑法学从法条的注释学走向解释学，然而，解释学的本土化仍然任重道远；刑事诉讼法学则侧重于政策论与实证分析，解释学的研究基本处于拓荒阶段，刑事诉讼的基本价值理念与核心制度构造尚未沉淀下来；刑事政策学对刑法学有很强的依附性；犯罪学基本停留于犯罪现象—犯罪原因—犯罪对策这一体例的研究，缺乏足够的实证研究支持，在犯罪规律的发现和犯罪对策的分析上缺乏可靠的基础；监狱学的研究仍然任重道远，狱政管理、犯人监管与改造、犯人再社会化等问题纠缠在一起，困难重重。由此可见，实现刑事一体化这一目标仍然任重道远。随着经济的发展与社会的变迁，犯罪样态与特征也随之发生变化，对于犯罪的治理，应充分考虑刑法的辅助性，处理好刑事法内部的互动关系、刑法与其他部门法之间的衔接关系。在这一问题上，本书尝试从以下几个方面展开讨论。

第一，刑事一体化首先应从刑法与刑事诉讼法的一体化开始。当前刑法学界与刑事诉讼法学界存在研究路径的巨大差异，人为地割裂了两个本来紧密联系的学科。怀着这一问题意识，笔者认为，有必要在刑事诉讼法中展开解释学的研究，这样才能将刑事诉讼法的基本理念沉淀下来并贯彻到具体法条的解释中，也才能形成刑法与刑事诉讼法之间在同一语境下的有效对话。以此为出发点，本书以解释学的研究路径探讨了令状主义及其例外、讯问程序的建构、共犯自白的补强规则、正当防卫的证明责任分配、公诉变更范围的限制路径等问题。

关于令状主义及其例外,本书认为,我国《刑事诉讼法》并未明文确立令状主义作为一项基本原则的地位,然而令状主义背后所体现的司法审查精神、对公权力的制约思想以及人权保障的理念值得在诉讼程序尤其是侦查程序中贯彻。令状主义是一项被我国《宪法》和《刑事诉讼法》确认的基本原则,与罪刑法定原则具有同等重要的地位。在侦查程序的构建中,应将令状主义作为解释的指针之一。对于令状主义的例外情形应当进行限缩解释,否则将导致令状主义的空洞化,紧急处分说可以作为这种限缩解释的基本依据。作为先行拘留与扭送对象之一的现行犯,在刑事诉讼法上应作统一理解。从紧急处分说出发,预备犯原则上不得作为现行犯处理;对于“正在实行犯罪”这一要件的解释,必须同时具备现行性、明白性、急迫性,对于明白性的判断应坚持事前判断与事后判断的对应原则;对于“犯罪后即时被发觉的”这一要素的解释,应同时具备时间与空间上的接近性。对于伴随拘留、逮捕的无令状搜查这一程序的解释,应以紧急处分说为基本根据,限缩解释发动该程序的时间界限、空间界限、物的界限。

关于讯问程序的建构,本书认为,讯问犯罪嫌疑人的程序是检测职权主义侦查观或者当事人主义侦查观的最好“试金石”。现行《刑事诉讼法》的诸多规定都体现了当事人主义诉讼模式的理念,为沉默权提供了实质保障,也为重新解释《刑事诉讼法》第 120 条第 1 款带来新的契机:传唤在法律性质上是一种任意处分,应确保犯罪嫌疑人任意同行,而拘传是一种强制处分,应严格遵循强制处分法定主义与令状主义;无论是传唤还是拘传,犯罪嫌疑人都没有忍受讯问的义务,只有重新解释“如实回答”条款才能消除其与“不得强迫任何人证实自己有罪”这一规定的冲突;从文义解释、目的解释、体系解释的视角出发,可以将“如实回答”条款解释为“对于侦查人员的提问,犯罪嫌疑人没有必要违反自己的意愿进行供述”;侦查人员虽然可以对犯罪嫌疑人进行余罪讯问,但不能以违反令状主义的方式进行,对于余罪讯问,与本罪讯问一样,犯罪嫌疑人享有沉默权。

关于正当防卫的证明责任分配,本书认为,在刑事诉讼中,公诉方应以排除合理怀疑程度证明构成要件该当性,由于构成要件具有违法推定功能,让公诉方进而承担正当防卫的证明责任并不完全有利于被告人。伴随着刑事诉讼模式的当事人主义化,证明责任的分配在刑事诉讼中具有一定的适用空间,在正当防卫的证明责任分配上,争点形成责任说具有合理性。在起因条件的证明责任分配上,被告人证明自己面临侵害,公诉方证明不存在实际侵害或侵害并不违法;在时间条件的证明责任分配上,被告人证明自己感受到侵害已经开始尚未结束,公诉方证明侵害并不具有法益侵害的急迫性;在防卫意思的证明责任分配上,被告人证明自己具有回避侵害的意图,公诉方证明被告人仅具有单纯的积极加害意思。

在公诉变更范围的限制路径上,本书认为,审判对象论是检验刑事诉讼模式的"试金石"。我国刑事诉讼法所确立的审判对象论既未采用诉因对象说又未严格贯彻公诉事实说,但诉因制度所承担的审判对象划定功能和防御功能不仅有刑事诉讼法上的法条根据,而且在实务中也有被认可的趋势。从诉因的基本功能出发限制我国公诉变更范围具有必要性和可行性。属于诉因范围内的必要事项发生变动或者对被告人的防御具有重要意义的事项发生变更时,原则上应变更公诉。然而,公诉的变更受制于公诉事实同一性,在同一性的判断上,应尊重共同的事实基础,并且不得超越被告人的防御范围。

第二,网络犯罪呈现爆发增长状态,以网络为媒介的新型犯罪手段正在迅速置换传统的犯罪手段。于是,适用于传统犯罪手段的解释学是否还能够原封不动地适用于新型网络犯罪,如果回答是否定的,如何构建新的解释论体系以应对网络犯罪,成为当务之急。本书以"钓鱼软件"的运行机制、网络索财案件为素材展开讨论。具体而言,几乎所有的网络犯罪背后都有恶意软件的支撑,并以此为源头形成了规模庞大的、链条式的网络灰黑产。从刑法解释学的角度出发,如何在现行刑法的框架下规制网络上的违法乱象,是对罪刑法定原则的一大考验。当穷尽刑法的解释,仍然无法在构成要件的语义最大边界范围内规制互联网黑灰产时,对于在刑法上没有明文规定为犯罪但又侵犯网络秩序的行为,是否可以考虑将其犯罪化?可以说这是思考互联网灰黑产的刑法规制的两大进路。可以说,信息与信用是支撑互联网秩序的两大支柱。信息的生命在于流通,刑法如何保护动态的信息是最新的课题;与此相对,我国刑法并没有专门地将信用作为保护法益,由于互联网的虚拟特征,信用在互联网时代中的重要性日益凸显,从立法论的角度,有必要增加对信用的保护条款。为了验证这一点,本书以网络索财案件为素材,对该行为的民刑界分以及刑法规制路径展开分析。具体而言,除非行为人购买某一产品或接受某种服务不是专门地为了生活消费需要,否则通过购买行为即可推定其是为生活消费需要而购买,而专门不是为了生活需要这一事由的举证责任并不在于消费者,而在于另一方当事人。即便在广告中使用了极限词,也不能简单地将其认定为欺诈行为。当害恶的内容本身尚不足以对包括被害人在内的平行社会一般人造成强制的紧急状态,被害人对于是否作出财产处分行为仍然有衡量的余地并基于错误认识而作出错误抉择最终导致财产损失时,该处分行为及其造成的财产损失后果就可以归属于行为人所编造的足以导致被害人陷入认识错误的虚假事由,从而符合诈骗罪的基本构造。

第三,刑法通过修正案不断增加新的罪名,而这些罪名绝大部分都分布在《刑法》分则第三章破坏社会主义市场经济秩序罪和第六章妨害社会管理秩序罪,这两章的犯罪在刑法上被统称为行政犯或者法定犯,我们可以清晰看到法定犯处于不断扩张的状态,在罪名数量的规模上已经远超传统的保护人身权利和安全秩序的自然犯。因此带来一个问题,自然犯与法定犯的规制方式应当是单一的还是多元的,将所有的犯罪都规定在同一部刑法典中,对于法定犯而言是否公平?

这一问题的核心在于如何建立起刑法与其他部门法尤其是行政法之间的衔接关系。本书以局部履行信息网络安全管理义务罪为样本，考察了刑法与行政法对于网络服务提供者的监管和处罚顺位问题。具体而言，《刑法》第 286 条之一规定的“责令采取改正措施”虽然不是一种行政处罚，但仍然发挥了重要功能，即进一步明晰网络服务提供者所承担的信息网络安全管理义务的具体内容；该规定不属于客观处罚条件，而是发挥了增强违法程度的功能；更重要的是，发挥了合理分配网络服务提供者与监管部门之间在互联网监管方面的职责的功能。

第四，刑事一体化就狭义上而言是指刑事法学科内部形成一个相互支撑的良性循环结构，例如，犯罪学通过对犯罪现象的深入研究，把握既有犯罪的规律，预测犯罪的具体走向，挖掘犯罪现象生成和变化的内在和外在原因，在此基础上提炼出有针对性和科学性的犯罪预防对策，从而为刑事政策的制定提供可参考的依据。与此同时，为监狱中不同类型罪犯改造标准的制定提供参照，也为罪犯的再社会化指明具有可操作性的方向。不仅如此，犯罪学的研究也必然为刑法学的研究提供基础，因为犯罪现象的生成与变化必然促发刑法解释规则的调整。当穷尽刑法解释学上的所有努力仍然无法为重大的破坏法益的行为匹配合适的构成要件时，只能求助于刑事立法。笔者认为，刑事一体化就广义上而言，还包括刑事法从其他部门法甚至从其他人文社会科学的知识中汲取理论资源，融入刑事法的理论构建中。例如，刑法之所以为公法，是因为以“加害—被害”为中心的犯罪关系具有往外部扩张的效应。首先扩张至加害人或被害人所处的微观社区，紧接着扩张至社会一般人所处的宏观社会，最后扩张至作为抽象法人格体的国家。于是，只有国家出面才能彻底解决犯罪引发的纠纷并逐层修复犯罪所带来的损害。本书第九章以刑法作为公法的表达方式为分析工具，讨论了犯罪呈现的差序法益构造，并以该构造为理论资源，构建贿赂犯罪的统一解释体系。

第五，刑事一体化以刑法教义学为落脚点。本书第十章从教义学的视角出发讨论以不作为方式参与他人犯罪的责任归属,在区分不同参与类型的基础上,构建起不同参与类型的教义学规则。具体而言,如果正犯并非基于自律性决定而实现构成要件结果,那么不作为参与人可能成立不作为的间接正犯;反之,不作为参与人原则上成立帮助犯。不作为参与人的作为义务源于单独犯的作为义务来源应作统一理解。排他性支配理论并不具有引导作为义务并确定保证人地位的功能,只有不作为参与人的态度与被害人的法益受损之间具有关联性时,才能要求该行为人牺牲部分自由履行作为义务。不作为参与人与正犯之间的人身关系将影响作为可能性的有无及其程度。

本书是笔者从交叉法视角观察刑事一体化的初步尝试,这是一个永无止境的课题。路漫漫其修远兮,吾将上下而求索。

第一章 令状主义及其例外

一、问题的提出

在刑事诉讼过程中,保障犯罪嫌疑人或被告人的基本人权与追诉犯罪这两者之间形成了一对基本的矛盾关系。这一矛盾在侦查活动中体现得尤其明显,因为绝大多数的犯罪都以秘密的方式实施,而且犯罪一旦完成,就已成为过去,要以证据还原当时的犯罪场景绝非易事,于是,侦查机关的侦查活动本身就带有强烈的侵犯犯罪嫌疑人或被告人基本人权的倾向。然而,侦查程序归根结底是处于宪法保障下的刑事诉讼的一个环节,而犯罪嫌疑人或被告人首先是作为公民的一员,当然享有宪法所赋予的各项基本权利。因此,侦查活动必须在调和侦查的必要性与人权保障的合理性这两者的基础之上展开。以此为基点,在构建侦查程序时,应坚持令状主义、强制处分法定主义、任意侦查原则、侦查比例原则。[1]

其中,令状主义,是指实行强制处分原则上必须基于法院或法官所签发的令状。具体而言,为防止侦查机关实施一般性的、探索性的侦查活动,应当把决定可否实施强制处分的权限与执行强制处分的权

---

〔1〕 参见[日]井上正仁:《强制侦查与任意侦查》(新版),有斐阁2014年日文版,第2页。

限分割开来,[1]原则上只能基于作为中立、公平的第三人的法官所认可的“正当理由”,才能根据特定且明示的令状对犯罪嫌疑人、被告人、应当搜查的场所、应当扣押的物品等实施逮捕、搜查、扣押等强制处分行为。[2] 由此可见,令状主义的核心目标是通过法官或检察官,对于实行强制处分的侦查机关事先明示或限定该当于侵入、搜查、扣押等行为类型的发动条件与权限行使的具体范围,抑制侦查机关恣意行使侦查权。[3]

令状主义的宪法依据是我国《宪法》第 37 条第 2 款的规定,即任何公民,非经人民检察院批准或者决定或者人民法院决定,并由公安机关执行,不受逮捕。在我国现行的《刑事诉讼法》中,有多处的规定体现了令状主义的要求,例如,第 80 条规定:逮捕犯罪嫌疑人、被告人,必须经过人民检察院批准或者人民法院决定,由公安机关执行。第 138 条第 1 款规定:进行搜查,必须向被搜查人出示搜查证。然而,在逮捕、拘留现行犯的情形中,可能来不及申请逮捕令,在伴随逮捕、拘留的搜查过程中,也可能来不及另行制作搜查令。例如,《刑事诉讼法》第 82 条规定在 7 种特殊情形下,公安机关对于现行犯或者重大嫌疑分子可以先行拘留。第 138 条第 2 款规定:在执行逮捕、拘留的时候,遇有紧急情况,不另用搜查证也可以进行搜查。可以说这两条规定是令状主义的典型例外情形。

在司法实践中,不另用搜查证而对犯罪嫌疑人或者现场进行搜查的情况时有发生。以下列举几个案例以说明。

案例一:2015 年 12 月 12 日 6 时许,黄某电话联系被告人陈某立,求购 5 克甲基苯丙胺(冰毒)。当日 8 时许,陈某立在交易地点被抓获,同时查获准备交易的一小包甲基苯丙胺(净重 3.1 克)。随后,民

---

〔1〕 参见[日]平野龙一:《刑事诉讼法》,有斐阁 1958 年日文版,第 94 页。

〔2〕 参见[日]绿大辅、肖萍:《日本侦查程序中的强制处分法定主义》,载《国家检察官学院学报》2014 年第 2 期。

〔3〕 参见[日]酒卷匡:《刑事诉讼法》,有斐阁 2015 年日文版,第 105 页。

警搜查陈某立住处,缴获7小包甲基苯丙胺(净重分别为0.33克、0.69克、0.61克、0.11克、1.37克、1.67克、3.77克,共8.55克)及作案工具手机、电子秤、吸毒工具等。陈某立归案后协助抓获涉嫌贩卖毒品的姚某鹏、陈某瑶,民警缴获甲基苯丙胺5.53克。广东省深圳市罗湖区人民法院以贩卖毒品罪判处陈某立有期徒刑7年6个月,并处罚金8000元。陈某立不服,提出上诉。其辩护人提出,侦查人员是在没有搜查证的情况下违法搜查被告人住处的,属于程序违法,从被告人住处搜查收集8.55克毒品不能采信。同时,该案案发时间为12日早上8时许,而搜查证出示时间为"2015年12月12日5时"、搜查笔录开始时间为"2015年12月12日5时30分",与事实不相符合。深圳市中级人民法院查明,搜查证及搜查笔录确属侦查人员事后所补,所记录的开始时间是在补办搜查证过程中出现的笔误。法院认为侦查人员的搜查确属违法的无证搜查,但不足以影响对从被告人住所查获毒品的采信,最终裁定驳回上诉,维持原判。[1]

案例二:被告人陈某昊与被害人张某璐是同乡并曾经是男女朋友。两人原在陈某昊租住的广州市天河区某处同居。2008年11月底,张某璐向陈某昊提出分手,并于同年12月初搬出单住。随后,张某璐有了新男朋友,但仍与陈某昊保持往来。2009年1月11日,在陈某昊的建议下,刚到广州投靠陈某昊的杨某和陈某昊一起到天河区新塘街卫生服务中心开取了安定片。1月13日下午,张某璐到陈某昊的住处。陈某昊和杨某一起去买菜回来做晚饭与张某璐同吃。22时许,张某璐因没有煤气洗热水澡而生气,并提出要离开。陈某昊遂将张某璐送回张某璐的住处。在房间内,两人因故发生争执。陈某昊用手捂住被害人张某璐的口鼻并将其按倒在床上,致被害人张某璐窒息死亡。随后,陈某昊将一只布玩具放在侧卧的张某璐胸前作双手环抱状

〔1〕 参见温锦资:《对违法搜查所获毒品的审查采信规则》,载《人民法院报》2016年9月29日,第7版。

并盖上被子。23 时 30 分 33 秒,陈某昊用张某璐使用的飞利浦手机向自己留在住处的手机发出了一条要约出来吃宵夜的短信。在陈某昊住处的杨某发现上述手机短信后,以为是陈某昊发给自己的,即用该手机回复了短信称不去。之后,陈某昊拿着张某璐的小挂包及手机离开。离开时,陈某昊在门外用张某璐的钥匙锁上挂锁,并将钥匙从门上的小门扔进屋内,然后关上小门离开。在返回途中,陈某昊将张某璐的手机卡丢弃,并将张某璐的手机及随身小挂包带回了自己住处。1 月 15 日中午,张某璐的父亲因无法联系上张某璐而电话联系陈某昊,并请求帮忙寻找。陈某昊和杨某吃完午饭后动身前往张某璐住处寻找。15 时许,当杨某陪同陈某昊开门进入张某璐住处并发现张某璐死亡后,随即报了警。随后,在接受公安机关调查询问时,陈某昊谎称张某璐使用的是一部新买的索爱手机。2 月 24 日,公安机关在陈某昊住处将其抓获,并缴回了张某璐的小挂包(内有 62.5 元、银行卡、学生证、白色金属链及吊坠等)及手机等物品。

在该案中,侦查人员 2009 年 2 月 24 日对陈某昊的租住处进行了搜查,有关搜查证、搜查笔录、扣押物品、文件清单上的日期均是 2009 年 2 月 24 日,唯独搜查证上被搜查人署名一栏中,被搜查人陈某昊署名日期是 2009 年 10 月 16 日 18 时,陈某昊署名的日期与该搜查证的日期相差了 7 个月 20 天。

很显然,一旦这种例外情形被广泛认可,势必严重破坏令状主义所具有的防止权力滥用的功能,因此,必须追问承认令状主义存在例外情形的根据是什么。在此基础上,从法条规定出发,有必要对现行犯逮捕的条件进行学理上的说明,并对无令状搜查的要件进行解释。例如,“在逮捕、拘留的时候”具体指的是什么。具体而言,从时间条件而言,是否需要着手实施逮捕或拘留行为;就空间条件而言,如何界定逮捕或拘留的现场,可否对处于逮捕现场的第三人实施搜查。此外,“紧急情况”应如何认定也是不可回避的问题。遗憾的是,我国刑事诉讼法学界几乎没有对这些问题展开解释学意义上的研究。怀着这一问题意识，本书试图回归法条，从解释学的角度对《刑事诉讼法》第 82 条以及第 138 条第 2 款进行限缩解释。

二、承认令状主义之例外的根据

令状主义是强制处分法定主义的基本保障，其根本宗旨在于通过分权与司法审查，尽可能地防止国家公权力任意侵犯公民的人身自由。然而，很多国家在其刑事诉讼法典中肯定在例外情况下即使不出示逮捕证或搜查证也可以实施相应的逮捕或搜查活动。例如，《日本刑事诉讼法》第 213 条规定：对于现行犯，[1] 任何人都可以在无逮捕证的情况下将其逮捕，这一条款被称为“现行犯逮捕”。此外，第 210 条还规定了所谓的紧急逮捕，即当检察官、监察事务官或者司法警察职员有充分的理由怀疑犯罪嫌疑人犯了该当于死刑或无期徒刑或 3 年以上惩役或禁锢的犯罪，因情况紧急而来不及向裁判官请求逮捕令时，可以在告知犯罪嫌疑人相应理由之后将其逮捕。进而，根据第 220 条规定，检察官、检察事务官或者司法警察职员在逮捕犯罪嫌疑人或者逮捕现行犯时，如有必要，可进入他人居住或者看守的宅邸、建筑物或者船舶内搜索犯罪嫌疑人，或者在逮捕的现场实施扣押、搜查或者检证。这一条款被称为“伴随逮捕的无令状的扣押、搜查、检证”（《德国刑事诉讼法》《法国刑事诉讼法》《意大利刑事诉讼法》《美国刑事诉讼法》《英国刑事诉讼法》等的相关规定）。

由此可见，无令状的现行犯逮捕、紧急逮捕以及无令状的搜查等制度，无论在大陆法系国家还是英美法系国家，都获得一般性承认。这种现象本身足以说明这些令状主义的例外情况可能并没有与令状主义的根本宗旨相冲突。例如，之所以一般性地允许现行犯逮捕甚至扭送，无非是被逮捕或扭送的对象是现行犯，虽然其地位还是犯罪嫌

---

〔1〕 根据《日本刑事诉讼法》第 212 条第 1 款的规定，现行犯是指正在实施犯罪或者刚实施完犯罪的人。

疑人，但现有的证据足以表明其存在重大犯罪嫌疑这一事实，而且基于证据保全以及防止现行犯继续扩大法益侵害结果，也应当首先控制现行犯的人身自由。

与此相对，围绕伴随逮捕的无令状的搜查等的合理性根据这一问题，存在诸多学说的争论，形成了以紧急处分说和合理性说为代表的两大学说阵营的对峙局面。

（一）紧急处分说

这一学说的有力代表者是平野龙一先生，他认为，为了压制被逮捕者的抵抗，保护逮捕执行人的人身安全，防止被逮捕者逃亡，同时为了防止破坏现场证据，从紧急的必要性出发，应当允许无令状的搜查或扣押。[1] 也就是说，无令状的搜查或扣押原则上是被禁止的，仅仅当其作为完成逮捕行为的紧急措施时，才例外地被允许。[2] 由此可见，紧急处分说将伴随逮捕的无令状搜查等视为令状主义的一种例外，从坚持令状主义的基本立场出发，主张应对伴随逮捕过程中所产生的紧急事态进行限缩解释。

（二）合理性说

与此相对，另一种有力观点主张伴随逮捕的无令状搜查等侦查活动作为一种证据收集手段，本来就是合理的，并不需要具备紧急事态的存在这一要件。具体而言，在逮捕现场中存在证据的盖然性很高，而且，既然逮捕本身是侵犯身体自由这一重大法益的行为，与之相比，搜查或扣押只是权利侵害程度更低的行为，因此，从侦查的必要性出发，如果逮捕行为本身合法，那么，伴随逮捕的无令状搜查或扣押等在

---

〔1〕 参见［日］平野龙一：《刑事诉讼法》，有斐阁1958年日文版，第95页。

〔2〕 参见［日］田宫裕：《搜查的构造》，有斐阁1971年日文版，第234页。

合理的范围内当然能够被认可。[1] 这一观点在司法实务中占据支配性地位，例如，日本最高裁判所认为：在伴随逮捕的情形中，即使在无令状的情况下，承认与该逮捕相关联的必要的搜查、扣押等强制处分，也没有对人权保障产生特别的弊害，而且符合侦查上的便利与效率。[2] 美国著名搜查法研究专家 Lafave 指出：无令状搜查作为例外存在只不过是虚构的事实，逮捕附带搜查正在被执法者频繁地实践着。[3] 我国因存在《刑事诉讼法》第 138 条第 2 款的规定，紧急情况下的无证搜查比比皆是。

为了避免遭受来自令状主义的批判，合理性说试图把伴随逮捕的无令状搜查等解释为符合令状主义的基本精神。具体而言，从理论基础层面来看，《宪法》与《刑事诉讼法》之所以要求令状要件，即司法机关必须对逮捕、拘留、搜查或扣押的实体要件进行审查，归根结底是避免"事后诸葛亮"的危险。但是，当证据在搜查、扣押之前被破坏的危险性很高，而且侦查机关没有充分的时间得到经过事前司法审查的令状时，就是与现行犯逮捕或者紧急逮捕同样的情形。[4] 从令状要件的层面来看，搜查或扣押必须同时具备以下 3 个要件：①具有正当理由，即具备足以怀疑被搜查者实施犯罪的"相当理由"；②有必要将现场被怀疑与该犯罪相关而作为证据的物品扣押；③仅仅可以在存在该扣押对象物之可能性很高的场所展开搜查。[5] 在合法逮捕的情形中，当然具备第一个要件，而在实施逮捕这一限制人身自由的侦查活动中，首先必须进入人所在的居住领域搜查相应的逮捕对象，这当然是被允许的，这样的话，在该限度范围内就合法打开了该领域内的私

---

〔1〕 参见［日］三井诚编：《判例教材：刑事诉讼法》（第 5 版），东京大学出版会 2015 年日文版，第 167 页。

〔2〕 参见日本最高裁判所判决昭和三十六年（1961 年）6 月 7 日刑集第 15 卷第 6 号，第 915 页。

〔3〕 See Wayne R. Lafave, Search and Seizure – A Treatise on the Fourth Amendment, (3nd. ed) West Publishing, 1996, p. 68.

〔4〕 参见［日］平野龙一：《侦查与人权》，有斐阁 1981 年日文版，第 72 页。

〔5〕 参见［日］白取祐司：《刑事诉讼法》（第 7 版），日本评论社 2012 年日文版，第 148 页。

生活空间，于是，当在该领域内发现了与犯罪活动相关的对象物时，如果放置该物，就会产生破坏证据的危险。这是因为被逮捕的犯罪嫌疑人以及在场的相关关系人一旦知悉侦查活动已经开始，就会产生处分证据的强烈动机。在这个意义上，这种情形也满足了上述第二个要件。至于作为第三个要件的令状要件，在这种情况下如果要求侦查机关撤离现场去制作并请求签发令状的话，毫无疑问会产生破坏证据的危险性，因此应当将伴随逮捕的无令状搜查或扣押视为一种合理的收集证据手段。〔1〕

由此可见，合理性说试图将伴随逮捕的无令状搜查或扣押等侦查活动视为与现行犯逮捕、紧急逮捕相类似的情形，并类推适用现行犯逮捕以及紧急逮捕的无令状条款，从而对令状主义作实质性、功能性理解。很显然，如果将合理性说贯彻到底的话，只要是对于侦查活动的顺利开展，尤其是对于犯罪证据的收集有利的，都可以首先在无相应令状的状态下进行。这毫无疑问会瓦解令状主义本身，宪法赋予国民的基本权利和自由将不可预测地遭受国家公权力的肆意威胁。因此，合理性说也并没有被扩张到如此程度，但即便如此，合理性说还是坚持认为伴随逮捕的无令状搜查等处于令状主义的射程范围之内，没必要将其视为该原则的例外。

（三）小结

上述的紧急处分说与合理性说之间的争论焦点集中在伴随逮捕的无令状搜查等活动是不是令状主义的一种例外，从解释论的立场上，这可以说是对令状主义作形式解释还是实质解释的争论。〔2〕 然

---

〔1〕 参见［日］渥美东洋：《全订刑事诉讼法》（第2版），有斐阁2009年日文版，第126页。

〔2〕 在我国刑法学界形成了形式解释论与实质解释论之间的对峙，代表性观点参见陈兴良：《形式与实质的关系：刑法学的反思性检讨》，载《法学研究》2008年第6期；陈兴良：《形式解释论的再宣示》，载《中国法学》2010年第4期；张明楷：《实质解释论的再提倡》，载《中国法学》2010年第4期；劳东燕：《刑法解释中的形式论与实质论之争》，载《法学研究》2013年第3期；周详：《刑法形式解释论与实质解释论之争》，载《法学研究》2010年第3期。

而,如果仅仅停留于解释论立场上的争论,最多是一种形而上的理念之争,对于实际问题的解决并无助益。既然我国刑事诉讼法已经认可现行犯先行拘留或扭送、伴随逮捕的无令状扣押,司法实践中无令状拘留或搜查的现象也屡见不鲜,那么,如何在现行《刑事诉讼法》的条文框架内,以令状主义的核心理念与目标为解释基点,对令状主义的例外情形进行合理解释,才是正确的解决问题的态度。以下,笔者试着对现行犯先行拘留与扭送、伴随逮捕的无令状扣押等进行解释论意义上的检讨。

三、现行犯先行拘留及扭送的性质与适用条件

如前文所述,我国《刑事诉讼法》第 82 条规定了对于现行犯或重大嫌疑分子,可以先行拘留,并列举了 7 种表明被先行拘留的对象是现行犯或重大嫌疑分子的情形。其中的第一种情形可以说是对于现行犯的解释,即"正在预备犯罪、实行犯罪或者在犯罪后即时被发觉的"。与此同时,《刑事诉讼法》第 84 条规定了 4 种可以扭送的情形,其中第一种就是针对现行犯的,但此时法条表述为"正在实行犯罪或者在犯罪后即时被发觉的"。

很显然,这两种情形所指称的现行犯这一概念的范围并不一致,因此,是否需要对现行犯这一概念作统一性解释成为首要问题。此外,"正在实行犯罪"与"在犯罪后即时被发觉的"这两种情形在解释论上应当作怎样的解读,也是必须明确的问题。然而,为了避免在解释过程中沦为对法条的纯粹注释,探讨设置先行拘留以及扭送制度的意义,确定这两种制度的性质,具有作为解释指针的意义。以下首先探讨这一问题。

(一)先行拘留与扭送的性质

关于先行拘留的性质,我国刑事诉讼法学界并未达成统一观点,归纳起来,存在以下三种观点:第一种观点认为,拘留与先行拘留是同

一个概念，并没有必要特别地区分这两者，但必须明确区分拘留与逮捕这两种强制措施，据此认为拘留或者先行拘留是指侦查机关在紧急情况下依法临时剥夺现行犯或重大嫌疑分子的人身自由的一种强制措施。[1] 第二种观点认为，应当明确区分拘留与先行拘留这两个概念，具体而言，先行拘留包括抓捕与拘留这两个环节，而且是先抓捕后拘留，与此相对，拘留是一种履行法律程序的行为。[2] 第三种观点认为，拘留是逮捕的前置程序，是对需要逮捕的犯罪嫌疑人的前期审查。[3] 之所以在这个问题上存在分歧，归根结底是对于拘留、先行拘留、逮捕这几种限制人身自由的强制措施在刑事诉讼法上的意义存在不同认识。根据《刑事诉讼法》的相关规定，从体系解释的视角出发，《刑事诉讼法》第 85 条明确规定了公安机关拘留人的时候，必须出示拘留证，并且不存在例外情形。《刑事诉讼法》第 82 条所规定的先行拘留的 7 种法定情形中，尤其是对于现行犯的先行拘留，在当时的情况下几乎不可能要求公安机关事先填写呈请拘留报告书，经县级以上公安机关负责人的批准制作拘留证，因此只能将其视为拘留所要求的令状主义的一种例外。在这个意义上，不能将先行拘留与拘留这两个程序直接等同。此外，先行拘留也不是逮捕的前置程序，而是两个独立的程序，因为这两个程序的发动条件以及各自所要实现的功能是不同的。先行拘留是侦查机关基于紧急事态情境下的强制措施，其功能在于将由紧急事态所引起的法益侵害危险或结果控制在最低限度范围内；与此相对，由于我国刑事诉讼法设置的逮捕程序必然伴随着羁押，逮捕程序是为了保障“侦查—起诉—审判”这一诉讼活动的顺利开展。在这个意义上，本书认为，应当区分先行拘留与拘留这两个程序，基于紧急事态的存在，将先行拘留视为令状主义的一种例外。

与此相类似，扭送行为的实施也不要求具备相应的令状，但这并

---

〔1〕 参见胡铭：《刑事诉讼法学》，法律出版社 2016 年版，第 150 页。

〔2〕 参见耿连海：《关于对现行犯适用先行拘留的思考》，载《政法学刊》2004 年第 6 期。

〔3〕 参见谢小剑：《论我国刑事拘留的紧急性要件》，载《现代法学》2016 年第 4 期。

不是因为来不及制作相应的令状，而是扭送的主体是任何公民，不可能所有的公民都有呈请或制作令状的权限。尽管如此，由于被扭送的对象被限定于现行犯、通缉犯、在逃犯等人员，可以说扭送制度归根结底也是一种紧急行为，设置该制度的核心意义是：国家公权力在不能及时阻止犯罪行为及结果发生，或者不能依法及时限制具有重大犯罪嫌疑或重大人身危险性的人的人身自由的情形中，赋予全体国民自我防卫的权限。

限于篇幅，本书不对先行拘留以及扭送的法定情形逐一解释，而是试图通过共通于这两种制度的适用对象的“现行犯”这一概念，从体系解释、目的解释、合宪解释的视角出发对其进行解读，以从另一个侧面探究令状主义的精神。

（二）现行犯的解释

如前文所述，《刑事诉讼法》第 82 条和第 84 条都对现行犯作出了规定，但第 82 条所规定的现行犯这一概念的外延比第 84 条多出了“正在预备犯罪”这一情形，因此预备犯能不能被普遍视为现行犯，成为必须解释的问题。此外，如何判断这里所指称的“犯罪”概念，是否必须同时具备构成要件该当性、违法性、有责性这一意义上的形式犯罪概念，值得探讨。还有，如何认定犯罪已经着手实行以及处于正在实行的状态。此外，如何解释这里的“即时”，也有待进一步明确。如果不对这些限定条件作出明确的、限缩性的解释，势必导致现行犯的范围肆意扩张，这样就会使本来作为令状主义之例外的情形反而成为原则，使令状主义流于空洞与形式。

1. 预备犯原则上不是现行犯

根据我国《刑法》第 22 条的规定，所谓的预备犯是指为了犯罪而准备工具、制造条件的行为人，根据在《刑法》分则条文中是否将预备行为类型化为独立的构成要件，可以将预备犯区分为形式预备犯与实质预备犯。从《刑法》第 22 条第 2 款的规定可以看出我国刑法对于形式预备犯持普遍处罚的态度，而由于实质预备犯已经被类型化，实质预备犯的预备行为本身也被纳入处罚范围。[1] 既然如此，表面上看起来代表国家公权力的侦查机关能够一般性地将预备犯视为现行犯并对其采取无令状的先行拘留并不存在实体法上与程序法上的障碍，甚至可以说《刑事诉讼法》第 82 条关于现行犯的规定恰好是对于《刑法》第 22 条第 2 款所规定的普遍处罚预备犯的呼应。然而，不得不说这是一种教条主义式的理解，丧失了批判性考察普遍处罚预备犯的正当根据之契机。

确实，预备犯与未遂犯、既遂犯在对相应构成要件背后的行为规范的违反上是一致的，例如，为了杀人而购买作案工具等行为同样是对于“禁止杀人”这一行为规范的违反，然而，只有当对于行为规范的违反达到某种高度时，才能发动相应的制裁规范即动用刑罚，而发动该制裁规范的目的归根结底在于反过来维护并再次确认被违反的行为规范的有效性。[2] 在规范论上，预备犯属于制裁规范的范畴，直接涉及刑罚干预的时间点与范围，在这个问题上，国外刑法通常的做法是原则上不处罚预备犯，甚至原则上不处罚未遂犯，仅仅在刑法分则中对于严重危及人身安全的暴力犯罪、严重侵犯国家法益或社会法益的具体罪名例外规定处罚相应的预备犯，或者将某种值得动用刑罚处罚的预备行为的构成要件在立法上类型化。[3] 这是因为，从“无行为则无犯罪”这一行为原理出发，刑法不能单纯处罚人的思想，只有当某一行为具体地、现实地、急迫地威胁到确立行为规范所要保护的法益时，才能发动相应的制裁规范，仅仅对法益形成抽象危险的预备行为并不能一般性地被作为处罚对象。我国有学者指出：《刑法》第 22 条的规定存在正当性、必要性、可操作性与实效性的重重危机。如果严格根据这一规定认定和处罚预备犯，不仅可能导致刑罚处罚“触须”大

[1] 例如准备实施恐怖活动罪、非法利用信息网络罪的预备行为。

[2] 参见[日]高桥则夫：《刑法总论》(第 3 版)，成文堂 2016 年日文版，第 10 页。

[3] 参见邢志人：《犯罪预备研究》，中国检察出版社 2001 年版，第 199 页。

大前置,预备犯处罚范围严重泛化,刑法主观主义色彩过于浓厚,而且必然陷入法理解读与司法适用上的诸多困境。[1]

如果说预备犯普遍处罚的正当性存在根本疑问,那么将预备犯作为现行犯的一种类型并一般性地适用无令状的先行拘留,势必严重侵犯宪法赋予国民的人身自由权。如前文所述,先行拘留是一种在紧急状态下不得已而为之的强制行为,在性质上与扭送一样,都属于紧急行为。虽然"紧急事态无法律"(necessitas non habet legem)[2]这一古老的法律谚语已经深入人心,但这里的"无法律"绝不意味着陷入法律虚无状态,恰恰相反,近代法治国家原则上禁止私力救济,[3]即使在紧急情况下允许诸如自救行为、正当防卫、紧急避险等违法阻却事由的存在,也以法定的形式明确规定其发动条件,并限定其能够阻却违法的范围。

那么,紧急行为作为公力救济的例外,其被正当化的根据是什么就成为不可回避的问题。在这个问题上,从不同的违法论立场出发将得出不同结论。例如,从结果无价值论的立场出发,存在法益衡量说[4]、优越利益说[5]等;从行为无价值的立场出发,存在目的说[6]、

---

〔1〕 参见梁根林:《预备犯普遍处罚原则的困境与突围——〈刑法〉第 22 条的解读与重构》,载《中国法学》2011 年第 2 期。

〔2〕 该命题产生于 12 世纪,由教会法学家格拉提安在《教令集》中首先提出。

〔3〕 参见徐昕:《论私力救济与公力救济的交错——一个法理的阐释》,载《法制与社会发展》2004 年第 4 期。

〔4〕 法益衡量说从优越法益的维持以及保护法益的欠缺这两个角度出发提供正当化根据。参见[日]平野龙一:《刑法总论Ⅱ》,有斐阁 1976 年日文版,第 213 页。

〔5〕 优越利益说将比较衡量的对象从法益扩大到利益。参见[日]前田雅英:《刑法总论讲义》(第 6 版),东京大学出版会 2015 年日文版,第 226 页。

〔6〕 目的说认为如果某行为是为了达成被国家所承认的共同生活目的而必须采取的必要手段,就可以阻却违法。参见[日]吉田宣之:《违法性的本质与行为无价值》,成文堂 1992 年日文版,第 331 页。

社会相当性说[1]等。既然犯罪的本质在于客观外在的法益侵害，紧急行为被正当化的根据也必须放在动态的法益衡量中寻求。具体而言，紧急事态的制造者侵扰了平和的法秩序，对于被法秩序所认可的法益形成了威胁或侵犯，据此而负有恢复平和法秩序的义务，由于法秩序的受益人是全体国民，在法秩序被侵扰程度的限度范围内，紧急事态制造者相应的自由与权利就受到限制。由此可见，这种限制一方面源于命令规范对于特定行为人在特定时空条件下的自由与权利的制约功能；另一方面，当该行为人不履行法定义务时，就必须忍受其他国民或代表国家公权力的机关通过限制其相应自由与权利而恢复受损的法秩序。

然而，对于预备犯而言，是否一般性地允许通过先行拘留限制其人身自由，值得深入考究。在实施限制国民自由的强制措施的过程中，侦查机关始终受到比例原则的制约。例如，我国有学者指出：在紧急情况下，侦查机关的权力得到了强化，所采取的诉讼措施较常规状态更加严厉，也更有可能侵犯公民权利，其中隐含着滥用权力的风险，基于比例分析的思路，应当对其采取更加严格的控制，虽然在授权程序上显得较为宽松，以利于诉讼措施的便利实施，但同时也应当加强事中以及事后的控制与救济，以求得比例性的平衡。[2] 比例原则包含妥当性、必要性、相称性这 3 个子原则，这一点已经成为公法学界的共识。妥当性要求所采取的措施可以实现所追求的目的；必要性也称最后手段性，即在当时的情况下所采取的措施是给公众及相关关系人造成最小损害的措施；相称性要求采取的必要措施与其所追求的结果之间是符合比例要求的。[3]

---

〔1〕 社会相当性说认为违法是指在社会上不相当的法益侵害。参见[日]福田平：《全订刑法总论》(第 5 版)，有斐阁 2011 年日文版，第 150 页。

〔2〕 参见秦策：《刑事程序比例构造方法论探析》，载《法学研究》2016 年第 5 期。

〔3〕 参见[德]哈特穆特·毛雷尔：《行政法学总论》，高家伟译，法律出版社 2000 年版，第 238 页。

如前文所述,预备犯对于构成要件所要保护的法益尚未形成具体危险,而先行拘留又是紧急状态下的无令状限制人身自由的强制措施,这两者之间难以符合比例原则的上述三个方面要求。除非通过构成要件所保护的法益的重大性(如生命、身体、自由、国家政权、公共安全等)、预备行为与构成要件结果实现之间的时空紧密关联性(如在出租车内寻找适当的机会抢劫司机)、预备行为本身具备侵犯法益的高度危险性(如购买了具有巨大杀伤力的武器)等因素补强比例原则,否则将预备犯普遍作为现行犯而先行拘留,不得不说违反比例原则,也不符合先行拘留作为一种紧急事态而被正当化的基本原理。

2.“正在实行犯罪”的限缩解释

我国《刑法》第 23 条规定了犯罪未遂的概念,并将“已经着手实行犯罪”作为其构成要件要素,那么,作为现行犯之典型的“正在实行犯罪”的情形,是否应当将其与作为未遂犯之要件的“已经着手实行犯罪”作同一理解。换句话说,是否所有已经着手实行犯罪的行为人均可作为现行犯处理并在无令状的情形下将其先行拘留,或者被人民群众扭送,成为问题。要解决这一问题,必须从以下 3 个侧面进行考察:首先,有必要准确界定现行犯的“现行性”;其次,必须考察刑法处罚未遂犯与刑事诉讼法将现行犯先行拘留或扭送的根据及其功能是否存在根本差异;最后,先行拘留与扭送都是一种紧急行为,而紧急行为的成立一般要求具备急迫性要件,如我国《刑法》第 20 条第 1 款规定正当防卫的成立必须同时具备实施防卫的前提条件以及防卫行为这两大要件,其中的前提条件之核心就是急迫性,即防卫人所面临的必须是正在进行的不法侵害,那么,“现行性”与“急迫性”之间的关系如何,值得追问。

(1)现行犯的“现行性”

在刑法学界,围绕实行着手、实行行为、未遂犯成立之间的关系,在理论上展开了深入而复杂的讨论。[1] 通说的观点将这三者等同,然而,这一观点在诸如隔离犯、间接正犯、原因上的自由行为的实行着手以及未遂犯成立的解释上存在难以令人信服之处。例如,如果将间接正犯的利用行为视为实行行为,并在利用阶段上就肯定未遂犯的成立,则可能使处罚的时间过分提前。从规范论的视角来看,实行行为的实施与否是判断是否违反行为规范的核心要素,属于行为规范的范畴,与此相对,一旦成立未遂犯,则面临比照既遂犯从轻或减轻处罚的法律效果,因此属于制裁规范的范畴。[2] 行为规范的违反与否属于事前判断范畴,即从社会一般人的视角出发,立足于行为当时的资料,判断对于法益的危险程度;与此相对,制裁规范的发动与否属于事后判断范畴,即从法官的视角出发,立足于行为之后的资料,判断危险或结果的发生是否合乎科学的因果流程。[3] 从客观归属论推导出的对应原则要求事后判断不得超越事前判断所设定的框架范围。据此,"实行着手 = 实行行为 = 未遂犯成立"这一等号公式就无法维持,而应表述为"实行着手 = 实行行为≥未遂犯成立"。

这样的话,成立未遂犯所要求的法益侵害程度就必须达到现实、具体、急迫的程度,而实行行为的成立仅以对构成要件所要保护的法益形成抽象危险为足够。这种理解为现行犯的"现行性"之认定提供了解释资源。具体而言,表现在以下两个方面。

第一,实行的着手与现行犯是两个不同层面的问题,即使着手实行犯罪,也不一定能成立现行犯从而被先行拘留。这是因为,对于现行犯而言,代表国家公权力的侦查机关甚至全体国民都可以在无令状

---

〔1〕 参见金光旭:《日本刑法中的实行行为》,载《中外法学》2008 年第 2 期;周光权:《行为无价值二元论与未遂犯》,载《政法论坛》2015 年第 2 期;李世阳:《刑法中行为论的新展开》,载《中国法学》2018 年第 2 期。

〔2〕 参见[日]高桥则夫:《"构成要件的提前实现"的一个考察——围绕所谓的"氯仿杀人事件"》,载《早稻田法学》2005 年第 80 卷第 4 号。

〔3〕 关于行为规范与制裁规范的对比以及刑法中事前判断与事后判断的对应原则,参见[日]高桥则夫:《规范论和刑法解释论》,成文堂 2007 年日文版,第 1 页。

的情况下限制其人身自由，这表明现行犯对于行为规范的违反达到足以发动相应制裁规范的程度这一点已经明白无误，因此现行犯与未遂犯均属于制裁规范的范畴。据此，即使已经着手实施相应犯罪的构成要件行为，如果对于法益造成的危险尚未达到具体程度，就不得将其作为现行犯。例如，甲在饮酒之后陷入无刑事责任能力状态，误将其妻子杀害。在该案例中，虽然可以将甲饮酒的行为作为故意杀人罪的实行着手，但只有当其实施了具体威胁其妻子生命法益的行为时，才能作为现行犯而被先行拘留。

第二，现行犯的成立要求"正在实行犯罪"这一点在客观上是明白无误的，即必须具备明白性，对于明白性的判断应当坚持事前判断的方法。刑法分则预设了不同犯罪的构成要件，而每个构成要件都可以通过不同的行为方式完成。因此，既存在像杀人、伤害、扒窃、妨碍公务等这种从外观上来看即可明白无误地感知犯罪的发生的情形，又存在诸如受贿、内幕交易等这种仅仅从外观上来看无法确知犯罪的发生的情形。即便是杀人行为，也完全可以以不易被察觉的方式实施，如持续几年的时间给被害人下慢性毒药，导致被害人死亡。即便是受贿，也存在当众主动索取贿赂的情形。由于先行拘留是一种紧急行为，作为其对象的现行犯不仅需要对法益形成具体危险，而且要求这种危险几乎无争议地被外界感知到。然而，这种感知所指向的对象是谁存在争议，围绕这一点，在学理上存在以下两种观点：①不仅是侦查机关可以对现行犯实施先行拘留，任何人都可以对现行犯实施扭送这种限制人身自由的措施，因此犯罪的存在从外部来看必须是明白无误的，而这种明白无误的判断必须是对于社会一般人而言的。[1] ②如果从侦查人员所搜集的资料以及凭借其知识与经验来看，犯罪的存在是明白无误的，那么就可以将现行犯先行拘留。[2] 很显然，第一种观

〔1〕 参见［日］三井诚：《刑事程序法（1）》（新版），有斐阁1997年日文版，第13页。

〔2〕 参见［日］安富洁：《无令状的搜查、扣押》，载《警察学论集》1992年第45卷第8号。

点以事前判断的方法判断明白性，而第二种观点则以事后判断的方法进行判断。

如果将第一种观点贯彻到底，有可能置司法机关于不顾，陷入法律虚无主义；如果将第二种观点贯彻到底，无疑取消了扭送制度。因此，在这一问题的处理上，应坚持事前判断与事后判断的对应原则。具体而言，现行犯所要求具备的明白性包括犯罪行为人和犯罪事实的明白性，其中犯罪事实是前提，因此如果该犯罪事实无法清晰地被实施先行拘留或扭送的人认识到，一般不得直接发动先行拘留或扭送。然而，对于一些以隐秘的方式实施的犯罪，即使一般人无法判断犯罪事实的发生并确定犯罪行为人，如果侦查机关通过卧底等秘密侦查的方式获取的客观资料表明了确实存在犯罪事实的发生，如正在发生毒品交易、正在交接贿赂物、正在交接赎金等，侦查机关当然可以将其作为现行犯并先行拘留。

此外，无论是事前判断还是事后判断，在现行犯的判断上都需要依据客观外在的认定资料，原则上以实施先行拘留或扭送者直接所见所闻的犯罪嫌疑人的举动、状态、行踪或者其他客观状况，如被害人事前或现场的陈述等为判断依据。当除了被害人陈述这一因素之外完全无法直接察觉存在犯罪事实时，犯罪事实的客观外在明白性就完全无法保证，因此在这种情况下原则上不允许直接先行拘留或扭送犯罪嫌疑人。[1]

(2)功能比较

如前文所述，未遂犯与现行犯都属于制裁规范的范畴，其发动都

---

〔1〕 日本京都地方裁判所在“西京恐吓未遂事件”中肯定了这一点，简要案情为：被害人在被恐吓之后报警，警察赶往现场并根据被害人的陈述寻找符合特征的犯罪嫌疑人，大约10分钟之后，在离案发现场20米的路上发现了一个跟被害人陈述的相貌特征相似的人，警察立即对其展开职务质问，但该人否认自己实施了恐吓行为，坚称自己不是犯人，但被害人当场指认该人就是恐吓他的人，于是，警察将该人作为现行犯逮捕。

需要对法益形成具体危险这一条件，然而，支撑这两种制裁规范的行为规范基础是不一样的，这也决定了这两种制度所发挥的功能不同。具体而言，未遂犯的成立以实行行为对构成要件所保护的法益形成具体危险为前提，发动未遂犯的制裁规范，其目的是反过来确证被实行行为所侵犯的行为规范并不因此失效，从而培养国民对于该规范的遵守意识。〔1〕与此相对，现行犯除了要求具备对构成要件所保护法益形成具体危险这一条件之外，还必须具备明白性这一外在表现形式。这是因为，不仅是代表国家公权力的侦查机关，任何公民都可以对现行犯实施限制其人身自由的措施，从而及时阻止既有的法益危险状态现实化，防止造成更大程度的损害并及时采集证据。

(3)现行性、急迫性与必要性

如前文所述，既然先行拘留与扭送在性质上都是一种紧急行为，以能够发动紧急行为的前提条件对其进行限制，以紧急行为的正当化根据作为其解释的指针，在法理上具有正当性。众所周知，构成要件具有推定违法的功能，如果说这种推定是一种可以被推翻的推定，那么现行犯就将这种可推定提升到接近无可置疑的确定这种程度，而为这种确定性提供支撑的就是前述的现行犯的明白性。既然如此，对于现行犯就可以发动比面临一般的紧急行为更为严厉的制裁措施，即先行拘留或扭送。换言之，先行拘留或扭送在构造上与正当防卫一样都是“正对不正”，〔2〕作为限制发动正当防卫之前提条件的“急迫性”，对于现行犯而言同样适用，然而对于现行犯的先行拘留或扭送这两种制度与正当防卫制度所要实现的功能并不相同，法律后果的严厉程度也不一样。从比例原则出发，对于现行犯虽然可以在无令状的情况下将其先行拘留或扭送，但其根据除了急迫性与明白性之外，还必须具备限制其人身自由的必要性，以将一些轻微犯罪、不具有人身危险性和

---

〔1〕这是在刑罚目的论这一主题下积极的一般预防论的基本主张，具体参见周光权：《行为无价值论与积极一般预防》，载《南京师大学报（社会科学版）》2015年第1期。

〔2〕参见［日］桥爪隆：《正当防卫论的基础》，有斐阁2007年日文版，第1页。

扩大侵害范围可能性的情形排除在先行拘留或扭送的范围之外。

然而,如果将限制人身自由的必要性作为现行犯的构成要件要素,可能存在以下疑问:首先,附加必要性这一要件缺乏法律根据,我国刑事诉讼法只对一般的逮捕情形规定了逮捕必要性要件,[1]但在对于现行犯的先行拘留或扭送的规定上,并未明文规定必须具备限制人身自由的必要性。其次,是否具备限制人身自由的必要性是一种实质性、规范性判断,要求人民群众在扭送之前必须正确判断扭送的必要性,是一种过分的苛求。最后,即使是轻微犯罪,也完全存在将其先行拘留或扭送的可能性。本书认为,对于先行拘留以及扭送制度的理解,应当始终以设置这两种制度的功能为基本导向,如果在当时的情况下即使不采取先行拘留或扭送也完全可以实现制度的功能,就不应当限制犯罪嫌疑人的人身自由,否则就是对公权力的滥用。[2] 不过由于当时处于急迫情境,对于这种必要性的考察确实不能作过严的限定,这一点与防卫过当要件中是否"明显超过必要的限度"的判断,可以作同一理解,即均需考虑情境的紧迫性,不宜过度严苛。

3."犯罪后即时被发觉"的时空条件限制

如前所述,由于犯罪事实以及犯罪嫌疑人的明白性,在当时的情况下具有限制犯罪嫌疑人人身自由的必要性与紧急性,可以在无令状的情况下限制其人身自由。然而,如果犯罪嫌疑人实施犯罪行为已经结束,或者已经离开案发现场,那么现行犯所要求具备的明白性就会急速消退,用以支撑先行拘留或扭送的前提条件也就荡然无存。在这个意义上,必须严格解释"犯罪后即时被发觉"所应当具备的时空接近性,否则必然导致现行犯的泛化。

(1)时间接近性

这里的时间接近性是相对于"犯罪后"而言的,因此首先必须确定

---

〔1〕 关于逮捕必要性这一要件的解释学考察,参见李训虎:《逮捕制度再改革的法释义学解读》,载《法学研究》2018 年第 3 期。

〔2〕 参见吴宏耀:《现行犯视角下的拘留扭送制度》,载《中国刑事法杂志》2016 年第 1 期。

犯罪结束的时间,并将其作为参照的时间点。在这一时间点的确定上,可以根据犯罪是否达到既遂区分以下两种情况:第一,犯罪嫌疑人已经实施了预想中的犯罪行为,但并未达到既遂,包括障碍未遂和中止。第二,犯罪嫌疑人所实施的犯罪行为及其导致的结果完全满足某一构成要件的所有要素,犯罪达到既遂状态。对于第一种情况而言,以犯罪嫌疑人实施了对构成要件所保护的法益形成现实、具体威胁的行为这一时间点为参照点。与此相对,在第二种情形中,应当根据罪质的不同作个别化判断,例如,在杀人罪这种即成犯中,只要死亡结果发生,犯罪就达到既遂,生命法益也不可逆地灭失,因此以结果发生的时间点为参照。在盗窃罪这种状态犯中,一旦犯罪行为人打破了被害人的占有并建立起自己对于财物的占有,犯罪就达到既遂,应以该时间点为参照,但被害人失去对财物占有的状态会持续下去。在非法拘禁罪这种继续犯中,在被害人恢复人身自由之前,犯罪嫌疑人所实施的拘禁行为处于继续进行的状态中,因此应以人身自由的恢复时间点为参照。

确定了犯罪后的时间参照点之后,重点应判断时间接近性。由于对于"即时性"的强调无非是为了确保现行犯的犯罪事实以及犯人的明白性,被发现的时间离参照点的时间越接近越能保证现行犯的明白性。然而,不可能将这一时间距离具体精确到分秒,因此在时间接近性的确定上不能仅仅考虑被发觉的时间长短这一个维度,如果有其他客观证据表明已经发生的犯罪事实明显是由某一犯罪嫌疑人实施的,即使被发觉的时间比较长,也存在将其作为现行犯的可能性。然而,如果经过的时间过长,已经脱离了现行犯的语义范围,也丧失了急迫性特征,此时就不应当视为现行犯。在这一点上,有必要引入准现行犯[1]这个概念以作阶段性区隔。具体而言,按照时间先后以及明白

[1] 《日本刑事诉讼法》第212条第2款规定了准现行犯这一概念,具体是指明显可以认定为在犯罪不久之后的人,例如被作为犯人追赶的人、携带赃物或明显是用于犯罪的凶器即其他物品的人、其身体或衣服上有显著的犯罪痕迹的人等。

性程度可以划分为以下几个阶段:正在实行犯罪的现行犯—犯罪后即时被发现的现行犯—犯罪后被指认为犯人或具有其他重大嫌疑的准现行犯—犯罪之后的非现行犯。由于我国《刑事诉讼法》第 82 条将在犯罪之后具有重大嫌疑的准现行犯也纳入先行拘留的范围之内,时间接近性的程度至少不得超过准现行犯。在这一点上,日本通说的观点认为可以将时间接近性确定为:在时间上极其接近犯罪实行行为终了之后的阶段,最长不得超过数小时。

(2)空间接近性

空间接近性要求犯罪嫌疑人被发觉时就在犯罪现场附近,即要求具备当场性,然而,对空间接近性的判断不可能完全脱离时间接近性独立进行。例如,犯罪嫌疑人在犯罪之后离开现场并没有被发现,但基于毁灭证据或者再次犯罪等动机再次返回现场并被发现,此时即便犯罪嫌疑人就在案发现场,也难以将其认定为现行犯,在这个意义上,可以说空间接近性以具备时间接近性为前提。然而,空间接近性也有可能反过来补强时间接近性,例如,犯罪嫌疑人在实施完犯罪之后一直滞留于犯罪现场没有离开,过了几天才被发现,此时也存在将犯罪嫌疑人认定为现行犯的余地。由此可见,当场性的判断首先应当考虑的因素就是在空间上离犯罪行为实施地点的远近;其次是时间接近性的有无。可以说这两种因素的判断都是一种事实判断,但这种判断并不容易,这是因为,并不一定离案发现场距离近就可以被认定为现行犯,也不一定离案发现场远就一定不是现行犯。本书认为,在当场性的判断上,还应当加入规范性因素的考虑,即犯罪嫌疑人是否已经脱离了被害人在案发时能够支配的最大范围空间。

四、伴随逮捕的无令状搜查

我国《刑事诉讼法》第 138 条第 1 款规定:进行搜查,必须向被搜查人出示搜查证;同条第 2 款规定:在执行逮捕、拘留的时候,遇有紧急情况,不另用搜查证也可以进行搜查。第 1 款的规定是对令状主义的坚持,第2款所规定的伴随逮捕的无令状搜查则是对例外情形的允许,这两者之间的张力关系如何直接考验着令状主义能否被坚守。然而,从第2款的法条表述来看,对于在什么时间段、怎样的范围内、可以针对什么人及物品展开无令状搜查,并没有明确的规定,一旦扩大化适用该条款,必然会弱化令状主义所具有的通过司法审查限制国家公权力肆意侵犯公民基本人身权利、财产权利的功能。虽然《人民检察院刑事诉讼规则》以及《公安机关办理刑事案件程序规定》将第2款所规定的"紧急情况"细化为5种情形,但第五种情形的规定显然是兜底条款,而前4种情形的规定都无一例外采用了"可能"这一模糊的表述方式,有待进一步明确。因此,对于第2款的适用条件,应当以承认令状主义之例外的根据作为解释指针,在学理论上作严格解释。然而,在承认令状主义之例外的根据这一问题上,存在紧急处分说与合理性说的对立,从不同的理论根据出发,在对于伴随逮捕的无令状搜查的范围确定上,将呈现出大小不一的局面。以下,笔者试着从时间界限、空间界限、物的界限3个角度,对《刑事诉讼法》第138条第2款进行解释。

(一)时间界限

根据《刑事诉讼法》第138条第2款的规定,无证搜查的时间条件被限定于"在执行逮捕、拘留的时候"。然而,根据《刑事诉讼法》第136条的规定,与逮捕或拘留的对象不同,搜查的对象并不仅仅限定于人,也包括物与住所,即包括犯罪嫌疑人以及可能隐藏罪犯或者犯罪证据的人的身体、物品、住处和其他有关的地方。换言之,搜查的对象范围显然比逮捕、拘留的对象范围更宽泛。于是,在解释伴随逮捕的无令状搜查的时间条件的过程中,必然面临以下问题:第一,无令状搜查是否必须在着手实施逮捕或拘留之后。例如,公安干警在接到举报吸毒窝点的报警电话之后,紧急出警前往窝点,但该住处内空无一人,侦查人员在该住处内展开搜查并查获毒品若干,半小时后犯罪嫌疑人回到住处,侦查人员将其拘留。第二,在逮捕或拘留执行完毕之后,是否还允许无令状搜查。围绕这两个问题，在学理上存在不同观点，以下作批判性考察。

1. 着手不必说

根据我国《刑事诉讼法》第 85 条以及第 93 条的规定，公安机关在执行拘留或逮捕时，必须出示拘留证或逮捕证，由此开启执行拘留或逮捕的程序，因此，就形式上而言，出示拘留证或逮捕证的时间也是执行拘留或逮捕的着手时间。然而，一方面，无须出示令状的先行拘留与扭送在司法实践中并不鲜见；另一方面，拘留证或逮捕证只有向令状上所记载的特定犯罪嫌疑人出示，才具有程序和证据上的意义，然而，在司法实践中，犯罪嫌疑人并不在执行逮捕或拘留的场所这种情形也经常发生。于是，从司法实务的角度要求无令状搜查的实施以拘留或逮捕已经达到形式意义上的着手为前提，存在困难。据此，有观点立足于合理性说，主张无令状搜查的实施并不以拘留或逮捕在形式上的着手为前提，只要与拘留或逮捕在时间上存在接近性即为足够。〔1〕 具体而言，该观点的存在主要基于以下 3 个理由。

第一，从合理性说出发，在拘留或逮捕的现场存在证据的盖然性很高，如果不及时收集并固定，将严重妨碍后续的侦查工作。从强制程度来看，拘留或逮捕显然高于搜查，既然无令状的拘留或逮捕都能被允许，那么紧急情况下的无令状搜查更是在合理的限度范围内。〔2〕

第二，逮捕的着手仅具有形式上的确定时间点的意义，无令状搜查归根结底是为了消除犯罪嫌疑人破坏证据或逃匿的危险，因此结合当时的具体情况，当在实质上存在这种危险时，即使是在着手逮捕之前就先行实施搜查，也具有现实的必要性与正当性。

第三，虽然无令状搜查不以逮捕的着手为前提，但只要与逮捕的

---

〔1〕 参见［日］小林充：《关于伴随逮捕的搜查、扣押的问题点》，载《警察研究》1977 年第 48 卷第 5 号。

〔2〕 参见［日］田宫裕编著：《刑事诉讼法 I——搜查、公诉的现代性展开》，有斐阁 1975 年日文版，第 349 页。

着手具有时间上的密接性，就不明显存在侵犯人权的弊端。

由此可见，该观点试图将伴随逮捕的无令状搜查论证为本来就是一种合法的取证手段，因此，在该观点看来，并不能从形式上理解"在执行拘留、逮捕的时候"，在当时的情况下只要出现值得逮捕或搜查的紧急事由，就应当及时采取相应的侦查措施，不问无证搜查是在着手逮捕之前或之后。但为了防止无限扩大可无令状搜查的时间范围，该观点增加了"与逮捕的着手具有时间上的密接性"这一限制条件。很显然，该观点是坚持合理性说的必然推论，但也正因如此，该观点将面临以下批判：首先，合理性说将无令状拘留、逮捕或者伴随拘留、逮捕的无令状搜查以收集证据、防止犯罪嫌疑人逃匿等理由直接正当化，无限蚕食令状主义的适用空间，如果将其贯彻到底，必然瓦解令状主义。其次，根据该观点，是否在时间上具备与着手逮捕的密接性，在很大程度上取决于犯罪嫌疑人是否在不久之后返回被搜查的现场，这种不确定的偶然事实难以作为支撑无令状搜查的依据。最后，这种观点是有罪推定这一思维方式的体现，容易先入为主地将犯罪嫌疑人认定为罪犯并展开侦查，增加了产生冤案的危险。于是，在批判这种立足于相当性说、倾向于实体真实主义[1]、服务于侦查实务需要的观点的

---

〔1〕 根据我国《刑事诉讼法》第2条的规定，刑事诉讼法的首要任务是准确、及时地查明犯罪事实，由此可见，实体真实主义是我国刑事诉讼法所追求的价值之一。在解释论上，可以将实体真实主义分为积极的实体真实主义与消极的实体真实主义。前者主张必须发现犯罪真相，追求不存在处罚漏洞的目标，即积极的处罚确保理念。与此相对，后者追求实现使无罪的人不遭受处罚的目标，即消极的处罚阻止理念。参见[日]田口守一：《刑事诉讼的目的》（增补版），成文堂2010年日文版，第81页。基于我国《刑法》第3条关于罪刑法定原则的表述，我国刑法学界有不少学者主张《刑法》第3条前半段追求的是积极罪刑法定主义，后半段追求的是消极罪刑法定主义。可以说积极的罪刑法定主义与积极的实体真实主义是相对应的，而消极的罪刑法定主义与消极的实体真实主义是相对应的。然而，罪刑法定原则的经典表述中仅具有消极罪刑法定主义的含义，即限制国家刑罚权的肆意发动，因此，在实体真实主义的理解上也应坚持作消极的理解。参见梁根林：《罪刑法定视野中的刑法合宪审查》，载《法律科学（西北政法学院学报）》2004年第1期。

基础上,在理论上产生了更严格限定时间条件的着手必要说。

2. 着手必要说

这一观点立足于紧急处分说,即无令状的拘留、逮捕或搜查归根结底是一种紧急事态,是令状主义的例外,因此,无令状搜查也必须处于这种紧急状态中,否则“无令状”就不能被正当化。据此,伴随逮捕的无令状搜查就必须在着手逮捕之后,但由于在法条上并未要求必须达到成功拘留或逮捕的程度,即使在着手逮捕之后,犯罪嫌疑人逃跑,也不妨碍对现场实施无令状搜查。〔1〕

显然,着手必要说试图维持出示拘留证或逮捕证这一形式要件在侦查程序中的实际意义,并以着手逮捕这一点所营造出的紧张感为无令状搜查提供正当化的前提事实,有力地维护了令状主义的司法审查功能。然而,在司法实践中经常会出现一旦出示拘留证或逮捕证,身上携带犯罪证据(如毒品)的犯罪嫌疑人就会逃跑或毁灭证据,或者现有证据表明犯罪嫌疑人携带危险凶器(如枪支、刀具),一旦对其出示拘留证或逮捕证并展开相应的抓捕活动,势必遭遇强力反抗,甚至严重危及侦查人员的人身安全。在这种情况下,由于对犯罪嫌疑人或物品的搜查本身就是拘留或逮捕的一部分,应当允许在无令状搜查之后着手实施拘留或逮捕行动。

在着手必要说内部,甚至有观点认为无令状搜查的实施不仅以着手逮捕为必要,而且以成功拘留或逮捕为必要。具体而言,作为控制人身自由的附随性处分,对于处于被控制者支配范围内的场所与物品实施无令状的搜查或扣押是被允许的,但其前提是已经成功拘留或逮捕了犯罪嫌疑人。〔2〕 本书认为,这一观点过分限制了无令状搜查的适用范围,是对于令状主义的机械理解,而且缺乏法条根据。

---

〔1〕 参见[日]松尾浩也:《刑事诉讼法》(上)(新版),弘文堂1999年日文版,第75页。

〔2〕 参见[日]高田卓尔:《刑事诉讼法》(二订版),青林书院新社1984年日文版,第344页。

（二）空间界限

拘留或逮捕所针对的对象只能是特定的犯罪嫌疑人，而搜查的对象既可以是人又可以是特定空间内的物。既然包括犯罪嫌疑人在内的任何人总是处于特定的时空条件下，那么在伴随拘留、逮捕的无令状搜查过程中，就会面临以下问题：首先，无令状搜查的空间与拘留或逮捕现场是否必须保持一致，或者说如何理解拘留或逮捕现场。例如，甲因涉嫌故意杀人罪，在其家里的客厅被侦查人员逮捕，在控制住甲的人身自由之后，可否对甲的儿子乙的私人房间实施无令状搜查。其次，当搜查的对象指向犯罪嫌疑人的身体或者其随身携带的物品时，在拘留或逮捕成功之后，无令状搜查是否只能在原地进行，而不能转移到其他场所。最后，对于在拘留或逮捕现场发现的犯罪嫌疑人以外的人，可否对其实施无令状搜查。以下，笔者试着以这 3 个问题为核心探讨伴随逮捕的无令状搜查的空间限制条件。

1. 拘留、逮捕现场的理解

从文义出发，拘留、逮捕现场显然是指实施拘留或逮捕行为的场所。然而，该场所的范围大小取决于不同主体的视角，必然带上规范判断的要素，而不单纯是一个物理空间计算问题。很显然，拘留或逮捕现场的空间越狭窄，侦查人员能够开展无令状拘留、逮捕、搜查的范围就越小。因此，对于拘留、逮捕现场的解释，同样取决于承认令状主义之例外的根据。

具体而言，从紧急处分说派生出了直接支配空间说。该学说主张：拘留或逮捕现场仅限于急迫性所波及的范围，即犯罪嫌疑人的身体或者直接支配下的场所，如用于攻击侦查人员的物体、犯罪嫌疑人可及范围内的逃跑工具、伸手能够得到的证据等。[1] 据此，超越该范围的空间由于丧失了急迫性而不得在无令状的状态下展开搜查。与

---

〔1〕 参见［日］田宫裕：《刑事诉讼法》（新版），有斐阁 1996 年日文版，第 111 页。

此相对，从合理性说则派生出了同一管理权说，该学说认为只要搜查的空间范围并未脱离犯罪嫌疑人的管理权限，就仍然处于无令状许可的空间范围之内。[1]

同一管理权说试图以直接实施拘留或逮捕行为的发生地为核心，将可以实施无令状搜查的范围尽量往外扩散，然而，这一学说的判断标准并不清晰，尤其是当犯罪嫌疑人在超市、车站、公路等这种公共场所被拘留或逮捕时，如何界定其对于周围空间的管理权限，不无疑问。与此相对，直接支配空间说提供了更为清晰的判断标准，也符合令状主义的基本精神。

2. 犯罪嫌疑人的身体移动空间

当侦查人员向犯罪嫌疑人出示拘留证或逮捕证并展开相应的抓捕行动时，犯罪嫌疑人逃跑当然是在预想范围之内的事情，因此整个抓捕活动所涉及的空间，都可以视为拘留或逮捕场所。然而，一旦成功控制住犯罪嫌疑人的人身自由，如果搜查的对象指向被抓获的犯罪嫌疑人的身体或者其随身携带的物品或证据，那么，无令状搜查所允许的范围是否仅仅局限于被抓获的现场，而不包括将犯罪嫌疑人带到警局等地方？在这个问题上同样存在以下两种不同观点。

第一种观点认为，当搜查的对象指向犯罪嫌疑人的身体或者其随身携带的物品时，由于犯罪嫌疑人及其贴身范围内[2]的空间跟随犯罪嫌疑人的移动而移动，即使在控制犯罪嫌疑人的人身自由后将其带到其他地方再另行搜查，也在拘留或逮捕场所的范围之内，应广泛认可场所的移动。[3]

第二种观点认为，拘留或逮捕犯罪嫌疑人之后进而对其搜查本身

---

〔1〕 参见[日]渥美东洋：《在逮捕现场的无令状搜查、扣押》，载[日]河上和雄等编：《警察实务判例解说（搜查、扣押篇）》，判例时报社 1988 年日文版，第 95 页。

〔2〕 我国有学者将贴身禁忌作为扒窃这一行为样态所侵犯的法益，具体参见车浩：《“扒窃”入刑：贴身禁忌与行为人刑法》，载《中国法学》2013 年第 1 期。

〔3〕 参见[日]川出敏裕：《伴随逮捕的扣押、搜查、检证》，载《法学教室》1997 年第 197 号。

虽然是一种附随处分,但其被正当化的根据在于其处于拘留或逮捕这一紧急状态的延长线上。据此,原则上只允许在逮捕现场实施无令状搜查,但在司法实践中,犯罪嫌疑人被拘留或逮捕的场所往往在公共场所,如在公共交通道路上,如果要求必须在这种情境下对犯罪嫌疑人展开搜查,可能会造成交通堵塞甚至危害公共安全。此外,如果在公共场所对犯罪嫌疑人的身体展开搜查,无疑会侵犯嫌疑人的隐私及其名誉。因此,在这种情况下,应例外地允许将犯罪嫌疑人带到附近的公安局或派出所之后再展开对嫌疑人的搜查。〔1〕

以上两种观点在其理论根据上大体上分别对应相当性说与紧急处分说,但由于第二种观点也广泛认可将被拘留或逮捕的犯罪嫌疑人带到其他合适地点再对其搜查,这两种观点在结论上并不存在重大差异。这本身也意味着在"逮捕现场"的认定上,机械地根据相当性说或紧急处分说难以得出可靠结论,归根结底只能具体问题具体分析。〔2〕据此,也有学者在相当性说与紧急处分说这两种学说中间开辟出了"二分论进路",主张应根据在伴随逮捕的无令状搜查过程中遇到的不同情形具体选择适用相当性说或紧急处分说。〔3〕本书认为,这种二分论进路本身没有建立起稳固的理论基石,缺乏具有可操作性的适用标准,无法防止令状主义的例外情形无限扩大。

3. 针对第三人的无令状搜查

根据我国《刑事诉讼法》的规定,执行拘留、逮捕、搜查等强制性侦查措施以具备相应的拘留证、逮捕证、搜查证为原则,而在这些令状上都必须清晰地写明被拘留人、被逮捕人或被搜查人的姓名、性别、出生日期、具体住址等详细的个人信息,不能模糊地指向所有与某个事件

〔1〕 参见[日]光藤景皎:《口述刑事诉讼法》(上)(第2版),成文堂2000年日文版,第153页。

〔2〕 参见[日]池田修、[日]前田雅英:《刑事诉讼法讲义》(第6版),东京大学出版会2018年日文版,第185页。

〔3〕 参见[日]井上正仁:《伴随逮捕的无令状搜查、扣押》,载《刑事诉讼法的争点》,有斐阁2013年日文版,第81页。

相关的人。既然令状主义的基本功能是通过司法审查限制国家公权力的任意发动,据此保障国民的基本人身权利及财产权利,那么明确性就是令状主义的基本要求,在这一点上,令状主义与罪刑法定主义殊途同归。[1] 换言之,明确性的目的就是保证在执行拘留、逮捕、搜查的过程中仅仅针对特定的犯罪嫌疑人,而不任意波及第三人。据此,在执行拘留、逮捕的过程中,原则上禁止在无令状的情况下搜查第三人。即使根据最广泛解释伴随逮捕的无令状搜查范围的相当性说,也无法将对于犯罪嫌疑人之外的第三人的无令状搜查正当化,因为即使认可同一管理权说的合理性,也没有理由将对犯罪嫌疑人的管理权限扩大到第三人的身体上,否则人就会被物化。[2] 此外,原则上禁止在执行拘留、逮捕过程中对第三人展开无令状搜查的另一个重要理由就是防止别件逮捕[3]或别件搜查、扣押的泛滥而导致令状主义的空

---

〔1〕 参见陈兴良:《罪刑法定的当代命运》,载《法学研究》1996 年第 2 期;陈兴良:《刑法的明确性问题:以〈刑法〉第 225 条第 4 项为例的分析》,载《中国法学》2011 年第 4 期。

〔2〕 参见[日]田口守一:《伴随逮捕的无令状搜查、扣押的容许范围》,载《信州大学法学论集》2015 年第 25 号。

〔3〕 别件逮捕是解释学上的一个用语,在最广义的意义上是指在某个案件(本件)的侦查过程中,通过其他案件(别件)而逮捕犯罪嫌疑人。广义上是指在本件上明明不具备逮捕的要件,却专门为了调查的目的而利用了具备逮捕要件的别件,进而实施逮捕。狭义上是指以调查重大的本件为目的,却通过不具有逮捕理由与必要性的轻微别件而实施逮捕。在日本刑诉法学界,一般在广义的意义上使用别件逮捕这一概念。参见[日]松尾浩也:《刑事诉讼法(上)》(新版),弘文堂 1999 年日文版,第 111 页。别件搜查、扣押是指在合法搜查过程中发现了别罪的证据或违禁品并据此实施紧急搜查、扣押等强制措施。从令状主义出发,别件搜查、扣押原则上是被禁止的,但也存在例外应被允许的情形。关于其具体判断标准,不应过分执着于侦查机关是否具有专门地将其作为别罪的证据使用这一主观意图,还应当以侦查的客观状况为基准进行判断,如别件的具体案情,已经被收集的证据数量、内容,通过搜查、扣押而可能发现的物证的预期程度,本件的案情内容,嫌疑程度,尤其是有没有可能获得基于本案的搜查或扣押令状,实际搜查的样态,被发现或收集的证据与别件及本件之间的关系等,综合以上客观要素进行具体判断。参见[日]井上正仁、[日]大泽裕、[日]川出敏裕编:《刑事诉讼法判例百选》(第 10 版),有斐阁 2017 年日文版,第 56 页。

洞化。

然而,如果绝对禁止的话,也是机械理解令状主义的产物,在司法实践中出现极端紧急事态时,也难以被遵守,因此应从比例原则出发探寻在执行拘留、逮捕过程中对犯罪嫌疑人实施无令状搜查与对第三人实施无令状搜查的等置性。[1] 具体而言,参照在拘留或逮捕现场的第三人的言行举止及其他临场表现,当有相当的理由与程度怀疑本应在犯罪嫌疑人身上搜查出的物证或现场的其他证据正被在场的第三人隐藏或持有时,就与根据令状的搜查或扣押的情形一样,将其作为伴随逮捕的对于犯罪嫌疑人的身体或逮捕现场的无令状搜查、扣押的一环或者与其相伴随的必要处分,可以在无令状的情况下对第三人的身体及其所携带物品进行搜查并将被发现的证物扣押。[2] 换言之,只有当对于第三人实施无令状搜查与对犯罪嫌疑人实施无令状搜查是等价的,才能例外地加以承认。

(三)物的界限

在执行拘留或逮捕的过程中,可能会发现与作为逮捕原因的嫌疑犯罪事实无关,而涉嫌与其他犯罪相关的证据,[3] 此时,是否以及在

[1] 等置性原则本来是用于指导不真正不作为犯之概念建构的基本原则,即以不作为的方式对于构成要件背后所保护的法益形成的危险程度和以作为的方式是等价的,这样既回应了不真正不作为犯违反罪刑法定原则的质疑,又精确限缩了不真正不作为犯的成立范围。具体论述,参见黎宏:《排他支配设定:不真正不作为犯论的困境与出路》,载《中外法学》2014 年第 6 期;何荣功:《不真正不作为犯的构造与等价值的判断》,载《法学评论》2010 年第 1 期。

[2] 参见[日]酒卷匡:《伴随逮捕的无须令状的强制处分》,载《法学教室》2005 年第 297 号。

[3] 这里涉及本件与别件的判断,在这个问题上存在人的单位说与事件单位说的争论,前者以犯罪嫌疑人的同一性为判断标准,后者以构成要件事实的同一性为判断标准。从构成要件的犯罪个别化功能出发,应坚持事件单位说。关于构成要件的犯罪个别化功能的论述,参见陈兴良:《构成要件的理论考察》,载《清华法学》2008 年第 1 期;陈兴良:《构成要件:犯罪论体系核心概念的反拨与再造》,载《法学研究》2011 年第 2 期。

多大程度上允许在无令状的前提下搜查或扣押被发现的相关犯罪嫌疑人或证据，由于在我国《刑事诉讼法》中并未明确规定，但在司法实践中又不可避免地会遇到这种情形，有必要从解释论的角度进行探讨。从紧急处分说出发，能够在无令状的前提下实施搜查的范围当然仅限于与作为逮捕理由的犯罪事实相关的证据，超越此范围而作为与本件无关的证据，不得无令状搜查或扣押。作为处理这种紧急事态的步骤，首先征得物品所有人或占有人的同意对物品进行检查，当遭到拒绝时，应通过申请相应的令状才能实施搜查或扣押。只有在当时的情况下可以将相应的犯罪嫌疑人作为现行犯时，才能适用《刑事诉讼法》第 82 条的规定将其先行拘留，并在上述时间与空间的限制条件下例外地实施无令状搜查。

五、结论与展望

个人自由与国家公权力之间的紧张关系主要表现在以下两种情形中：第一种情形，当个人的生命、身体、自由、财产正在遭受侵犯的时候，国家公权力是否及时到位采取排除侵害的措施，若缺位，是否允许个人采取自救手段。第二种情形，公民因涉嫌犯罪而被卷入刑事诉讼程序中，此时，具体的犯罪嫌疑人将以孤独的个体面对强大的国家机器。如果单纯地从打击犯罪、发现实体真实的角度出发，刑法与刑事诉讼法都没有存在的必要性，在这个意义上，可以说刑法与刑事诉讼法的存在意义正是通过实体与程序约束国家公权力的行使范围。据此，可以说宪法所确认的公民基本人权是否得到保障与实现在很大程度上取决于刑法与刑事诉讼法是否坚守了罪刑法定原则、法益保护原则、责任原则、无罪推定原则、禁止强迫自证其罪规则、非法证据排除规则等基本理念，而这些基本理念是否得以贯彻只能在个案中进行检验。为此，面对具体刑事案件，在寻找具体规范适用依据时，应把上述刑事法的基本理念融入法条的解释中。

近二十年以来，中国刑法学在解释论上取得长足发展，在大量参考德国与日本刑法解释学理论资源的基础上，努力完成刑法解释学的本土化，其轨迹基本沿着从立法论到解释论的方向在发展。[1] 与此相对，中国《刑事诉讼法》虽然与《刑法》在同一年颁布，但立法论、政策论、比较法、实证研究仍然占据主流地位。对此，我国有学者敏锐指出：当下最为紧要的任务是构建刑事诉讼法释义学，毕竟，跨学科研究须建立在法释义学有相当发展的基础之上，缺乏真正意义上的法释义学传统和积淀，缺乏以此为基础的法解释共同体，诸多具体的刑事司法改革问题恐怕难以顺利解决。[2] 怀着同样的意识，本书在考察令状主义的基本功能以及承认令状主义之例外的理论根据的基础上，对作为令状主义之典型例外的现行犯拘留、扭送以及伴随拘留、逮捕的无令状搜查进行解释论上的考察，可以得出以下结论。

第一，令状主义是一项被我国《宪法》和《刑事诉讼法》确认的基本原则，与罪刑法定原则具有同等重要的地位。在侦查程序的构建中，应将令状主义作为解释的指针之一。

第二，对于令状主义的例外情形应当进行限缩解释，否则将导致令状主义的空洞化，紧急处分说可以作为这种限缩解释的基本依据。

第三，作为先行拘留与扭送对象之一的现行犯，在刑事诉讼法上应作统一理解。从紧急处分说出发，预备犯原则上不得作为现行犯处理；对于“正在实行犯罪”这一要件的解释，必须同时具备现行性、明白性、急迫性，对于明白性的判断应坚持事前判断与事后判断的对应原则；对于“犯罪后即时被发觉的”这一要素的解释，应同时具备时间与空间上的接近性。

第四，对于伴随拘留、逮捕的无令状搜查这一程序的解释，应以紧急处分说为基本根据，限缩解释发动该程序的时间界限、空间界限、物的界限。

---

〔1〕 参见陈兴良：《中国刑法学研究40年（1978—2018年）》，载《武汉大学学报（哲学社会科学版）》2018年第2期。

〔2〕 参见李训虎：《逮捕制度再改革的法释义学解读》，载《法学研究》2018年第3期。

第二章

中国语境下讯问程序的解释学进路

一、问题的提出

现行《刑事诉讼法》第118条至第123条专门规定了讯问犯罪嫌疑人的相关程序，其中第120条第1款规定：侦查人员在讯问犯罪嫌疑人的时候，应当首先讯问犯罪嫌疑人是否有犯罪行为，让他陈述有罪的情节或者无罪的辩解，然后向他提出问题。犯罪嫌疑人对侦查人员的提问，应当如实回答。但是对与本案无关的问题，有拒绝回答的权利。从1979年《刑事诉讼法》颁布到现在，这一规定原封不动地保存下来。根据《刑事诉讼法》第2条的规定，刑事诉讼法的目的主要体现为发现实体真实、适用刑罚法令、保障基本人权。很显然，《刑事诉讼法》第120条的规定是积极的实体真实主义的集中体现，即务必发现犯罪以确保不出现处罚遗漏。可以说这种认识长期支配了刑事司法实务，[1]而在刑事诉讼法学界虽然越来越多的学者认识到了这一规定一味追求实体真实，必然弱化对犯罪嫌疑人基本人权的保障，但大多数的研究停留于立法论层面，即在对立法进行批判的基础上提出立法修改意见，然而，法学就是以某个特定的、在历史中逐渐形成的法

---

〔1〕 例如，根深蒂固的有罪必罚、违法必究、命案必破等政策性理念一直存在。参见刘忠：《“命案必破”的合理性论证——一种制度结构分析》，载《清华法学》2008年第2期。

秩序为基础及界限,探求法律问题之答案的学问,其主要目的是探讨规范的意义。[1] 长期的立法论关注导致刑事诉讼法的教义学停滞不前。[2] 可以说,如何在现行《刑事诉讼法》的框架下寻求合理解释的进路才是根本的课题。

以《刑事诉讼法》第120条第1款的规定为例,可以说以下的问题是亟待法教义学解决的问题:讯问犯罪嫌疑人的法性质是强制处分还是任意处分;犯罪嫌疑人有没有接受讯问的容忍义务;如何处理《刑事诉讼法》第120条所规定的"如实回答"与《刑事诉讼法》第52条所规定的"不得强迫任何人证实自己有罪"之间的关系;侦查人员在讯问时是否可以对犯罪嫌疑人进行余罪调查;犯罪嫌疑人在讯问程序中处于什么地位,享有哪些防御权。怀着这一问题意识,本部分试图参考日本刑事诉讼法的教义学成果,结合我国现行《刑事诉讼法》的基本理念,以目的解释、体系解释的方法,从法教义学的角度对讯问犯罪嫌疑人的相关法条规定的射程范围及其内在价值进行探索。

二、任意处分与强制处分的区分标准

(一)区分的必要性

讯问犯罪嫌疑人,是指侦查机关对于具有犯罪嫌疑从而成为侦查对象的人以"质疑—应答"的形式取得相关信息的程序。[3] 很显然,在讯问犯罪嫌疑人的程序上出现了侦查机关与犯罪嫌疑人的两极构造,这两个主体之间的关系成为理解讯问程序的出发点。从纠问的(职权主义)搜查观出发,讯问程序被理解为本来就是为侦查机关调查犯罪嫌疑人而设置的程序,因此,犯罪嫌疑人成为讯问的客体。与此相对,从弹劾的(当事人主义)侦查观出发,讯问程序被理解为只不过

---

〔1〕 参见[德]卡尔·拉伦茨:《法学方法论》,陈爱娥译,商务印书馆2003年版,第19页。

〔2〕 参见易延友:《非法证据排除规则的立法表述与意义空间——〈刑事诉讼法〉第54条第1款的法教义学分析》,载《当代法学》2017年第1期。

〔3〕 参见胡铭:《刑事诉讼法学》,法律出版社2016年版,第277页。

是侦查机关单独实施的准备活动而已，而犯罪嫌疑人也在与侦查机关对抗的立场上实施相对应的准备活动。[1]

由此可见，如果彻底贯彻弹劾的侦查观，甚至会得出应当禁止讯问犯罪嫌疑人的结论，因为既然侦查机关与犯罪嫌疑人处于平等的对抗地位，犯罪嫌疑人当然不具有配合侦查机关调查自己的义务。然而，大多数国家的刑事诉讼法承认将讯问犯罪嫌疑人作为一种侦查手段，而且犯罪嫌疑人的供述尤其是自白一直被作为承认犯罪嫌疑人的犯罪事实的重要证据。例如，口供对于证明故意、过失、目的、倾向等主观违法要素[2]的存在具有强大的证明力，对于贿赂、破坏选举、偷税漏税等这种被认为是"没有被害人的犯罪"[3]的证明更是不可或缺。况且虽然不可否定科学侦查的重要性，但诸如犯人的同一性等基础事实也有必要通过犯罪嫌疑人的自白来补充。这也成为侦查机关长期以来重视获取口供的根本原因。

然而，过分重视口供既会产生犯罪嫌疑人的基本人权得不到保障的危险，又会产生误判的危险。据此，即使在刑事诉讼法上允许侦查机关讯问犯罪嫌疑人，也并不意味着犯罪嫌疑人就沦为侦查客体，因为根据《刑事诉讼法》第 12 条的规定，未经人民法院依法判决，对任何人都不得确定有罪，而根据《刑事诉讼法》第 51 条的规定，公诉案件中被告人有罪的举证责任由人民检察院承担。因此，虽然被讯问的对象有犯罪嫌疑，但应当被推定为无罪，除非人民检察院以达到排除合理怀疑之证明标准的证据推翻这种无罪推定。而且犯罪嫌疑人一旦被

---

〔1〕 纠问的侦查观与弹劾的侦查观显然处在职权主义与当事人主义这两大诉讼模式之对立的延长线上。

〔2〕 如果要发挥构成要件的类型化功能，在实行行为、结果、因果关系、客观行为状况等客观的构成要件要素之外，还必须考虑认识到这些客观要素存在的主观违法要素。详细论述，参见付立庆：《主观违法要素理论——以目的犯为中心的展开》，中国人民大学出版社 2008 年版，第 18 页。

〔3〕 这里的"没有被害人"也是相对而言的，仅仅指的是无具体的受害人，但如果就法益受损的角度而言，任何犯罪都在某种程度上侵犯个人法益、社会法益或者国家法益。

起诉就成为被告人,成为诉讼的一方当事人,与公诉机关形成两极对抗关系,这样的话,在包括讯问在内的起诉之前的程序中,也应当提高犯罪嫌疑人的当事人性,即在程序上应当赋予作为防御主体的犯罪嫌疑人开展积极防御活动的地位。于是,在讯问程序中,犯罪嫌疑人是否具有到场接受讯问的义务,是否具有供述的义务,值得进一步探讨。对这些问题的回答又是与讯问犯罪嫌疑人这一程序本身的法性质紧密关联的。关于这一点,存在任意处分说与强制处分说的对立。从不同的学说出发将得出不同的解释论上的归结。以下,在阐明任意处分与强制处分之区别的基础上,检讨我国《刑事诉讼法》所规定的讯问犯罪嫌疑人这一程序的法性质。

(二)围绕区分标准展开的学说之争

侦查,是指当侦查机关认为发生了犯罪时,为了提起公诉而实施的发现、保全犯人或收集、固定证据的行为。由于犯罪通常都是秘密实施,这给侦查机关搜查犯人以及证据的活动带来极大困难,在此过程中侦查机关也容易侵犯犯罪嫌疑人以及其他关系人的人权。在这个意义上,侦查归根结底也是宪法保障下的刑事诉讼中的一个环节,应当在调和侦查的必要性与人权保障的基础上展开。为了确保这一目标的实现,一般认为,在侦查过程中,应当坚持令状主义、任意侦查原则、侦查比例原则。令状主义,是指要实施强制处分,原则上必须基于法院或法官所签发的令状,以防止权力滥用;任意侦查原则,是指当通过强制处分或任意处分都能达成侦查目的时,应当优先实施任意处分;侦查比例原则,是指侦查上的处分应当与必要性相符合,即使在应当实施强制处分的情形中,也应当尽可能选择侵害权利或利益较少的方法或种类。[1] 由此可见,强制处分与任意处分是一对分析侦查程

---

〔1〕 比例原则是宪法与行政法上的一个重要原则,对各大部门法的解释均具有指导意义。参见杨登峰:《从合理原则走向统一的比例原则》,载《中国法学》2016 年第 3 期。

序的基本概念,也是构建侦查程序法教义学的理论资源,因为在刑事诉讼法中对于这两者分别适用不同的原则与程序,即像拘留、逮捕等强制处分必须以令状等法定的方式进行,而任意处分一般并不需要具备严格的法律要件之规定,因此具有多样性与非类型性。然而,强制处分与任意处分之间并不总是泾渭分明的,围绕这两者的区别,在诉讼法学界产生了诸多学说,以下对诸学说进行批判性考察。

1. 物理性实力说

该学说认为,当行使了物理性实力或者强制力,或者使他人承担某种义务时,就是作出了强制处分。很显然,该学说侧重于强制行为本身的外在表现形式,可以说其判断标准源于暴行罪与强要罪的实行行为性判断。[1] 同时,该学说也是对搜查、逮捕、扣押等传统的强制性侦查手段的朴素理解。然而,随着科技的进步,如果继续贯彻该学说,几乎所有的技术侦查措施都将被排除在强制处分的范围之外,从而摆脱令状主义的束缚,如果允许侦查机关任意采取记录监控、行踪监控、通信监控、场所监控等技术侦查措施,势必对犯罪嫌疑人的基本人权尤其是隐私权形成极大的威胁。有学说对这一传统观点进行了修正,如认为在强制与任意之间还存在"不传递强制的实力"的阶段,因此,诸如停止与警告这种为了"劝说"而行使有形力是一种被允许的任意处分。[2] 但是,这并没有解决技术侦查措施给物理性实力说带来的挑战,而且还带来了新的问题,即如何判断介于强制与任意之间的第三个领域。

---

〔1〕 我国刑法并未规定暴行罪与强要罪,而是以故意伤害罪以及敲诈勒索罪为最低起刑点。暴行与强要都是程度性概念,一般被分为最广义的暴行(强要)、广义的暴行(强要)、狭义的暴行(强要)、最狭义的暴行(强要)。最广义的暴行包括对人及物所行使的一切物理实力;广义的暴行是指面向人所行使的物理实力;狭义的暴行是指在人身上行使物理实力;最狭义的暴行是指对被害人行使了足以抑制其反抗之程度的物理实力。[日]高橋則夫『刑法各論』(第2版·2014、成文堂)42頁参照。

〔2〕 [日]出射義夫『検察·裁判·弁護』(有斐閣,1973年)144頁参照。

2. 法益侵害说

该学说认为，强制处分与否的判断并不在于是否行使了有形力，而在于该处分行为是否未经犯罪嫌疑人的同意而侵犯其个人的权利或利益。显然，该观点是在对上述的物理性实力说进行批判的基础上提出的，据此主张将所有侵犯犯罪嫌疑人的权利或利益的侦查行为都认定为强制处分。[1] 如果将该观点贯彻到底，很显然会走向另一个极端，具体而言，在侦查活动过程中，无法否定其多多少少具有制约犯罪嫌疑人的权利或利益的性质，如果完全不考虑制约程度，结果必然导致绝大多数的侦查活动都被纳入强制处分的范畴。

3. 重要法益侵害说

该学说显然是在修正上述学说的基础上产生的，并非所有的侵犯或可能侵犯犯罪嫌疑人的权利或利益的侦查行为都是强制处分，只有违反明示或默示的意思，并且伴随制约重要权利或利益的处分才是强制处分。[2] 在限制强制处分的范围这一点上，该学说具有妥当的一面，但该学说也产生以下两个难以克服的缺陷：第一，重要法益与否的判断标准未必是明确的；第二，如果将强制处分的范围限定于重要利益或法益，那么即使行使了有形力，只要不能评价为制约了重要法益，就只能认定为任意处分，因此有削弱强制处分法定主义的危险。

（三）本部分观点

上述围绕强制处分与任意处分之区分标准的学说，根据判断视角的不同，可以划分为两大学说阵营，具体而言，物理性实力说显然是从作出处分这一方的视角出发，是以处分手段本身的客观样态为基准的学说。与此相对，法益侵害说则是从接受处分这一方的视角出发，是以处分手段对犯罪嫌疑人的侵害样态为基准的学说。本书认为，既然

---

〔1〕［日］田宮裕『刑事訴訟法』（新版・1996、有斐閣）71 頁参照。

〔2〕［日］井上正仁『強制捜査と任意捜査』（新版・2014、有斐閣）7 頁以下参照。

区分强制处分与任意处分的根本目的在于保证强制处分法定主义的贯彻,保障犯罪嫌疑人的基本人权,其判断的视角应立足于犯罪嫌疑人,在这个意义上,法益侵害说基本上是妥当的。但毫无疑问不能将法益概念泛化,关于这一点,日本最高裁判所的观点认为:只有存在法律上的根据规定,才能在侦查中使用强制手段,而这里的强制手段并不是指伴随着有形力之行使的手段,而是指压制个人的意思,对身体、住宅、财产等施加制约从而实现强制性的侦查目的之行为,对于这一类行为,如果不存在特别的根据规定,就不允许其使用。与此相对,还没有达到这种程度的有形力行使,在任意侦查中也存在被允许的情形。由此可见,该判例确立了以下两点:第一,不能以有形力的行使与否为基准;第二,设定了将个人意思的压制以及对身体、住宅、财产等的制约作为判断强制处分的主观与客观基准。[1] 本书认为,以这一观点为基准区分强制处分与任意处分基本上是妥当的,但有必要进一步明确的是,根据该观点,强制处分也有可能出现在并没有被明文规定在《刑事诉讼法》的侦查措施中,此时应当从我国《宪法》第37条至第40条的规定出发对具体的侦查措施作合宪性解释,在具体判断这种侦查措施是否符合正当程序的要求以及对犯罪嫌疑人的人身或财产权利的侵犯程度的基础上确定这种侦查措施的合法性。[2]

三、讯问犯罪嫌疑人的法性质及其教义学上的归结

我国《刑事诉讼法》第118条第2款规定:犯罪嫌疑人被送交看守所羁押以后,侦查人员对其进行讯问,应当在看守所内进行。第119条规定:对不需要逮捕、拘留的犯罪嫌疑人,可以传唤到犯罪嫌疑人所在市、县内的指定地点或者到他的住处进行讯问,但是应当出示人民

---

〔1〕[日]井上正仁编『刑事訴訟法判例百選』(第10版・2017、有斐閣)2頁以下参照。

〔2〕这样的话,意味着强制处分也可能以非法定的形式出现,于是,如何处理强制处分法定主义与令状主义之间的关系,成为新的问题。[日]酒卷匡『刑事訴訟法』(有斐閣,2015年)32頁以下参照。

检察院或者公安机关的证明文件。对在现场发现的犯罪嫌疑人，经出示工作证件，可以口头传唤，但应当在讯问笔录中注明。由此可见，我国《刑事诉讼法》所规定的讯问，包括对已经被羁押的犯罪嫌疑人的讯问和对没有被羁押的犯罪嫌疑人的讯问这两种情形，其中第二种情形还可以进一步细分为对没有被拘留或逮捕的犯罪嫌疑人的讯问以及对现行犯的讯问。关于讯问犯罪嫌疑人的法性质，形成了强制处分说与任意处分说的对立，但这两种学说对立的背后隐藏着犯罪嫌疑人是否具有接受讯问的义务，是否具有供述的义务，与沉默权的保障之间的关系，与非法证据排除规则尤其是自白法则之间的关系等一系列教义学上的难题。

一般认为，讯问不被羁押的犯罪嫌疑人是一种任意处分，因此犯罪嫌疑人不负有接受或忍受讯问的义务，即使接受了讯问，在讯问过程中也可以随时单方退出。于是，如何理解我国《刑事诉讼法》第 119 条所规定的“传唤”的性质成为教义学上必须面对的问题。与此相对，讯问已经被羁押的犯罪嫌疑人一般被认为是一种强制处分，但从反面的角度而言，犯罪嫌疑人是否负有接受或忍受讯问的义务，成为争议的焦点。

（一）关于“讯问忍受义务”有无的争论

既然讯问犯罪嫌疑人被我国《刑事诉讼法》明确规定为一种侦查措施，那么，与此相关联的首要问题就是犯罪嫌疑人有没有接受或者忍受侦查机关的讯问之义务。从刑事司法实务的角度出发，容易得出肯定的结论，然而，一旦采取肯定说，犯罪嫌疑人是否具有供述义务也成为不得不面临的问题，即使否定供述义务的存在，如何保障犯罪嫌疑人的沉默权也是不可回避的问题。因此在理论上认为犯罪嫌疑人不具有忍受讯问义务的观点也被越来越多的学者所接受。然而，我国《刑事诉讼法》第 120 条规定了犯罪嫌疑人对侦查人员的提问，应当如实回答。从这一规定出发，刑事司法实务中理所当然地认为犯罪嫌疑人不仅具有忍受讯问的义务，而且具有供述义务。在理论界，研究侦查人员讯问策略的论文汗牛充栋，而另一部分观点则对该规定持讥讽态度，主张废除或修改该规定。[1] 但这显然无助于现实问题的解决，更无助于犯罪嫌疑人权利的保障。以下，笔者尝试在检讨犯罪嫌疑人是否具有忍受讯问之义务的基础上，努力对“如实回答”进行体系性、合宪性、有利于被告人的解释。

（二）讯问忍受义务肯定说及其归结

肯定说认为，取得犯罪嫌疑人的供述对于侦查而言是必不可少的，因为如果没有犯罪嫌疑人的供述，就无法查证犯罪事实并证明犯罪的成立，侦查本身就是将物证等客观证据与供述证据进行比对从而接近事实真相的过程，因此犯罪嫌疑人的供述对于侦查活动的展开至关重要。此外，让犯罪嫌疑人阐述真相并让其反省本身就具有刑事政策上的意义。[2] 很显然，从这一观点出发，肯定犯罪嫌疑人不仅负有接受并忍受讯问的义务，而且具有供述的义务，这显然违反禁止强迫自证其罪原理，并且可以说其逻辑起点就是有罪推定。因此，不难想象这种观点会遭到学界的批判，但肯定说在司法实务中的影响根深蒂固，例如，日本最高裁判所也积极为肯定说作了如下辩护：认为处于羁押状态的犯罪嫌疑人负有到场接受讯问并滞留于现场的义务，显然并不直接意味着剥夺犯罪嫌疑人拒绝违反其意思的供述之自由。[3] 可以将该判例观点理解为肯定了犯罪嫌疑人接受讯问的义务，但否定了供述义务。然而，当犯罪嫌疑人在被羁押的状态下接受讯问时，一般都是在密闭的审讯室里独自面对两个以上的侦查人员，在这种特定的

---

〔1〕 参见刘根菊：《沉默权与如实回答》，载《法商研究（中南政法学院学报）》2000 年第 5 期。

〔2〕 ［日］三井誠編『刑事手続き（上）』（築摩書房，1988 年）185 頁以下参照。

〔3〕 日本最高裁判所大審院判決平成 11 年 3 月 24 日民集 53 巻 3 号 514 頁参照。

环境下本身就容易使犯罪嫌疑人陷入必须供述的心理状态,〔1〕因此,讯问忍受义务肯定说与沉默权的保障之间必然存在某种程度上的对立。

（三）讯问忍受义务否定说

否定说认为,在犯罪嫌疑人并没有被羁押的情形中,其不负有忍受讯问的义务是当然的结论。但即使犯罪嫌疑人处于被羁押状态,由于对犯罪嫌疑人采取逮捕、拘留等限制人身自由的强制措施的主要目的是隔绝犯罪嫌疑人的人身危险性与毁灭、伪造证据的可能性,而讯问的主要目的在于获取犯罪嫌疑人的口供,当然不包括羁押,也不能以犯罪嫌疑人被羁押为由肯定其负有忍受讯问的义务。这样的话,即使承认处于羁押状态的犯罪嫌疑人可以拒绝接受讯问或在被讯问途中自由离去,也当然不会否定逮捕或拘留本身的效力。〔2〕此外,如果肯定讯问忍受义务(无疑是纠问式侦查观的产物),必然会侵犯犯罪嫌疑人的沉默权,甚至可以说会成为诱发刑讯逼供的制度源头。据此,否定犯罪嫌疑人负有忍受讯问之义务的学说逐渐有力化。但在该学说的内部也不是铁板一块,其中衍生出了不少理论变种。例如,日本学者松尾浩也在区分了“拒绝到场与中途退去的自由”与“拒绝讯问自由”的基础上,否定了犯罪嫌疑人具有前一种自由,但肯定其具有后一种自由。〔3〕虽然在理论上区分这两种自由是可能的,但在司法实务中,一旦肯定犯罪嫌疑人负有到场接受讯问并不得任意中途退出之义务,实质上就否定了犯罪嫌疑人有拒绝讯问或调查的自由。日本学者三井诚则原则上否定了犯罪嫌疑人忍受讯问的义务,但考虑到案件的重大性、嫌疑的程度、自白的重要性等因素,例外地在存在相当根据

〔1〕关于这一点的深入论述,[日]渥美東洋『全訂刑事訴訟法』(第2版・2009、有斐閣)73頁以下参照。

〔2〕[日]平野龍一『刑事訴訟法』(有斐閣,1958年)106頁以下参照。

〔3〕[日]松尾浩也『刑事訴訟法(上)』(新版・1999、弘文堂)67頁以下参照。

的某些情形中肯定犯罪嫌疑人负有到场并滞留的义务。[1] 然而，不得不说如何判断成立例外情况的标准过分模糊。此外，也有学者认为在保障了犯罪嫌疑人享有律师在场权、具有中断讯问效力的会见及通信权等诉讼权利的前提下，才能肯定其到场并滞留的义务。[2] 但该观点显然是立法论意义上的探讨，在现行《刑事诉讼法》没有修改的前提下，这种观点难免有理想主义、浪漫主义之嫌。

（四）小结

由此可见，肯定说与否定说也是处在职权主义诉讼模式与当事人主义诉讼模式之间争论的延长线上。采用肯定说的话，容易将犯罪嫌疑人视为讯问的客体，即使没有达到肯定其具有供述义务的程度，也容易侵犯嫌疑人所享有的沉默权。在否定说内部存在彻底否定犯罪嫌疑人负有忍受讯问义务的观点（彻底否定说）以及原则上否定但例外肯定犯罪嫌疑人负有到指定场所接受调查之义务的观点（原则否定说）之间的分歧。实务界的肯定说与学术界的否定说之间长期以来处于对峙状态，然而，这种对峙无助于问题的解决，毋宁说从现行《刑事诉讼法》的规定出发，如何构筑讯问犯罪嫌疑人的条件才是值得关注的问题，即对享有沉默权并且没有到场接受讯问义务的犯罪嫌疑人进行讯问时，应当满足怎样的条件才能被允许。

四、讯问忍受义务否定说在中国语境下的展开

根据我国《刑事诉讼法》的规定，讯问程序可以分为讯问未被羁押的犯罪嫌疑人与讯问被羁押的犯罪嫌疑人。对于前一种讯问而言，由于犯罪嫌疑人的人身自由并未受到限制，传唤犯罪嫌疑人到指定地点的行为是一种任意处分行为，其主要表现形式就是“任意同行”。据

[1] [日]三井誠『刑事手続法（1）』（新版·1997、有斐閣）133頁以下参照。

[2] [日]渡辺修『犯罪被疑者調査の法的規制』（三省堂，1992年）188頁以下参照。

此，犯罪嫌疑人有权拒绝传唤并且不能据此而让嫌疑人承担任何不利后果。然而，一旦犯罪嫌疑人接受传唤，到指定地点接受讯问，侦查人员经常会耗尽讯问的最长时限即 24 小时。而且，根据《公安机关办理刑事案件程序规定》第 78 条的规定，当犯罪嫌疑人没有正当理由，经过传唤却不到案时，可以拘传到指定地点进行讯问。在这种情形中，传唤作为任意处分的容许限度成为问题。与此相对，当犯罪嫌疑人在被羁押的状态下接受讯问或者被采取拘传的强制措施时，其人身自由显然受到了限制，因此是一种强制处分，应当严格遵循强制处分法定主义。如果在犯罪嫌疑人的人身自由并没有被限制的情形中否定其负有忍受讯问的义务，那么在其人身自由被限制的状态下，更应该否定这种义务的存在。然而，我国《刑事诉讼法》第 120 条中规定，“犯罪嫌疑人对侦查人员的提问，应当如实回答”，如果以忍受讯问义务否定说为前提的话，如何解释这一规定成为不可回避的关键问题。

（一）传唤中任意同行的保障

任意同行，是指为确保犯罪嫌疑人到案，侦查人员将其从住宅等地方带到警察署等地方，可以将任意同行分为以下两种：作为行政警察活动的人民警察法上的任意同行以及作为以侦查犯罪为目的的司法警察活动的任意同行。[1] 但这两者在任意性基准的判断上并无不同，均强调被盘问人或者犯罪嫌疑人的自愿性，即是否同行以及到案之后何时离去，取决于对象者的意愿。在我国现行《刑事诉讼法》中并未明文规定任意同行制度，但存在传唤制度的规定，既然并未将传唤明文规定作为强制措施的一种，那么，根据强制处分法定原则，就应当将传唤解释为一种任意处分，这样的话，在传唤过程中就应当充分尊重犯罪嫌疑人的主观意愿，也就是说，犯罪嫌疑人处于如果想拒绝同行的话就可以拒绝的状况之中。但既然作为司法警察活动的任意同

---

〔1〕［日］寺崎嘉博『刑事訴訟法』(第 3 版・2015、成文堂)62 頁以下参照。

行也是一种侦查措施,在司法实践中一般认为,即使是任意侦查,也并不意味着完全排除物理实力的行使,根据上述的重大法益侵害说也可以得出这一结论。于是,如何防止借任意同行之名行强制措施之实,也即任意同行的容许限度到哪里,成为必须直面的问题。

关于这一问题,通说的观点认为,任意侦查也应当被限制在其必要性、紧急性、相当性被承认的范围内,因此当在要求同行之际有形力行使达到剥夺个人自由的程度,或者拘束人的身体自由并且这种拘束状态具有持续性时,就不能评价为合法的任意同行。[1] 作为必要性、紧急性、相当性之判断资料,可以列举出如下要素:要求同行的时间、场所;同行的方法、样态;要求同行的必要性;同行后的讯问时间与方法;监视的状况以及犯罪嫌疑人对此的态度;逮捕令准备的有无;等等。当根据这些具体的判断资料否定传唤作为任意处分的性质时,就应当否定以传唤的形式实施讯问的合法性,据此而取得的口供证据当然应当被视为非法证据。这是因为,根据现行《刑事诉讼法》第 56 条关于非法证据排除规则的规定,采用刑讯逼供等非法方法收集的犯罪嫌疑人、被告人供述,应当予以排除。当传唤行为实质上变成强制措施时,即使向犯罪嫌疑人出示了传唤证和侦查人员的工作证,也违反了强制处分法定主义,[2] 应当认定为以非法方法收集犯罪嫌疑人的供述,据此予以排除。[3]

---

〔1〕 [日]田口守一『刑事訴訟法』(第 6 版 · 2012、弘文堂)120 頁以下参照。日本最高裁判所认为:应当综合衡量案件的性质、对犯罪嫌疑人的怀疑程度、犯罪嫌疑人的态度等诸要素,在社会观念上被认为是相当的方法或者样态的限度内使用强制手段。

〔2〕 据此,强制处分法定主义与令状主义虽然紧密关联,但前者侧重强制措施必须被明文规定,后者侧重于强制措施的实施必须符合法定程序,并不能直接将两者相等同。

〔3〕 关于 2012 年《刑事诉讼法》第 54 条(2018 年修正后为第 56 条)所规定的非法证据排除规则的解释,参见易延友:《非法证据排除规则的立法表述与意义空间——〈刑事诉讼法〉第 54 条第 1 款的法教义学分析》,载《当代法学》2017 年第 1 期。

(二)"应当如实回答"的解释路径

无论被讯问的犯罪嫌疑人是否处于被羁押的状态,本部分均以忍受讯问义务否定说为基本的基调。但是,现行《刑事诉讼法》第120条规定了"犯罪嫌疑人对侦查人员的提问,应当如实回答",从字面含义出发,长期以来,这一规定被实务界以及理论界理解为犯罪嫌疑人负有供述义务,据此推导出犯罪嫌疑人不具有沉默权这一被世界人权公约承认并被大多数国家与地区的刑事诉讼法明文规定的诉讼权利。据此,一方面,纠问式侦查观在侦查阶段被彻底贯彻,犯罪嫌疑人沦为被讯问的客体,刑讯逼供现象屡禁不止;另一方面,刑事诉讼法学界对这一规定几乎持否定态度,主张废除该规定的观点成为通说,[1]但这归根结底是立法论上的探讨,虽然也有学者从法教义学的视角出发试图对这一规定作缓和理解,但难以说彻底解决了沉默权与"如实回答"之间的紧张关系。[2]

然而,对于沉默权的理解也存在形式解释与实质解释之间的差异,仅仅停留于形式层面,难以探查在宪法或刑事诉讼法上赋予犯罪嫌疑人沉默权的宗旨。如果说在2012年《刑事诉讼法》修改之前难以对"如实回答"作出有利于被告人的解释,只能求诸立法的修改,那么,现行《刑事诉讼法》第51条关于证明责任的规定,第52条关于"不得强迫任何人证实自己有罪"的规定,第55条关于"重证据,重调查研究,不轻信口供"的规定,以及第56条关于非法证据排除规则的规定,可以说为"如实回答"的重新解释带来了契机。与此同时,也为从体系上整合"自我负罪拒否特权""沉默权""如实回答"这三者之间的关系提供了教义学上的可能性。以下,本部分尝试从目的解释、体系解释

〔1〕参见刘根菊:《沉默权与如实回答》,载《法商研究(中南政法学院学报)》2000年第5期;樊崇义:《从"应当如实回答"到"不得强迫自证其罪"》,载《法学研究》2008年第2期。

〔2〕参见宋福义:《沉默权与如实回答义务》,载《公安大学学报》1999年第5期。

的视角出发重新塑造"如实回答"的含义。

1."沉默权"的形式解释与实质解释

众所周知,沉默权(the right to silence)这一概念是一个舶来品,其发源于英国并通过美国联邦最高法院所确立的"米兰达规则"而传播于世界各地。[1] 然而,即使是在英国或美国,沉默权也当然并不是一开始就被认可。中世纪的欧洲普遍采用纠问主义诉讼模式,在法定证据理论的支配下,以刑讯的方式获取口供具有无可置疑的正当性,与此相应,犯罪嫌疑人则必然沦为对自己有罪证明的客体。[2] 这一诉讼程序的出发点可以归结为针对犯罪分子而增强国家保护人民的需要。然而,以 1848 年的约翰·杰维斯法案(John Jervis' Act)为契机,这种需求逐渐向针对国家而增加的保护无辜公民的这一方向倾斜,由此而促使纠问程序向现代刑事程序转变。[3] 其典型表现之一就是法定证据理论被科学证据理论所取代,于是,证据的重心从人证转向物证,犯罪嫌疑人的口供也就丧失了作为"证据之王"的地位。与此相应,犯罪嫌疑人也从被讯问的客体逐渐获得作为一方诉讼当事人的主体地位,在这种背景下,犯罪嫌疑人身上长期以来被理所当然地赋予的供述义务也开始瓦解。正式将事先告知犯罪嫌疑人享有沉默权这一程序制度化的是 1912 年的法官准则(Judges Rules),直到 1984 年制定的《警察与刑事证据法案》(Police and Criminal Evidence Act)仍然维持着沉默权告知制度。[4] 与此相对,美国虽然早在 1791 年《联邦宪法》第 5 条修正案中确立了"任何人不得在任何刑事案件中被迫

〔1〕 关于沉默权概念的生成历史,参见孙长永:《沉默权的是非之争与正当根据》(上),载《现代法学》2001 年第 3 期。

〔2〕 参见[德]拉德布鲁赫:《法学导论(修订译本)》,米健译,商务印书馆 2013 年版,第 175 页。

〔3〕 参见[德]拉德布鲁赫:《法学导论(修订译本)》,米健译,商务印书馆 2013 年版,第 173 页。

〔4〕 St. Jonston, *The Judges Rules and Police Interrogation in England Today*, 57 Journal of Criminal Law and Criminology 85 - 86(1966).

自证其罪”的规则，但并不意味着以此条文为根据而直接保障犯罪嫌疑人的沉默权，甚至可以说该条文从其确立之后直到19世纪后半期都是被遗忘的存在。[1] 虽然通说的观点认为麦迪逊所提案的《联邦宪法》第5条修正案的意图是通过该条文保障包括从逮捕时点到审判之前的程序在内的所有刑事法程序中，犯罪嫌疑人都具有自我负罪拒否特权，但实际上正式确认保障羁押中的犯罪嫌疑人在面对讯问时具有沉默权的是1968年的“米兰达判决”。在该判决中，确认了密室中的讯问带来了内在与讯问的强制性，阐明了平衡国家权力与公民权利的必要性，援引《联邦宪法》第5条修正案将“自我负罪拒否特权”具体化为犯罪嫌疑人在刑事程序中享有的“沉默权”，设置了沉默权行使的实质保障制度。[2] 例如，当羁押中的犯罪嫌疑人接受讯问时，首先必须以清晰明确的语言告知其享有沉默权；必须告知犯罪嫌疑人无论作怎样的供述，在审判中都有可能用于对其不利的指控；必须明确告知为讯问而被羁押的犯罪嫌疑人具有与律师会谈的权利，在讯问过程中具有让律师在场的权利；当犯罪嫌疑人不具有聘请律师的经济条件时，必须告知其具有无偿接受律师辩护的权利；当犯罪嫌疑人行使沉默权时，必须中断讯问。[3]

由此可见，沉默权从其字面含义出发，很容易被形式理解为当犯罪嫌疑人面对侦查人员的讯问时保持沉默的权利，这其中包括全部沉默、一时沉默、部分沉默。所谓的全部沉默权是指，犯罪嫌疑人有权在整个讯问过程中拒绝回答侦查人员提出的所有问题。虽然在犯罪嫌疑人是否有义务回答自己的姓名这一点上存在争论，但通说的观点认为，对于犯罪嫌疑人而言，虽然原则上姓名并不是对自己不利的事项，但姓名显然属于敏感的公民个人信息，而且通过讯问犯罪嫌疑人的姓

---

〔1〕［日］小川佳樹「自己負罪拒否特権の形成過程」早稲田法学(2001年)77巻1号参照。

〔2〕关于米兰达判决的内容及其评价，参见刘磊：《米兰达规则五十周年的纪念与省思》，载《比较法研究》2016年第6期。

〔3〕See *Miranda v. Arizona*, 384 U. S. 448 –476 (1966).

名可能用于确认犯罪嫌疑人与犯人的同一性；或者判明犯罪嫌疑人是否具有前科，从而为累犯加重或者习惯犯的成立提供基础；或者，如果得知犯罪嫌疑人的具体姓名就显然能够以此为线索准确获知犯罪嫌疑人的其他信息，如住所、身份证号码、电话号码、工作单位、朋友圈子等，从而进一步展开侦查。因此，在承认犯罪嫌疑人具有沉默权的国家，如英国、美国、日本、德国等，判例与通说的观点均认为犯罪嫌疑人的姓名也在沉默权涵盖的范围之内。[1] 并且，当犯罪嫌疑人在整个讯问过程中保持沉默时，不能据此对其作出不利推定。与此相对，一时沉默是指犯罪嫌疑人或者被告人在刑事程序的某个阶段保持沉默但事后在其他阶段中又作出了供述，或者相反的情形，因此，一时沉默权包括事前沉默与事后沉默两种类型。对于一时沉默而言，是否可以因犯罪嫌疑人的沉默而否定供述的证据证明力，或者对于沉默的部分进行不利的推定，存在争论。通说认为，不能因事前沉默而全盘否定犯罪嫌疑人事后作出对自己有利供述的效力，也不能因事后沉默而作出对犯罪嫌疑人或被告人的不利推定。[2] 所谓的部分沉默是指，犯罪嫌疑人或被告人虽然对案件事实作了部分供述，但对于某个或某些事项却保持沉默，对于侦查人员的提问，采取不回答或者避开话题的态度。于是，对于保持沉默的部分事项是否可以对其作不利推定成为问题。关于这一点，通说的观点认为无论是全部沉默还是部分沉默，均不得对犯罪嫌疑人或被告人作不利的推定，否则必然导致沉默权形同虚设。

据此，从形式解释的视角出发，沉默权主要指的是犯罪嫌疑人或被告人在整个刑事诉讼期间，在面对侦查人员的讯问时保持沉默的权利。但其实设置沉默权制度的宗旨并不在于鼓励犯罪嫌疑人或被告人沉默或者说谎，而在于保障犯罪嫌疑人或被告人的供述自由及辩解

---

〔1〕［日］松尾浩也『刑事訴訟法(上)』(新版・1999、弘文堂)120 頁以下参照。

〔2〕［日］増田豊「被告人の黙秘と自由心証主義」明治大学法律研究所法律論集 12 頁参照。参见 http://hdl.handle.net/10291/11828。

的机会，即是否供述、供述哪部分内容、在什么时候供述、对自己的构成要件行为作出怎样的辩解等，完全取决于犯罪嫌疑人的自愿。要保证这种自愿并不是基于认识错误而作出的，就要求代表国家行使司法权的司法工作人员在讯问犯罪嫌疑人或被告人之前必须明确告知其所享有的相关权利，行使或不行使相关权利可能导致的法律后果。在这个意义上，可以说沉默权制度的设置是当事人主义诉讼模式的必然要求。

然而，徒法不足以自行，即使在法条上明文规定了犯罪嫌疑人或被告人享有沉默权，如果没有与此相应的人权保障观念、当事人主义诉讼构造、配套制度保障，尤其是权利告知制度、辩护权的保障、刑讯逼供的禁止、讯问的透明化、犯罪嫌疑人或被告人的会见与通信权、非法证据排除规则的确立等，沉默权最终也无法落实。反之，如果在宪法或刑事诉讼法中已经体现了尊重和保障人权的理念并为此设置了相应的保障制度，即使在法条中没有明确规定沉默权，也可以通过对沉默权进行实质解释，进而推导出沉默权的存在。

2. 现行《刑事诉讼法》为沉默权的实质解释带来契机

我国现行《刑事诉讼法》第 120 条第 1 款的规定原封不动地保持 1979 年《刑事诉讼法》第 64 条以及 1996 年第一次修正的《刑事诉讼法》第 93 条的规定。然而，这并不意味着这一法条的含义就是一成不变的，因为法律解释是一种创造性的活动，而不是消极地、被动地去发现立法者的原意。[1] 应当从法条的文本含义出发，将其放入整部法典的语境中，结合现实社会的具体情况进行客观解释。

现行《刑事诉讼法》第 120 条第 1 款的规定是追求实体真实的必然产物，然而这必然会在一定程度上以牺牲犯罪嫌疑人及被告人的诉讼权利为代价。在这一背景下，现行《刑事诉讼法》增加了大量体现当事人主义诉讼模式的规定，积极保障犯罪嫌疑人、被告人的各种诉讼

〔1〕 关于客观解释的必要性与合理性，参见张明楷：《刑法学》（上）（第 5 版），法律出版社 2016 年版，第 29 页。

权利。例如,《刑事诉讼法》第 2 条明确规定了尊重和保障人权,这一规定显然源于 2004 年修改《宪法》时在第 33 条所增加的“国家尊重和保障人权”的规定,对将宪法所保障的公民基本权利融入各个部门法的保障体系中起到了良好的示范作用,也为沉默权制度的设置提供了理论基础与法条根据。《刑事诉讼法》第 12 条规定,未经人民法院依法判决,对任何人都不得确定有罪。根据该规定,犯罪嫌疑人或被告人在被人民法院依照法定程序判决有罪之前,只能被推定为无罪。《刑事诉讼法》第 14 条第 1 款明确确立了犯罪嫌疑人、被告人的主体资格地位,明确赋予其辩护权和其他诉讼权利。《刑事诉讼法》第 34 条第 1 款将犯罪嫌疑人委托辩护的时间提前到被侦查机关第一次讯问或采取强制措施之日。第 2 款明确规定了侦查机关在第一次讯问犯罪嫌疑人或对犯罪嫌疑人采取强制措施的时候,应当告知犯罪嫌疑人有权委托辩护人。根据《刑事诉讼法》第 35 条的规定,所有刑事案件中的犯罪嫌疑人或被告人都有权获得辩护,并且这种权利不得因其经济困难而实质上丧失。《刑事诉讼法》第 39 条则保障了犯罪嫌疑人与被告人的会见与通信权,即辩护律师可以同在押的犯罪嫌疑人、被告人会见和通信,并且不被监听。尤其是《刑事诉讼法》第 51 条规定了公诉案件中被告人有罪的举证责任由人民检察院承担,这就意味着犯罪嫌疑人或被告人并不具有证实自己有罪的义务,或者说具有自我负罪拒否特权。这一点也体现在《刑事诉讼法》第 52 条的规定中,即严禁刑讯逼供和以威胁、引诱、欺骗以及其他非法方法收集证据,不得强迫任何人证实自己有罪。《刑事诉讼法》第 56 条确立了非法证据排除规则,采用刑讯逼供等非法方法收集犯罪嫌疑人、被告人供述和采用暴力、威胁等非法方法收集的证人证言、被害人陈述,应当予以排除。并且根据《刑事诉讼法》第 59 条的规定,在对证据收集的合法性进行法庭调查的过程中,人民检察院应当对证据收集的合法性加以证明。《刑事诉讼法》第 123 条则为讯问过程的透明化提供了保障,即侦查人员在讯问犯罪嫌疑人的时候,可以对讯问过程进行录音或者录像;对于可能判处无期徒刑、死刑的案件或者其他重大犯罪案件,应当对讯问过程进行录音或者录像。并且录音或者录像应当全程进行,保持完整性。

这样的话,为沉默权提供保障的人权保障原则、无罪推定原则、辩护权、会见通信权、自我负罪拒否特权、非法证据排除规则、讯问透明化等制度在我国现行《刑事诉讼法》中已经基本确立。据此,即使现行《刑事诉讼法》第 120 条第 1 款的规定在文言上并没有发生变化,根据体系解释与目的解释的原理,也不得不对其含义进行重新表述,即朝着有利于保障犯罪嫌疑人的诉讼权利这一方向进行解释。

3. 将"如实回答"解释为"没有必要违反自己的意愿进行供述"

关于犯罪嫌疑人的沉默权在法律上的性质,存在两种理解:第一种是以存在像证人那样的供述义务为前提,但犯罪嫌疑人具有拒绝供述的权利;第二种是以像被告人那样不存在供述义务为前提来理解的。然而,一旦承认犯罪嫌疑人具有供述义务,就难以肯定其具有拒绝供述的权利,因此,第二种理解是妥当的。这样的话,既然犯罪嫌疑人并没有供述义务,如何解释我国《刑事诉讼法》第 120 条第 1 款所规定的"犯罪嫌疑人对侦查人员的提问,应当如实回答"就成为必然面临的难题。

如前文所述,在这一问题上,长期以来我国刑事诉讼法学界与司法实务中均以犯罪嫌疑人负有供述义务为前提理所当然地将其理解为犯罪嫌疑人必须如实描述自己的全部犯罪过程。这样的理解显然与现行《刑事诉讼法》的诸多带有当事人主义诉讼模式的制度相违背。从体系解释的角度出发,对于"如实回答"的解释至少不能与《刑事诉讼法》第 52 条所规定的"不得强迫任何人证实自己有罪"相违背。关于这一点,甚至有学者从第 52 条的规定出发,直接得出我国已经确立了沉默权制度的结论。[1] 遗憾的是,论者并未从解释学的角度进一

〔1〕 参见何家弘:《中国式沉默权制度之我见——以"美国式"为参照》,载《政法论坛》2013 年第 1 期。

步阐述第52条的规定与第120条第1款的规定之间的关系。然而，更多的观点还是以“如实回答”这一规定的存在否定沉默权制度在我国《刑事诉讼法》中的确立，并诉诸于立法论上的努力。例如，樊崇义教授认为：“不得强迫任何人证实自己有罪”的规定意味着犯罪嫌疑人可以不说话、保持沉默；这确实容易被理解为设置了沉默权，但这种理解归根结底只是一种延伸的理解，更是一种推论。犯罪嫌疑人、被告人的口供仍然是法定证据之一。虽然反对采用强制手段获得口供，但并不是不要口供，更不是说我们有了沉默权的规定，这是必须要解决的一个理解和认识问题。所谓“默认”只是一种理解，法律的标准是要给出“明示”，既然没有明确规定，就不能说“默认”了沉默权。这次没有规定沉默权是我们立法上存在的一个欠缺，樊教授认为随着时代的发展和进步，将来会完整地规定的。[1] 由此可见，樊教授认为“不得强迫任何人证实自己有罪”的规定仅仅是为了禁止刑讯逼供等非法取得口供的方式，但这并不能免除犯罪嫌疑人的供述义务，除非《刑事诉讼法》明文规定了沉默权的存在，这显然是从形式层面上理解沉默权。此外，另一种类似的有力观点认为：为了进一步防止刑讯逼供，为了进一步遏制可能存在的这样一种现象，这次《刑事诉讼法》明确规定不得强迫任何人证实自己有罪。至于犯罪嫌疑人应当如实回答是从另外一个层面，从另外一个角度规定的，即《刑事诉讼法》作为一部程序法，要落实这样一个规定，它要求犯罪嫌疑人如果要回答问题的话就应当如实回答，如果如实回答，就会得到从宽处理。这是从两个角度来规定的，并不矛盾。[2]

当然，也有部分学者认为“不得强迫任何人证实自己有罪”与“如实回答”这两者之间存在根本的矛盾。因为前者的规定是为了保障犯

---

〔1〕 参见《专家解读刑诉法大修：不得强迫自证其罪并非沉默权》，载中国新闻网，https://www.chinanews.com.cn/fz/2011/09-19/3335579.shtml。

〔2〕 参见《法工委：不得强迫自证其罪与如实应讯不矛盾》，载中国新闻网，http://www.chinanews.com/fz/2012/03-08/3729170.shtml。

罪嫌疑人基于自己的真实意思而决定是否供述的选择权，在这个意义上，对于侦查人员的讯问，犯罪嫌疑人既可以供述又可以沉默。[1] 确实，“不得强迫任何人证实自己有罪”这一表述在诸多国际公约以及很多国家的宪法与刑事诉讼法中存在，即使不能直接将其与沉默权相等同，也具有朝着沉默权进行解释的可能性。具体而言，条文在规定了侦查人员负有不得强制犯罪嫌疑人作对自己不利供述之义务的同时，也意味着犯罪嫌疑人具有拒绝作对自己不利供述的权利，即可将其理解为规定了自我负罪拒否特权，而到底是对自己有利还是不利的判断则取决于犯罪嫌疑人或去委托的辩护人的判断，因此从自我负罪拒否特权出发，其解释的射程范围完全可以涵盖沉默权。[2]

本部分赞同这一解释路径，但“不得强迫任何人证实自己有罪”与“如实回答”之间是否真的存在根本矛盾，值得进一步深究。具体而言，“如实”一词在中文表述中有两种含义，第一种是指“按照实际情况”，第二种是指“正确地、真实地、真诚地”[3]。由此可见，前一种含义侧重于客观实际，后一种含义侧重于主观心态。在追求实体真实这一观念的主导下，第一种理解成为一种当然解释。然而，如前文所述，现行《刑事诉讼法》已经明文规定了“不得强迫任何人证实自己有罪”，并设置了诸多用于保障沉默权的配套制度，在这一语境下，继续将“如实”解释为“按照实际情况”显然已经不符合现行《刑事诉讼法》所确立的保障人权这一基本目的。事实上，即使犯罪嫌疑人确实实施了犯罪，也有可能由于认识错误或记忆偏差而无法对客观实际情况全面反映。

---

〔1〕 参见万毅：《论“不强迫自证其罪”条款的解释与适用——〈刑事诉讼法〉解释的策略与技术》，载《法学论坛》2012 年第 3 期。

〔2〕 [日]芦補信喜『憲法Ⅲ人権(2)』(有斐閣，1985 年)209 頁以下参照。

〔3〕 根据《新编学生字典》，“如”字有 6 种含义，但对于“如实”而言，只能将其解释为“按照”或者“根据”；“实”字也有 6 种含义，既包括“实际”的含义，又包括“真诚”的含义，前一种含义侧重于客观，后一种含义侧重于主观。参见《新编学生字典》，吉林出版集团有限责任公司 2013 年版，第 529、559 页。

因此,在现行《刑事诉讼法》的语境下,应当对“如实回答”朝第二种理解的方向进行解释,具体而言:对于侦查人员的提问,犯罪嫌疑人没有必要违反自己的意愿进行供述。这样的话,既没有超出“如实回答”这一文本含义的最大限度范围边界,又体现了设置沉默权制度的根本目的,即保障犯罪嫌疑人的供述自由,是否供述、在什么时间供述、供述哪部分内容均取决于犯罪嫌疑人的主观意愿。

五、余罪讯问及其界限

值得注意的是,《刑事诉讼法》第120条第1款还规定了“但是对与本案无关的问题,有拒绝回答的权利”,可以说这一规定长期以来都没有得到应有的关注,但这一规定蕴藏着丰富的教义学资源,其中涉及“本案”的射程范围,关联性的判断,是否可以对羁押中的犯罪嫌疑人的余罪进行讯问,与“如实回答”之间的关系是什么。本部分尝试从教义学的视角探讨这些问题,并厘清与前文所探讨的讯问的法律性质、忍受义务的有无、沉默权的实质解释之间的内在关系。

(一)余罪讯问与逮捕、拘留的效力范围

所谓的余罪讯问,是指犯罪嫌疑人因被疑事实A(将其称为本罪)而被逮捕或拘留,但司法机关却对A以外的被疑事实B(将其称为余罪)进行讯问。[1] 在侦查实务中,一般认为包括余罪讯问在内的余罪侦查是理所当然的事情,因为这既可以应对侦查的流动性,同时又使犯罪嫌疑人可以享受同时处理的利益。余罪侦查,是指先行对一部分的事件(a事件)进行侦查,在此过程中也展开对与此相应的余罪(b事件)的侦查。与此相反的情形被称为别件逮捕,具体而言,先行b事件(本件)的侦查,或者这就是侦查机关本来的目标,但却首先以a事

---

〔1〕［日］光藤景皎『刑事訴訟法1』(成文堂,2007年)88頁以下参照。

件(别件)将其逮捕,之后对 b 事件进行讯问。[1] 在该情形中,对于 b 事件(本件)的讯问,从 a 事件的视角来看,无非是余罪讯问。

由此可见,对于被羁押的犯罪嫌疑人可否实施余罪讯问这一问题与判断逮捕或拘留的效力范围基准问题[2]相关联。在后一个问题的判断上存在人单位说与事件单位说之间的争论。人单位说认为应当以犯罪嫌疑人为基准来决定逮捕或拘留的效力,禁止双重拘留,其主要理由在于:第一,在一个人身上同时存在两次以上的人身控制,违反常识;第二,对同一个人以不同理由实施双重拘禁,违反诉讼行为一次性原则。[3] 但人单位说的弊端也非常明显,如果贯彻该学说,必然导致人身控制原因不明确,并且无视或轻视令状主义的理念。与此相对,事件单位说认为应当以犯罪事实为基准,即逮捕或拘留的效力仅仅及于逮捕令或拘留令中记载的犯罪事实,而不波及除此之外的事实。这是因为,逮捕、拘留仅仅及于接受了法官或检察官司法审查的被疑事实,原则上能够维持令状主义。因此,通说的观点采用了事件单位说。

然而,即使以事件为单位,"事件"本身的范围也未必是清晰的,关于这一点,本部分认为应当以"构成要件"[4]为标准,即使先行逮捕与拘留的罪名与事实存在变动,只要在同一构成要件的射程范围内,或者在构成要件之间至少存在部分重合,均应认为还在"事件"的范围之内。例如,犯罪嫌疑人甲涉嫌杀害乙而被逮捕,即使之后查明被甲杀害的是丙,或者查明甲只是将乙打成重伤,也不阻却逮捕的效力。

---

〔1〕［日］田宮裕「別件逮捕と余罪捜査」法学教室 79 号参照。

〔2〕这一问题是指,例如,已经因 a 事实而被拘留的犯罪嫌疑人,在拘留过程中可否进而以 b 事实为由再将其拘留。

〔3〕［日］横井大三「ある犯罪に対する逮捕・勾留と他の犯罪」警察研究(1950)21(9)(249)参照。

〔4〕构成要件是刑法中的一个基础概念,用来容纳成立一个犯罪行为所需要具备的客观要素与主观认识要素,以此为评价对象,在此基础之上评价行为的违法性并进而确定行为人的责任,因此呈现出"构成要件该当性—违法性—有责性"的三阶层犯罪论体系。

(二)围绕可否余罪讯问的学说争论

可否进行余罪讯问,既涉及逮捕、拘留的效力,又与讯问的法律性质紧密关联。围绕这一问题,刑事诉讼法学界展开激烈争论,产生了诸多学说。以最终的结论为标准,可以分为限定说与非限定说这两大学说阵营,在各自的阵营中还存在诸多的理论变种,以下,笔者试着在批判性考察这些学说的基础上,对我国《刑事诉讼法》第 120 条第 1 款后段进行解释。

1. 限定说的学说阵营

限定说将可否余罪讯问与逮捕、拘留的效力视为一个问题的两个方面,因此,也可以说限定说处在事件单位说的延长线上。既然如此,自然会得出禁止在事件范围之外进行讯问的结论。但在限定说的内部,对于讯问被羁押的犯罪嫌疑人的法律性质,存在以下两种论证进路。

(1)从强制处分说出发的进路

该学说认为讯问被逮捕或拘留的犯罪嫌疑人是一种强制处分,在强制处分中肯定了将事件单位说作为余罪讯问的规制原理,据此,通过事件单位说的适用讯问就被限定在该事件中。[1] 然而,“事件”本身是一个具有弹性的概念,因此,即使严格地贯彻事件单位说,也会例外地肯定余罪讯问的适用余地。例如,讯问与本罪密切关联的同种余罪的情形,或者对逮捕、拘留的基础事实的讯问具有重要意义的情形,或者犯罪嫌疑人明显没有忍受义务,纯粹作为任意侦查而实施讯问的情形。

(2)从任意处分说出发的进路

该学说将讯问被逮捕或拘留的犯罪嫌疑人理解为任意处分。从该进路出发,否定讯问忍受义务,将羁押中的讯问理解为任意处分,但由于在羁押状态的讯问中带有强制性的契机,适用事件单位说,原则

---

〔1〕 日本浦和地方裁判所 1990 年 10 月 12 日判例時報 1376 号参照。

上仅仅承认对逮捕、拘留的基础事实的讯问。[1] 但例外地，当对于主要犯罪的讯问具有附随性，而且与此相并行而实施时则肯定余罪讯问。

2. 非限定说的学说阵营

限定说的出发点是将可否余罪讯问与逮捕、拘留的效力视为同一个问题，但有不少学者针对这一点展开批判，认为逮捕、拘留是为了防止逃亡或毁灭证据而设置的制度，而讯问是侦查人员获取证据的一种方式，不能直接将关于逮捕、拘留的效力的事件单位说与讯问相关联，据此得出余罪讯问是被允许的结论。[2] 可以把得出这一结论的学说归入非限定说的学说阵营中，在这一学说阵营中，同样地，由于在讯问被羁押的犯罪嫌疑人的法律性质这一点上存在分歧，内部也产生了诸多学说。

(1)强制处分说的归结

该学说认为讯问被逮捕或拘留的犯罪嫌疑人是一种强制处分，但既然在刑事诉讼法上没有作特别的限制，余罪讯问也不受到限定。[3] 很显然，可以说这一观点是对强制处分这一概念的误解，如前文所述，之所以区分强制处分与任意处分，是强制处分需要受到刑事诉讼法更多的约束，至少要严格遵守令状主义，绝非意味着"既然是强制处分就不受任何限制"，因此这一观点并不可取。

(2)任意处分说的归结

该学说将逮捕、拘留中的讯问理解为任意处分。从该进路出发，并不限定余罪讯问。这是因为：由于逮捕、拘留中的讯问是任意处分，应当与逮捕、拘留作分别考虑，而且没有限制的必要，余罪讯问是被允

---

〔1〕［日］鈴木茂嗣『刑事訴訟法』（改訂版・1990、青林書院）83 頁以下参照。

〔2〕［日］安冨潔「身柄拘束下における余罪の取調へ」法学研究 61 卷 2 号（1988 年）参照。

〔3〕［日］青柳文雄編『注釈刑事訴訟法（第二巻）』（立花書房，1976 年）82 頁以下参照。

许的。[1] 然而,即使把逮捕、拘留中的讯问理解为一种任意处分,也消除不了讯问本身带给犯罪嫌疑人的强大的心理压力,如果进而对余罪讯问不作任何限定,犯罪嫌疑人很可能沦为讯问的客体。

(3)令状主义潜脱说

该学说认为,对于讯问否定事件单位说的适用,虽然没有必要一般性地禁止余罪讯问,但如果在具体的状况中达到了可以称得上脱离了令状主义的程度,就是违法的,应当被禁止。[2] 是否脱离令状主义应当结合本罪与余罪的关系、罪质与轻重的差异、余罪的嫌疑程度、讯问的样态等因素进行综合判断。该学说的主要理由有以下三点:第一,逮捕、拘留是为了防止犯罪嫌疑人逃亡或毁灭罪证而设置的制度,因此不能直接将作为关乎逮捕、拘留之效力原则的事件单位原则与讯问相关联。因此,如果对于讯问不适用事件单位原则的话,原则上讯问的范围就不受限制。第二,虽然余罪讯问没有限制,但禁止脱离令状主义,这样既能保障侦查的灵活性,又能保障犯罪嫌疑人的基本人权与诉讼权利。第三,应当禁止的是"专门地为了调查本件,却以别件的理由而逮捕",因此,没有必要一般性地禁止余罪的讯问。但是,在这个意义上的别件逮捕是应当被禁止的,其结果就是,应当被禁止的余罪讯问的限度就是违法的别件逮捕之后的讯问。[3]

3. 小结

以上诸多学说的立论根据、论证逻辑以及结论各不相同,可以通过图 2-1[4]清晰展示出来。

---

〔1〕[日]平野龍一『刑事訴訟法』(有斐閣,1958 年)106 頁以下参照。

〔2〕[日]田口守一『刑事訴訟法』(第 6 版・2012、弘文堂)122 頁以下参照。

〔3〕[日]田宮裕『刑事訴訟法』(新版・1996、有斐閣)138 頁参照。

〔4〕关于这些学说之间内在关系的详细说明,[日]反町勝夫編『刑事訴訟法 1』(第 3 版・2012、東京リーガルマインド)289 頁以下参照。

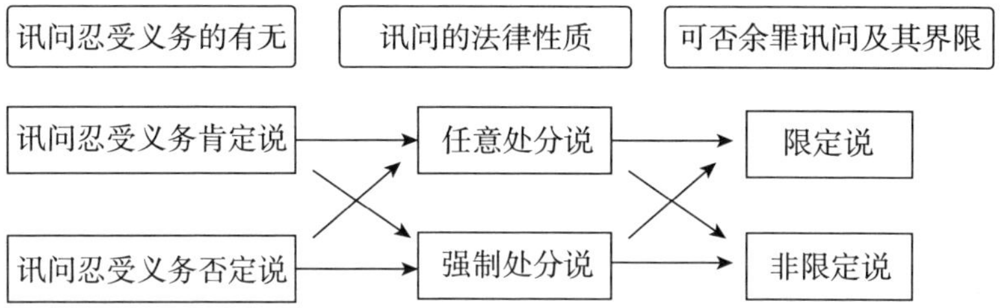

图 2-1　学说对比

通过以上学说的考察可以发现，虽然各个学说之间表面上存在重大差异，但作为限定说之代表的事件单位说与作为非限定说之代表的令状主义潜脱说之间其实并没有存在巨大差异，甚至在结论上基本是一致的。这是因为，违法的别件逮捕或拘留之后的余罪调查就是违法的。换言之，别件逮捕后的余罪询问是否违法的判断与是否脱离了令状主义的违法性判断是一致的。因此从形式上纠缠于可否余罪讯问并无实益，不妨在承认侦查机关可以进行余罪讯问的前提下，从程序上规范余罪讯问，在保障侦查机关侦查关联犯罪的同时，也赋予犯罪嫌疑人相应的防御权，而不至于沦为讯问客体。在这个意义上，本部分赞成令状主义潜脱说，根据该学说，"令状主义"并不仅仅指具备狭义意义上的文书，而是指广义意义上的正当程序。因此，应从本件（余罪）的讯问状况、对于别件（本罪）的逮捕或拘留的必要性、本件与别件的关联等客观资料出发，综合判断是否违反了令状主义精神。

（三）对于《刑事诉讼法》第 120 条第 1 款但书的解释

《刑事诉讼法》第 120 条第 1 款但书规定了"但是对与本案无关的问题，有拒绝回答的权利"，对于这一条文的理解，与但书之前文所规定的"犯罪嫌疑人对侦查人员的提问，应当如实回答"紧密关联。具体而言，传统的观点将"如实回答"理解为犯罪嫌疑人负有供述义务。这一结论通过但书的反对解释也可以得出，即虽然犯罪嫌疑人对与该案无关的问题，有拒绝回答的权利，但对于与该案相关的问题，负有如实回答的义务。如果这样理解的话，但书就成为"如实回答"条款的附庸,丧失了应有的独立性。然而,在现行《刑事诉讼法》的语境下,也有必要对"如实回答"作出重新解释,即可以将其解释为"犯罪嫌疑人没有必要违反自己的意愿进行供述"。这样的话,如何整合这一解释与但书规定之间的关系成为新的问题。此外,在处理这一问题的过程中,必须注意到但书的规定显然涉及可否对犯罪嫌疑人进行余罪讯问的问题。如前文所述,在这一点上,本部分采用令状主义潜脱说,于是,该学说可否重新塑造但书的规定,并且与上述对于"如实回答"的解释之间不冲突,成为问题的关键。

从法条的表述来看,"与本案无关的问题",既可以是与犯罪嫌疑人所涉嫌罪名的构成要件事实无关的问题,又可以是关于涉嫌罪名之外的其他罪名的构成要件事实问题。对于这些问题,犯罪嫌疑人有权拒绝回答,但这并不意味着禁止侦查机关就这些问题展开讯问,只是在讯问过程中,不能违反令状主义要求,与此同时赋予犯罪嫌疑人沉默权。这样解释的话,既符合法条的文义,又符合令状主义潜脱说的基本宗旨,同时还与前文对于"如实回答"的解释一脉相承。

六、结论

2012年《刑事诉讼法》在全面修改过程中,将尊重与保障人权纳入刑事诉讼的目的之一,与此同时,增设或强化了无罪推定、辩护权、会见通信权、自我负罪拒否特权、非法证据排除规则、讯问透明化等制度,表明了现行《刑事诉讼法》努力往当事人主义刑事诉讼模式转变。与此同时,2014年通过的《中共中央关于全面推进依法治国若干重大问题的决定》提出,要推进以审判为中心的诉讼制度改革,"以审判为中心"要求侦查、起诉活动面向审判、服从审判,同时发挥审判在认定事实、适用法律上的决定性作用。[1] 因此,侦查与起诉只是审判的准备程序,既然审判程序正在走向当事人主义诉讼模式,侦查与起诉程

〔1〕 参见龙宗智:《"以审判为中心"的改革及其限度》,载《中外法学》2015年第4期。

序同样应当吸纳当事人主义模式的基本精神。尤其是对于侦查程序而言,更应驱除纠问主义侦查观,树立当事人主义侦查观。对于这一点而言,可以说讯问犯罪嫌疑人程序是检测侦查观的最好"试金石"。

我国《刑事诉讼法》第120条第1款关于讯问犯罪嫌疑人程序的规定从1979年《刑事诉讼法》颁布以来只字未动,如果继续将"如实回答"条款理解为犯罪嫌疑人负有供述义务,显然已经不符合现行《刑事诉讼法》的语境与基本精神。但既然该规定继续存在,不将其视为嘲讽的对象是作为法律人应有的基本态度,应当通过目的解释与体系解释,赋予第120条第1款全新的含义。

第一,讯问程序可以分为传唤未被羁押的犯罪嫌疑人与讯问被羁押的犯罪嫌疑人。对于前一种讯问而言,由于犯罪嫌疑人的人身自由并未受到限制,传唤犯罪嫌疑人到指定地点的行为是一种任意处分行为,其主要表现形式就是"任意同行"。与此相对,当犯罪嫌疑人在被羁押的状态下接受讯问或者被采取拘传的强制措施时,其人身自由显然受到了限制,因此是一种强制处分,应当严格遵循强制处分法定主义。

第二,在现行《刑事诉讼法》的语境下,我国已经实质上确立了沉默权制度。应当对"如实回答"朝忠实于主观意愿的方向进行解释,这样才能消除"如实回答"与"不得强迫任何人证实自己有罪"之间的冲突。具体而言:对于侦查人员的提问,犯罪嫌疑人没有必要违反自己的意愿进行供述。这样的话,既没有超出"如实回答"这一文本含义的最大限度范围边界,又体现出了设置沉默权制度的根本目的,即保障犯罪嫌疑人的供述自由,是否供述、在什么时间供述、供述哪部分内容均取决于犯罪嫌疑人的主观意愿。

第三,侦查人员虽然可以对犯罪嫌疑人进行余罪讯问,但不能以违反令状主义的方式进行,对于余罪讯问,与本罪讯问一样,犯罪嫌疑人享有沉默权。

第三章

论共犯自白的证明力补强规则

一、问题的提出

现代刑法是责任主义刑法,即刑罚以责任为基础,没有责任就没有刑罚。责任主义原则是法治国家国民自由保障之基石。[1] 从责任主义原则派生出了主观责任原则和个人责任原则。前者强调实行行为与主观心理状态(故意或过失)必须同时存在,从而排除结果责任;后者强调罪责自负,即每个人仅仅对于自己所实施的行为及其造成的后果承担刑事责任,而不对他人的罪行负责,从而排除连带责任。然而,有原则就有例外,当二人以上共同参与同一犯罪的实施时,有可能成立共同犯罪,而共犯显然是一种刑罚扩张事由,甚至在某种程度上可以认为共犯承担的责任具有连带性。例如,一旦认定成立共同正犯,即可适用“部分实行全部责任”的法理,于是,即使是没有亲手实施构成要件行为的参与人,也必须对其他参与人所实施的构成要件行为及其造成的后果承担既遂或未遂的法律责任。与此类似,一旦认定成立狭义共犯,即教唆犯或帮助犯,虽没有实施相应的构成要件行为,但也应当对正犯所实施的犯罪承担相应的刑事责任。

---

〔1〕 参见梁根林:《责任主义原则及其例外——立足于客观处罚条件的考察》,载《清华法学》2009 年第 2 期。

于是,在刑法上围绕共同正犯的成立条件、“部分实行全部责任”的理论根据、狭义共犯的从属性有无及其程度、狭义共犯的处罚根据等问题,展开旷日持久的争论。这些争论归根结底都指向共犯责任的归属与分配这一核心问题,这一问题同样是刑事诉讼中的核心问题。然而,刑法与刑事诉讼法关于共犯问题的讨论所预设的前提并不相同,具体而言,在刑事诉讼法上将共犯视为同盟关系,参与人之间形成双方向的意思联络,各自所实施的行为具有功能性互补的作用,因此更容易促成犯罪结果的实现;与此相对,在刑事诉讼法上,共犯已经从昔日的盟友沦为共同的犯罪嫌疑人或共同被告人,〔1〕相互之间在刑事责任的承担上存在利益冲突,应将其预设为一种对立或者竞争关系。〔2〕从这种关系出发,作为共同被告人的共犯在刑事诉讼过程中很可能形成激烈对抗或作虚假供述等损害其他同案被告人利益的行为。为此,在刑事诉讼上应设置能够充分保障各个共同被告人合法的诉讼权利的制度。例如,我国《刑事诉讼法》第 215 条第 3 项规定,共同犯罪案件中部分被告人不认罪或者对适用简易程序有异议的,不适用简易程序。第 223 条第 4 项规定,共同犯罪案件中部分被告人对指控的犯罪事实、罪名、量刑建议或者适用速裁程序有异议的,不适用速裁程序。第 233 条第 2 款规定,共同犯罪的案件只有部分被告人上诉的,应当对全案进行审查,一并处理。《最高人民法院关于适用〈中华人民共和国刑事诉讼法〉的解释》(法释〔2021〕1 号,以下简称《刑事诉讼法解释》)第 243 条规定,讯问同案审理的被告人,应当分别进行。第 269

〔1〕关于共犯与共同被告人之间的关系,需要注意的是,在共犯中存在作为共同被告人的情形和不作为共同被告人的情形,以及没有合并审理的共犯,因此,不能将共犯直接等同于共同被告人。共犯归根结底是刑事实体法上的概念,在刑事诉讼法上共犯的地位可以呈现出多种多样的形态。例如,共犯可以作为共同被告人接受合并审理,也可能不作为共同被告人,分别在不同的法院接受审判,也有可能部分的参与人不被起诉等。

〔2〕当然,作为共同被告人的共犯将责任往自己身上揽,包庇其他同案犯的情形也不在少数,但对于侦查人员而言,这与将责任推卸给其他共犯的法律效果与风险是一样的。

条规定,审理过程中,法庭认为有必要的,可以传唤同案被告人、分案审理的共同犯罪或者关联犯罪案件的被告人等到庭对质。

这些规定显然都考虑了作为共犯的共同被告人之间相互存在利害的对立或者存在防御相反的情形,这种对立的直接表现形式很大程度上来源于共同被告人各自的供述。那么,在证据法上首先面临的问题就是共同被告人的供述是否可以作为证据使用,也就是说,共犯的自白是否具有证据能力。将这一问题细化,将产生以下 3 个问题:①共同被告人在法庭上的供述和在法庭之外的供述,其证据能力是否相同;②如果共同被告人的一方不作供述,甚至保持沉默,可否将其他共同被告人作为证人进行询问,也就是共同被告人作为证人是否适格;③当询问证人存在困难时,可否使用法庭之外的口供笔录,即是否可以肯定书面传闻的证据能力。紧接着,即使肯定了共同被告人之供述的证据能力,是否可以使用该供述证据从而认定被告人有罪,即该供述的证明力如何。将该问题细化,也会产生以下 3 个问题:①共犯的自白是否可以等同于本人的自白;②如果认为无法等同从而需要补强证据,那么共犯的供述是否可以作为被告人自白的补强证据;③当存在两个以上的共犯的供述时,相互之间是否可以作为补强证据。

关于共犯问题的研究,刑法上的相关文献汗牛充栋,相关的解释论规则不计其数。与此相对,刑事诉讼法上关于共犯认定的研究略显单薄。《刑事诉讼法解释》第 72 条第 1 款第 6 项规定,是否系共同犯罪或者犯罪事实存在关联,是应当运用证据证明的案件事实。然而,该解释却没有进一步规定具体的证据适格与证据运用规则。在实务中,面对共同犯罪案件,共同被告人的供述的证据能力与证明力是绕不开的问题,但现行《刑事诉讼法》却缺乏相应的明确规定,刑事诉讼法学界对该问题已经有所关注,但仍然缺乏具有可操作性的解释论规则。

二、共犯供述的证据能力

我国《刑事诉讼法》第 198 条第 1 款规定,法庭审理过程中,对与定罪、量刑有关的事实、证据都应当进行调查、辩论。《刑事诉讼法解释》第 71 条规定，证据未经当庭出示、辨认、质证等法庭调查程序查证属实，不得作为定案的根据。相比于犯罪嫌疑人本人的供述而言，作为共犯的共同被告人所作供述的特殊之处在于，不仅要考察该供述对于本人的效力，还要考察该供述对于其他共犯的影响。[1] 具体而言，共犯的自白对于供述者本人而言，只要该供述具有任意性并依合法程序获取，就当然具有证据能力，然而，该供述原则上只能作为针对其本人不利的证据，因为供述是对供述者本人最为不利的证据，这种不利益的性质恰好为供述的信用性提供保证。但当该供述同时包括对其他共犯不利的内容时，如果该供述证据被当庭提出，必然会影响法官的自由心证，尤其是如果供述者在庭审中保持沉默，其他被告就无法针对这份供述进行交叉询问，从而无法对该证据展开质证和辩论。[2] 那么，共犯所作的供述是否还具有证据能力，尤其是，当该供述是证明其他共同被告人有罪的唯一或关键证据时，该供述的证据能力有无在很大程度上决定了其他共同被告人犯罪的成立与否。这一问题与供述者是处于共同被告人的地位还是处于证人的地位紧密关联，因为当供述者处于被告人地位时，就无法对供述者再进行证人询问，否则被告人防御性的诉讼权利就无法得到保障。于是，司法实践中为解决这一难题就采取分审制，在分离辩论的基础上对其他共犯单独审判，从而将供述者作为证人进行询问。除此之外，在司法实践中还存在仅在法庭上展示共犯口供笔录的情形，被告人显然难以对该口供笔录进行有效的质证与辩论；该口供笔录是否以合法手段、经正当程序取得，被

---

〔1〕 在共犯案件中，犯罪嫌疑人仅供述自己的罪行而完全不涉及其他参与人的罪行，几乎是不可能的，在法律政策上也不鼓励这种供述。例如，1998 年最高人民法院发布的《关于处理自首和立功具体应用法律若干问题的解释》第 1 条中规定，共同犯罪案件中的犯罪嫌疑人，除如实供述自己的罪行，还应当供述所知的同案犯，主犯则应当供述所知其他同案犯的共同犯罪事实，才能认定为自首。

〔2〕 参见王晓华：《共犯陈述的信用基础及规则构建》，载《中外法学》2021 年第 3 期。

告人也难以确认。据此,共犯自白的证据能力问题应放在合并审理、分离审理、书面笔录这 3 种情形中分别探讨。

作为讨论这个问题的前提,在我国,作为共犯的被告人是否享有沉默权,有必要事先说明,因为如果否认共犯供述人的沉默权,就理论上而言,被供述人的质证权似乎能够得到保障,尤其是我国《刑事诉讼法》第 120 条规定了"犯罪嫌疑人对侦查人员的提问,应当如实回答"。国内刑事诉讼法学界的主流观点以此为依据否定沉默权的存在,并对该规定持批判态度。[1]

(一)共犯自白在合并审理时的证据能力

例如,在"陈某富等破坏易燃易爆设备、盗窃案"中,原审法院认为,被告人陈某富提出的辩解意见,由于当庭其他同案犯均对被告人陈某富参与犯罪的事实予以指认,证实其参加共同作案,而且在破坏易燃易爆设备作案中被告人积极实施打眼行为,属实施主犯,其辩解意见不能成立;被告人姚某东提出其没有参与第 6、7 起犯罪的辩解意见,有同案犯陈某富、慕某勇的供述,证实其参与犯罪,并且在路口放哨,因此应属共同犯罪,故其辩解意见不能成立;被告人梁某辩解其未参与第 10 起犯罪,有同案犯慕某勇、陈某富在侦查机关的供述能够相互印证,足以证实其当晚参与的事实,故其辩解意见不能成立。二审法院认为,关于上诉人梁某所提其未参与第 10 起盗窃作案的上诉理由,由于同案被告人在二审庭审中一致证实其未参与,原判认定梁某参与此起作案的证据不足,不予认定。[2] 由此可见,在我国司法实践中,似乎理所当然地肯定共犯当庭关于其他共同被告人之供述的证据能力。与此类似,日本最高裁判所的判例也认为共同被告人的供述可

---

〔1〕 参见樊崇义:《从"应当如实回答"到"不得强迫自证其罪"》,载《法学研究》2008 年第 2 期;刘根菊:《沉默权与如实回答》,载《法商研究(中南政法学院学报)》2000 年第 5 期。

〔2〕 参见甘肃省庆阳市中级人民法院刑事判决书,(2013)庆中刑终字第 109 号。

以作为相互补强的证据,从而肯定其证据能力。[1] 判例的这一基本立场也得到诸多日本刑事诉讼法学者的支持。例如,团藤重光教授认为,在供述者当庭作出供述之后,其他共同被告人仍然有可能通过反对询问请求其作出自愿供述。具体而言,虽然供述者享有沉默权,但当其面对共同被告人的质问仍然保持沉默时,这种沉默就已经影响法官的心证,也就是使法官倾向于相信共同被告人所说的是真实的,而保持沉默的供述者所作的供述存疑。在这个意义上,在最小限度内确保了反对询问的宗旨。[2] 该观点显然认为其他共同被告人的反对询问权与作为被告人的供述人的沉默权之间的对立是可以调和的。然而,这种可调和性仅限于反对询问权行使的可能性,当供述人对于共同被告人的对质拒绝回答时,共同被告人的反对询问权实际上无法行使。也就是说,该观点对于反对询问权的存在只是一种类推,而这种类推对于其他共同被告人而言显然是不利的。此外,该观点模糊了证据能力与证明力的关系,以证明力被削弱来说明证据能力的存在,其他被告人仍然存在因供述人作虚假供述而无端陷入刑事追诉的巨大风险,尤其是,当供述人对于行为及结果作了真实供述,但供述实施该行为的人并不是自己而是其他共同被告人时,即使对供述人展开反对询问,其所作的供述也难以就此崩塌。[3]

据此,反对未经质证的共犯供述具有证据能力的观点认为,如果不分离辩论并将作为被告的供述人甲以证人的身份进行询问,那么其在法庭中的供述就不得作为证明其他共同被告人乙之犯罪事实的证据。[4] 该观点认为,反对询问权是以供述人具有应当回应反对询问的法律义务为前提,而处于被告人地位的供述人并不负有该义务,只有处于证人地位的供述人才负有该义务。显然,该观点以反对询问权

---

〔1〕 参见日本最高裁判所昭和24年(1949年)5月18日刑集第3卷,第734页。

〔2〕 参见[日]团藤重光:《新刑事诉讼法纲要》(七订版),创文社1967年日文版,第452页。

〔3〕 参见[日]渥美东洋:《全订刑事诉讼法》(第2版),有斐阁2009年日文版,第438页。

〔4〕 参见[日]江家义男:《刑事证据法的基础理论》,有斐阁1951年日文版,第138页。

的实际行使作为共犯自白之证据能力的前提,但这对于反对询问权的行使是否作了过于狭隘的理解,存在疑问。而且,即使通过分离辩论从而将作为被告人的供述人转换为证人,其他共同被告人是否能实际行使反对询问权,也存在疑问。例如,供述人拒绝出庭接受反对询问,或者即使作为证人出庭,也仅限于对与自己的犯罪相关的事实作证,面对其他共同被告人的反对询问则行使拒绝供述权,从而实际上使反对询问权同样无法行使。如果据此否定共犯自白的证据能力,将不当地限制证据的范围。

于是,试图中和肯定说与否定说的折中说,或者也可以称为限定肯定说的出现就水到渠成了。折中说认为,当其他被告人可以充分地展开反对询问时,应当肯定共犯当庭供述的证据能力,而当供述人对于反对询问拒绝作出任何回应时,其所作的供述应被排除。也就是说,该观点着眼于自白本身的自愿性,当供述人对于其他共同被告人的反对询问自愿供述时,该供述就具有证据能力。[1] 由此可见,折中说并不关注反对询问权是通过合并审理质问被告人来实现,还是通过分离程序询问证人来实现,重点关注的是反对询问权在事实上是否通过供述人的自愿应答得以实现。然而,被告人与证人的诉讼地位不同,各自享有的诉讼权利与可能承担的法律后果也大相径庭,完全无视这一差异有可能挑战程序的正当性。不过,在司法实务中,当通过被告人质问与证人询问均可求得共犯供述时,采用哪一种程序就成为法院的合理裁量范围。关于如何行使该裁量权,日本学者田宫裕教授总结了以下 4 种情形的处理方式:第一,共犯 X 与 Y 均否认自己的犯罪事实,但双方之间不存在利害冲突时,采用赋予被告人沉默权的被告人质问。第二,当共犯 X 与 Y 均否认自己的犯罪事实,但一方的否认刚好证立对方犯罪的成立时,应当优先保障反对询问,因此应采用分离程序的证人询问。第三,当 X 否认自己的犯罪事实,但 Y 的供述

---

〔1〕 参见[日]平野龙一:《刑事诉讼法》,有斐阁 1958 年日文版,第 225 页。

显示 X 存在犯罪事实时,应优先保障 X 的反对询问,因此应采用分离程序的证人询问。第四,当 X 的供述显示 Y 存在犯罪事实,但 Y 予以否认时,有必要优先保障被告人 Y 的沉默权,因此应当采用分离程序的证人询问。[1] 在上述的“陈某富等破坏易燃易爆设备、盗窃案”中,被告人梁某辩解其未参与第 10 起犯罪,然而,法庭却将未经过当庭质证辩论的同案犯慕某勇、陈某富在侦查机关的供述作为证据证明其当晚参与的事实。其他共同被告人在法庭外的供述只是一种传闻证据,即使肯定其证据能力,其证明力也需要通过其他证据加以补强,据此直接认定梁某参与第 10 起犯罪,显然违背口供证据补强法则以及直接主义原则。值得肯定的是,二审法院通过其他共同被告人的当庭供述,认定梁某并未参与第 10 起犯罪,由此可见,共犯的自白在信用性上存在巨大瑕疵,如果不对其证据能力和证明力加以严格审查,其他共同被告人将有可能承担莫须有的刑事责任。

(二)共同被告人的证人适格

共犯的自白需要经过质证以确保其真实性,从而最大限度确保其他共同被告人不被诬陷,这种质证既可以通过供述人以被告人的身份自愿当庭对质来实现,又可以通过供述人以证人的身份出庭作证来实现,前一种方式在同一程序中即可完成,而后一种方式需要通过分离程序方可完成。从诉讼经济的角度来看,前一种方式显然更容易被采用,然而,诉讼程序的设置应当兼顾效率与公平,如果一味地追求效率,那么必然导致程序被瓦解。[2] 于是,当共犯在法庭上供述后,面对其他共同被告人的反对询问却保持沉默时,可否对该作为被告人的共犯发动证人询问程序,也就是说,在不作另案处理的前提下,作为被告人的共犯是否具有证人适格?如果作否定回答,在分离程序的情形

---

〔1〕 参见[日]田宫裕:《刑事诉讼法》(新版),有斐阁 1996 年日文版,第 388 页。

〔2〕 参见汪海燕:《共同犯罪案件认罪认罚从宽程序问题研究》,载《法学》2021 年第 8 期。

中,是否具有证人适格。以下逐一检讨。

1. 作为被告人的共犯的证人适格

有观点主张在不分离程序的情形下也可以肯定被告人的证人适格。该观点认为同一主体在同一程序中既可以作为被告人,又可以作为证人,这两重主体之间并不存在任何矛盾。其主要理由在于,即使不承认被告人的证人适格,也是因为认为不负供述义务与负有供述义务这两者无法并立,但这一点仅对于与被告人本人相关的事实有效,对于纯粹与他人相关的事实而言,该理论并不适用。此外,辩论是分离还是合并,基本是法官自由裁量的范围,即使分离之后也基本由同一法官审理,这样的话通过是否分离程序来左右证人适格,是毫无意义的。〔1〕 然而,被告人并不负有在法庭上供述的义务,其是否供述的范围并不受是否与自己相关的约束,否则禁止强迫自证其罪的原则就会被瓦解;此外,程序分离与否的效果,应从被告人的视角出发来考察,而不能仅仅从法官的视角出发来评价,在这个意义上,不得不说该观点是不妥当的。应当说,作为共同被告人,也享有与单独被告人完全相同的诉讼权利,因此作为被告人的共犯并没有供述义务,如果对其肯定证人适格,无疑相当于强制性地令其承担供述义务。此外,对本来处于可以拒绝供述之地位的被告人,在同一程序中赋予其作为具有供述义务之证人地位,很容易引起被告人心理上的混乱,从而无法对于公诉方的指控建立起有效的防御机制。因此,在同一程序中不能让同一主体同时承担被告人与证人的角色。

2. 程序分离之后共同被告人的证人适格

(1)形式分离说

如果说在没有分离程序的情况下应当否定共同被告人的证人适格,那么,在程序分离之后是否就可以无障碍地肯定共同被告人的证人适格,从而肯定其证言的证据能力?关于这一问题,日本刑事诉讼

---

〔1〕 参见[日]高田卓尔:《刑事诉讼法》,青林书院 1957 年日文版,第 327 页。

法学界的通说以及判例均持肯定态度,因为在分离程序之后,共同被告人就成为诉外第三人,可以将其作为证人传唤到庭作证,对于可能对自己不利的事实,可以通过拒绝作证特权避开。[1] 该学说试图通过程序的分离转变被告人的身份,认为在分离之后的程序中原来的共同被告人以证人的身份出现,即可肯定其证人适格,其所作证言就具有证据能力。然而,在分离前后的两个程序基本上都由同一法官审理的现状之下,程序分离与否很大程度上沦为一种形式,共同被告人的合法诉讼权利很可能因为程序的分离而得不到保障。

(2)真分离说

进而,有学者从分离程序的规范目的出发,区分了真分离与假分离,并主张只有在真分离的情形下才能肯定共同被告人的证人适格。具体而言,在以防御相反为理由而分离审判的情形中,应当尽量让其他法官来负责另一个案件的审理,此外,只要没有特殊情况的变化,到结案或判决之前都应当保持程序的分离,但也存在以程序上的理由暂时分离,此后又再次合并审理的情形。例如,当部分共同被告人不出庭时,对于分离程序而言,只能对出庭的被告人进行证据调查,此后再合并审理,但法官始终是同一人,于是程序的分离就完全形式化了。据此,松尾浩也教授将由不同法官分任分离程序的审理称为"真分离",将暂时分离之后又合并,且法官是同一人的情形称为"假分离",并认为在真分离的程序中允许将部分共同被告人作为证人。[2] 由此可见,松尾教授从法官是否具有同一性的角度对程序的分离作进一步限定,以确保程序的公正性。

---

〔1〕 参见[日]川端博:《刑事诉讼法讲义》,成文堂2012年日文版,第391页;日本最高裁判所昭和35年(1960年)9月9日刑集第14卷第11号,第477页。需要注意的是,在我国《刑事诉讼法》以及《刑事诉讼法解释》中,仅规定了强制证人出庭证人无法出庭作证的情形,并未规定可以当庭拒绝作证特权,甚至在《刑事诉讼法》第193条第2款规定了证人出庭后拒绝作证的,予以训诫甚至拘留。

〔2〕 参见[日]松尾浩也:《刑事诉讼法》(上)(新版),弘文堂1999年日文版,第316页。

(3)证人任意拒绝出庭权说

无论是作为通说的形式分离说还是松尾教授提出的真分离说,都没有考虑从被告人到证人的身份转变,在分离程序的前提下,可能面临哪些不利影响,如何在程序上为其提供救济手段。平野龙一教授正视了该问题,设身处地考虑了同一主体从被告人到证人身份转换可能陷入的进退两难境地。具体而言,如果共同被告人在庭审中主张自己无罪,那么在此后分离的程序中如果以证人的身份被传唤,理所当然地也会作无罪事实的证言,而如果以担心有罪判决为理由拒绝作证,就等于在承认自己的罪行;然而,如果不拒绝作证,那么在可能构成伪证罪的压力之下,就会变相地以反对询问的形式强迫被告人供述,从而违反禁止强迫自证其罪规则。[1] 据此,平野教授主张,即使在分离程序的情形中,对于起诉事实或与自己相关联的事实,除非被告人自己申请出庭作证,否则不得强制传唤到庭作证。[2] 然而,在共同犯罪案件中,由于犯罪事实是由共同参与人在双方向意思联络支配之下的协作行为完成的,在诉讼过程中,起诉事实本身就很难不与共同被告人相关,此外,共同被告人在作证过程中也很难将自己从共同犯罪的利害关系中脱离出来,站在纯客观的角度进行作证。在这个意义上,如果严格贯彻该观点,无异于赋予共同被告人关于是否出庭作证的自由选择权,那么通过设置分离程序引导共同被告人出庭作证的目的很大程度上就无法实现。

3. 检讨

在我国《刑事诉讼法》中,为解决司法实践中证人出庭率低的问题,设置了强制证人出庭制度,并且对于证人的范围没有作严格限定,根据《刑事诉讼法》第 62 条第 1 款的规定,凡是知道案件情况的人,都有作证的义务。此外,在我国《刑事诉讼法》中也没有关于通过分案处

---

〔1〕 参见[日]平野龙一:《刑事诉讼法》,有斐阁 1958 年日文版,第 199 页。

〔2〕 参见[日]平野龙一:《刑事诉讼法》,有斐阁 1958 年日文版,第 199 页。

理将共同被告人转化为证人的详细规定。但在司法实践中，在侦查阶段就将同案犯作为证人，并获取关于被告人的证人证言，已成常态，在此基础上，根据《刑事诉讼法》第 192 条的规定，人民法院认为证人有必要出庭作证的，证人应当出庭作证。于是，在庭审中传唤作为同案犯的证人出庭作证并没有特别的障碍。换言之，在实务中已经默认同案犯的证人适格。值得注意的是，《刑事诉讼法解释》第 269 条规定，审理过程中，法庭认为有必要的，可以传唤同案被告人、分案审理的共同犯罪或者关联犯罪案件的被告人等到庭对质。从该规定可以看出，同案犯的证人适格并不是一概而论的，其中区分了不成立共同犯罪的同案犯、成立共同犯罪的同案犯、关联犯罪案件的被告人，虽然都具有证人适格性，但对于共同犯罪的同案犯而言，具有证人适格性的前提是分案审理。由此可见，我国实务界也倾向于形式分离说。[1] 然而，如前文所述，如果通过形式上的程序分离从而将共同被告人转化为证人，据此变相地强制共同被告人供述，此后再通过合并程序从而将该供述作为对共同被告人本身不利的证据使用，必然侵犯共同被告人在法庭上保持沉默的权利，[2] 也违反禁止强迫自证其罪原则。与此相对，真分离说和证人任意拒绝出庭权说分别着眼于程序的公正性与证人的救济权，试图调和共同被告人的沉默权与被告人的反对询问权，在证人出庭率严重不足的现实背景下，真分离说具有更强的可操作性。

---

〔1〕 参见龙宗智：《有组织犯罪案件分案审理问题研究》，载《法学研究》2021 年第 3 期。

〔2〕 在侦查阶段，虽然《刑事诉讼法》第 120 条规定犯罪嫌疑人对侦查人员的提问，应当如实回答，但结合《刑事诉讼法》第 2 条规定的“尊重和保障人权”，第 52 条规定的“不得强迫任何人证实自己有罪”，第 55 条规定的“不轻信口供”，第 56 条规定的非法证据排除规则等条文，并不能简单地得出我国《刑事诉讼法》否定犯罪嫌疑人享有沉默权的结论。在庭审阶段，根据《刑事诉讼法》第 191 条的规定，虽然公诉人和审判人员都可以讯问被告人，但没有规定被告人具有应答的义务，可以理解为被告人在庭审过程中享有保持沉默的权利。参见程雷：《刑事诉讼法律解释方法的顺序规则初探——以反对强迫自证其罪原则与应当如实回答之关系为范例的分析》，载《中国刑事法杂志》2018 年第 1 期。

（三）共同被告人在法庭之外所作供述的证据能力

如前文所述，在我国司法实践中，公安机关在侦查阶段经常将同案犯作为证人并通过询问而获取证人证言，据此制作询问证人笔录。那么，鉴于该证人与案件具有直接的利害关系，其书面证言对于其他作为共犯的共同被告人而言，是否具有证据能力？例如，作为共犯的证人因某种法定事由而无法出庭作证，或者即使出庭作证，其当庭所作供述与书面证言之间存在矛盾，此时作为传闻证据的书面证言是否还可以作为证据使用？众所周知，在刑事诉讼法原则上应当否定传闻证据的证据能力，其主要根据在于保障被告人的反对询问权。具体而言，包括证人证言在内的供述证据基本上都是沿着“知觉—记忆—陈述”这一过程展开，但在每一阶段都有可能出现失真现象，例如感知错误、记忆错误、表达错误等。[1] 据此，在需要通过供述来认定事实的情形中，应当经得起反对询问的检验，反之，未经反对询问检验的供述证据，应当被排除。[2] 我国《刑事诉讼法》第 61 条规定，证人证言必须在法庭上经过公诉人、被害人和被告人、辩护人双方质证并且查实以后，才能作为定案的根据。《刑事诉讼法解释》第 91 条第 3 款规定，证人没有正当理由拒绝出庭或者出庭后拒绝作证，法庭对其证言的真实性无法确认的，该证人证言不得作为定案的根据。由此可见，否定传闻证据之证据能力的核心理由在于证据的信用性存疑，那么，反之，当传闻证据具有经得起反对询问之程度的信用性保障事由，并且使用

---

〔1〕 参见宋维彬：《论证人庭前陈述的证据能力》，载《东南大学学报（哲学社会科学版）》2017 年第 2 期；李世阳：《中国语境下讯问程序的解释学进路》，载《北大法律评论》2018 年第 2 辑，北京大学出版社 2019 年版。

〔2〕 当内容的真伪本身不成问题时，就不适用传闻法则，某证据是传闻证据还是非传闻证据，取决于其与要证事实的关联。例如，在数人共谋实施某犯罪的过程中，其中一人将讨论的犯罪计划写在便条本上，该便条本是不是传闻证据并不能一概而论。当便条本的存在本身成为要证事实时，就不是传闻证据；当其他共谋参与人的意图等精神状态成为要证事实时，该便条本就成为传闻证据。

该传闻证据的必要性很高时,就有可能例外地肯定传闻证据的证据能力。这里的信用性保障事由是指从作出供述当时的外部状况来看,即使不通过反对询问来检验供述过程也足以肯定供述的信用性,如证人的临终遗言。这里的必要性是指在犯罪证明过程中,除了从原供述人处获得的证言之外没有其他来源,而该证言对于要证事实的证明而言是不可或缺的。[1] 然而,无论是存在信用性保障事由还是具有必要性,都指向证据的证明力或者证据价值,于是不可避免地会遭到以证明力大小来决定证据能力的批判。遭致该批判的源头在于一开始就将原则上否定传闻证据之证据能力的理论根据定位于追求证据的真实性,忽视了审查证据能力的核心意义与基本规则。设置审查证据能力制度的意义本来就在于防止因盲目追求证据的证明力价值而以非法手段获取该证据,从而损害被告人的诉讼防御权,因为设置刑事诉讼程序的根本目的就在于为被告人提供一个公开公正的申辩机会。据此,传闻证据原则上应被排除的主要理由首先不在于其高度的虚假可能性,而在于从源头上消除侦查机关以非法手段获取甚至捏造传闻证据的动力,其次是确保被告人对所有针对自己的不利指控事实,都有申辩机会。在这两者的基础上,才是确保传闻证据的真实性。据此,传闻证据之证据能力的考察,应从获取该传闻证据之形式的法定性、供述人出庭与不出庭的等置性这两个维度出发进行把握。关于形式的法定性,《刑事诉讼法解释》第 89 条规定,证人证言具有下列情形之一的,不得作为定案的根据:询问证人没有个别进行的;书面证言没有经证人核对确认的;询问聋、哑人,应当提供通晓聋、哑手势的人员而未提供的;询问不通晓当地通用语言、文字的证人,应当提供翻译人员而未提供的。第 90 条规定,证人证言的收集程序、方式有下列瑕疵,经补正或者作出合理解释的,可以采用;不能补正或者作出合理解

[1] 参见[日]三井诚、[日]酒卷匡:《入门刑事程序法》(第 7 版),有斐阁 2017 年日文版,第 252 页。

释的,不得作为定案的根据:询问笔录没有填写询问人、记录人、法定代理人姓名以及询问的起止时间、地点的;询问地点不符合规定的;询问笔录没有记录告知证人有关权利义务和法律责任的;询问笔录反映出在同一时段,同一询问人员询问不同证人的;询问未成年人,其法定代理人或者合适成年人不在场的。《刑事诉讼法解释》的这两条规定为传闻证据的形式合法性要求提供依据。关于出庭与不出庭的等置性,《刑事诉讼法解释》第 91 条第 3 款已经确认了在证人无正当理由拒绝出庭作证的情况下原则上否定其庭前证言的证据能力,然而,从该规定的表述来看,已经暗含了例外的情形,那就是证人有正当理由无法出庭作证,而且法院对其庭前证言的真实性可以确认,遗憾的是,《刑事诉讼法解释》并未对可以确认真实性的情形作具体规定。与此相反,《日本刑事诉讼法》第 321 条对被告人之外的人所作的供述书或记录该供述的笔录的证据能力作了详细规定。具体而言,这些书面传闻具有供述人的签名或手印,并且是在法官或检察官面前作出供述而制作的询问笔录,该供述人因死亡、精神或身体疾病、下落不明或移居国外等原因而无法到庭作证,或者虽然到庭作证,但与庭前的书面证词相反或有实质不同,但庭前书面证词具有值得相信的特殊情况,即特信情况。通说的观点认为,这里的特信情况应结合外部的附随情况以及供述内容本身进行综合判断,如供述人在法庭上的供述极其不自然,前言不搭后语,以此反推其所作的庭前供述具有可信性,从而肯定传闻证据的证据能力。

三、共犯自白的证明力

一般而言,自白本身不能作为其他自白的补强证据,因为对信用性本身存在疑问的自白进行多重堆叠,只会进一步削弱原始自白的证明力,离事实真相越来越远。此外,当被告人的供述是单纯的承认时也不得作为补强证据,因为这本身就是自白,而不是脱离自白的独立证据。那么,以上适用于单独犯的自白法则是否同样适用于共犯,成为疑难问题。例如，甲和乙作为盗窃罪的共同正犯被起诉，甲否认自己的罪行，但乙却作了“我和甲一起实施了盗窃”这样的供述，该供述对于乙而言是一种自白，因此为了证立乙实施了盗窃，需要对该自白作进一步补强。那么，与此同时，当将乙的供述适用于甲时，是否也需要适用于乙的补强证据？换言之，共犯的自白是否需要补强证据？在教义学上，该问题的核心在于对于本来非自白的证据是否可以扩张或者说类推适用自白的法则。此外，在上述案例中，未被起诉的共犯的供述是否可以成为被起诉的被告人自白的补强证据，进而，在两个以上的犯罪参与人均作自白的情形中，这些自白是否可以相互作为补强证据，从而认定其中否认的被告人有罪。笔者尝试在教义学上厘清以上问题。

（一）共犯的自白是否需要补强证据

在该问题上存在较大争议，概括起来，存在必要说、不要说、限定说3种观点。

必要说的理由主要有以下3点：第一，自白补强法则的核心功能在于防止过分偏重于口供证据，这一点无论对于本人的自白还是对于共犯的自白都是适用的，并无区分本人自白与共犯自白的实质理由。第二，由于对共犯者实行分别关押、单独讯问，应当充分考虑到共犯者之间相互转嫁责任的危险性，以及共犯的自白中交织着真实与虚假的可能性，如果仅仅依据其他共犯的自白而认定否认的共犯有罪，则有巨大的误判风险。第三，假如认为不需要补强证据，在共犯中的一人自白，而另一人否认的情形中，如果没有其他的补强证据，那么结果就是自白者无罪，而否认者有罪，这一结论显然违反共犯的合一性确定原则，因为对于狭义共犯而言，违法是连带的，对于共同正犯而言，更是适用“部分实行全部责任”的法理。[1]

---

〔1〕 参见［日］团藤重光：《新刑事诉讼法纲要》（七订版），创文社1972年日文版，第285页。

与此相对，不要说也有以下3点理由：第一，要求对口供证据进行补强的根本宗旨在于对未经反对询问的自白能够肯定其证据能力，由于被告人可以对作出自白的共犯者实施反对询问，不能将共犯的自白视为被告人的自白。第二，即使最终的结果变成作出自白的共犯无罪，否认的一方有罪，既然自白比经过反对询问的供述证明力弱，得出该结论也是理所当然的。第三，共犯供述[1]的危险性在于将事实上不是共犯者拉入追诉的深渊之中，即使将共犯的自白视为本人的自白，由于补强证据的范围仅仅限定于罪体，补强证据也无法防止该危险，要求补强证据是没有意义的。[2]

从必要说与不要说的主张以及各自的论据来看，可以说二者是完全针锋相对的，但两种学说都完全承认了共犯者供述缺乏真实性这一点，这也导致两种学说事实上呈现出相互接近的趋势。在司法实践中，即使根据消极说，当除了共犯自白没有其他证据时，也很少形成被告人有罪的确信，当不存在可以佐证的证据时通常会认为是违反自由心证主义的不合理认定。

例如，在"张某等贩卖、运输毒品案"中，内蒙古自治区高级人民法院认为，刑事案件中检察院指控的犯罪事实证据只有被告人供述，没有其他证据佐证的，不能据此认定被告人有罪和处以刑罚。在贩卖毒品犯罪案件中，检察院指控被告人的部分犯罪情节仅有同案犯供述证明，无其他确凿证据佐证的，法院可依法确认证据不足，对该部分事实不予认定。[3] 与此类似，在"喻某兵贩卖毒品案"中，最高人民法院经复核后认为，一审、二审认定被告人喻某兵贩卖给严某勇毒品15克的事实清楚，证据确实、充分，但认定喻某兵指使被告人余某远等人贩卖、运输毒品1900余克的事实，喻某兵始终否认，购毒人"刘某"没有

---

[1] 当说到共犯供述时，容易将其与共犯自白混同，但共犯自白主要涉及的是证明力问题，而共犯供述包含了证据能力与证明力这两个问题。

[2] 参见[日]平野龙一：《刑事诉讼法》，有斐阁1958年日文版，第233页。

[3] 参见内蒙古自治区高级人民法院刑事判决书，(2015)内刑一终字第108号。

归案,另一购毒人周某勇仅承认其中一起事实,且没有手机通话清单、毒资往来凭证等客观证据加以证明,主要根据受雇人余某远、周某的供述及周某勇的部分供述认定,证据相对单薄。为此,依据相关法律裁定不予核准死刑,发回浙江省高级人民法院重审。[1] 该案中,最高人民法院确立了以下基本规则:在仅有同案被告人口供定案、缺乏客观性证据予以补强的情况下,不应对被告人适用死刑立即执行。[2] 这显示出了必要说的态度。

与此相对,日本的判例明确采用了不要说的观点,但在承认共犯自白的危险性的基础上,当缺乏与共犯自白相关联的、用于证明被告人有罪的证据时,并不会轻易肯定被告人有罪。例如,在练马事件中,日本最高裁判所认为:共犯的自白并不能准于或等同于"本人的自白",因为即使是接受共同审理的共犯即共同被告人,在与被告人本人的关系上,也是被告人以外的人,这与被害人及其他证人并无本质差异,[3] 由此表明了补强证据不要说的立场。但在八海事件中,日本最高裁判所否定了共犯自白的证明力,认定其他四名被告人无罪。[4]

由此可见,无论采用哪一种学说,都一般承认共犯自白的危险性或者补强的必要性。因此问题实际上转变为:到底是将其视为不成文的事实认定法则,还是将其纳入自白的补强法则的规制框架中。必要说与不要说的对立实际上成为方法论上的差异。据此,有学者立足于司法实务,提出限定说的折中方案。限定说认为,对于共犯的自白而言,应当区分法庭上的自白和法庭之外的自白,至少对于共犯在法庭之外作出的自白而言是需要补强证据的。具体而言,被告人的自白与

---

〔1〕 参见聂昭伟、阳桂凤:《根据共犯互为印证的供述定案时应慎重适用死刑》,载《人民司法》2013 年第 10 期。

〔2〕 参见最高人民法院刑事裁定书,(2012)刑三复 79564476 号,载北大法宝网,https://www.pkulaw.com/case? way = topGuid。

〔3〕 参见日本最高裁判所大审院昭和 33 年 5 月 28 日判决,案件号码:昭和 29(あ)1056。

〔4〕 参见日本最高裁判所昭和 43 年 10 月 25 日刑事判例集第 22 卷第 11 号,第 978 页。

共犯的供述各自需要补强的理由并不相同，在法制度上也是分别发源于不同制度，共犯的供述并不是起源于自白法则，而是起源于证明(Approvent)制度，也就是说，自白本身就是法庭外的证言，更侧重于证据能力的有无问题；与此相对，共犯的供述则是以法庭上的证言为对象的，更侧重于证明力的强弱问题。只是在司法实践中，共犯的供述多指法庭之外的供述，也因此才与被告人的自白相混同。这首先表现为与普通的自白一样都是“向犯罪嫌疑人调查”的成果，此外，与其他被告人相关的供述也与自白交融在一起，因此要求补强的理由也同质化。[1]

由此可见，折中说在寻求必要说与不要说的共同出发点的基础上，从实务操作层面出发，在技术上区分了法庭外的共犯供述与法庭上的共犯供述，并认为只有法庭之外的自白需要补强证据，法庭上的共犯陈述并不需要补强证据。该观点很容易遭受以下两点质疑：其一，该观点显然过分信赖对于法庭上供述的交叉询问。其二，既然允许法庭外的供述作为传闻的例外，那么将法庭外的供述与法庭上的供述相区别，在解释论上是说不通的。本书认为，对交叉询问的信赖来源是直接言词原则的必然推论，也是构建以审判为中心的刑事司法体制改革的题中之义，此外，既然法庭外的供述只是传闻的例外，而且这种例外需要满足严格的条件，那么根据证明力的程度区分法庭外的供述和法庭上的供述也是理所当然的。此外，区分法庭外供述和法庭上供述，也符合我国《刑事诉讼法》的相关规定。具体而言，由于我国未彻底实行直接言词原则，庭外供述仍然可以以书面形式提交法庭作为定案的依据。特别是在推行以审判为中心的诉讼制度改革的背景下，侦查机关和检察机关为了履行法定的举证责任，完成指控犯罪的目标，必然要向审判看齐，将侦查终结、提起公诉的证明标准对标审判的定罪标准，据此，口供补强规则自然也会从庭审反向传导至审前阶段。因此，我国《刑事诉讼法》第55条规定的口供补强规则中的“被告人供

〔1〕 参见[日]田宫裕：《刑事诉讼法》(新版)，有斐阁1996年日文版，第360页。

述"既包括庭审中被告人当庭作出的有罪供述,又包括庭审外犯罪嫌疑人作出的有罪供述。[1]

(二)共犯供述的补强能力

1. 被告人的自白与共犯供述可否相互补强

将以上的共犯自白案例稍作修改,将产生新的问题。例如,被告人甲供述:"我和乙一起实施了犯罪。"与此同时,共犯乙供述:"我和甲实施了犯罪。"那么,能否将甲和乙的供述作为相互补强的证据,从而认定甲和乙构成共同犯罪?围绕这一问题,存在肯定说和否定说的争论。

作为多数说的肯定说认为,既然共犯的自白并不是本人的自白,两者就具有相互的独立性,因此共犯的供述与被告人的自白就可以相互成为补强证据。况且,在这种情形中,被告人自白与共犯供述之间的内容并不矛盾,而是形成相互印证,因此也就没有因相互之间的责任转嫁而产生误判的危险。[2] 与此相对,否定说认为,共犯的自白也包含于本人的自白之中,这两者并不具有相互的独立性,因此相互之间不能作为补强的证据。[3]

例如,在"王某甫等故意杀人案"中,柳某帅对害死赵某华一事供认不讳。据其交代,其曾向赵某华借钱近万元,为了昧钱不还,遂在酒中下毒致赵某华死亡。几天后,柳某帅又突然供认赵某华不是他一人所害,是同村王某甫、周某林和他三人所为,柳某帅供称:他和王某甫、周某林三人商量着合伙买牛蛙喂养,因没钱就向赵某华借了现金6000元,后来他们不想还钱,产生了杀死赵某华的念头。王某甫让刘某祥购买"敌杀死"农药一瓶。1994年3月4日晚上,他们三人在柳某帅居住的牛屋,骗赵某华过来喝酒,在酒里下毒将赵某华毒死。很快,王某甫、周某林以涉嫌故意杀人被公安机关收押,刘某祥则涉嫌包庇罪

---

〔1〕 参见董坤:《规范语境下口供补强规则的解释图景》,载《法学家》2022年第1期。

〔2〕 参见胡常龙、汪海燕:《论共犯口供的性质及其证明力》,载《人民司法》2001年第8期。

〔3〕 参见[日]白取祐司:《刑事诉讼法》(第9版),成文堂2017年日文版,第418页。

被收押。面对讯问,三人拒不承认毒死赵某华的事实,并都提出了案发当晚不在作案现场的辩解。在两年多的关押时间里,三人虽数十次受审,但都没有承认参与毒死赵某华一事。直到 1996 年 7 月,王某甫和周某林才违心地在参与杀人的讯问笔录上捺了手印。此后,该案几经重审,直到 1999 年 6 月,南阳市中级人民法院第三次开庭审理后当众宣布:被告人柳某帅为昧钱不还毒死赵某华,被判处死刑,缓期二年执行;被告人王某甫、周某林、刘某祥无罪。[1] 该案中,王某甫等三人含冤被关押五年之久的原因除了刑讯逼供非法获取口供之外,就是将该非法获取的口供与被告人柳某帅的供述相关联,形成相互印证的补强关系,据此认定有罪。

由此可见,肯定说与否定说之间的争论焦点在于共犯供述与被告人自白是否具有同一性,这一问题可以说处于共犯自白是否需要补强证据这一争论的延长线上。虽然本书在共犯自白是否需要补强证据这一问题上采取区分法庭上的供述和法庭外的供述的折中说,但被告人自白与共犯供述这两者之间并不具有同一性,显然不能在两者之间直接画等号,否则共犯供述便可直接取代被告人自白,传闻证据获得与直接证据同样的证明力,这样的话,直接言词原则便遭受根本挑战。而且,如果肯定共犯供述与被告人自白的同一性,其假设的前提是共犯不具有作虚假供述的可能性,这一假设前提显然不攻自破。因此两者之间具有相互作为补强证据的可能性。但是,由于共犯之间的利害关系,即使被告人自白与共犯供述之间形成相互印证关系,只要没有其他相应的客观证据加以证明,就应当认为没有达到排除合理怀疑的程度,不能据此形成共犯有罪的自由心证。

2. 可否将二人以上的共犯供述作为相互补强的证据从而认定被告人有罪

如果承认共犯之间的口供具有独立性,因此可以相互作为补强证

---

〔1〕 参见河南省南阳市中级人民法院刑事附带民事判决书,(1999)南刑初字第 96 号。

据，那么将进而产生以下问题：可否将处于相互补强关系的两个以上的共犯者的自白作为补强证据，认定否认自己实施犯罪的被告人有罪？例如，共犯者乙供述："我是与甲一起实施犯罪的。"共犯者丙也供述："我是与甲一起实施犯罪的。"但甲却否认与乙、丙一起实施犯罪，在这种情形中，可否根据乙、丙的自白，认定甲有罪。

围绕这一问题，也存在肯定说与否定说的争论。肯定说认为，每个共犯的自白都具有独立性，相互之间当然可以作为补强证据，在这种情形中，两个以上的独立主体的自白处于相互补强的关系，大幅度降低误判的危险性，因此可以据此认定被告人有罪。即使无法完全排除乙和丙受到侦查人员的暗示、威胁、刑讯逼供，或者不约而同地想把责任转嫁于甲的危险性，这也只能属于自由心证的问题。例如，在日本最高裁判所昭和51年10月28日的判例中，关于伪造交通事故从而骗取保险金事件，被告人始终否认自己实施了相关犯罪行为，但另外三名共同被告人均肯定了被告人参与其中。日本最高裁判所认为，根据两个以上共犯者的自白认定被告人有罪，并不违反《日本宪法》第38条第3款(口供补强规则)。与此相对，否定说认为，应当充分重视共犯自白具有将他人拉入自己犯罪的旋涡中的危险性，即使两个以上的共犯自白指向一致，即使肯定共犯之间的自白可相互作为补强证据，如果没有能够证明被告人与作出自白的共犯之间具有关联性的补强证据，就不能认定被告人有罪。[1]

然而，上述两种观点实际上也不存在根本性对立，因为都共同承认了作出自白的两名共犯一起陷害被告人的危险性，只是肯定说将这种危险交给法官的自由心证去判断，而否定说将这种危险交给能够补强复数的共犯自白的证据去处理。在这一点上，我国有学者提出了与上述的折中说类似的观点，即区分了庭审外的自白与庭审中的自白，

---

〔1〕参见［日］松本一郎：《事例式演习教室：刑事诉讼法》，劲草书房1987年日文版，第186页。

对于庭审外的自白的证据力,需要其他证据进行补强,而庭审中的自白则应充分保障被告人的质证权,以辅助法官的自由心证。具体而言:一方面,利害关系极其密切的同案被告人的供述相互矛盾,必然会直接影响定罪量刑,在此情形下,应当通过相互质证查清相关的案件事实。因此,为充分保证被告人的质证权,相关法律应当明确,“审理过程中,同案被告人或分案审理的共同犯罪或者关联犯罪案件的被告人等在影响定罪量刑的主要事实方面供述存在矛盾时,应当到庭对质”。只有通过同案犯之间的对质,被告人陈述的可靠性才能被充分印证,案件的事实才能被最大限度地还原,才更有可能达到“事实清楚,证据确实、充分”的标准,总体上降低发生错案的可能性。另一方面,法律需要明确规定共同被告人不出庭接受质证的程序性消极后果。例如规定:除死亡、严重疾病无法出庭等特殊情形外,如果作出认罪的被告人未出庭接受对质,其供述不得作为对其他同案被告人不利的证据。[1] 值得关注的是,在上述的“陈某富等破坏易燃易爆设备、盗窃案”中,一审法院认定陈某富、姚某东、梁某参与犯罪的证据均源于两名以上同案犯的当庭供述,而二审法院认定梁某未参与第10起盗窃犯罪的证据也源于其他同案犯的当庭供述。也就是说,一审法院和二审法院均肯定可以将二人以上的同案共犯供述作为相互补强的证据,但却得出完全相反的结论,从中可以看出仅凭两个以上同案犯供述的相互补强并不能达到排除合理怀疑程度的有罪确信,但当两个以上的同案犯供述均指向对被告人有利的方向时,如无罪或罪轻,从存疑有利于被告人原则出发,应肯定有利于被告人的同案犯供述的证明力。

3. 补强的程度

补强本身就是一个程度性用语,即使在需要补强的事实范围均具有相应的补强证据,也不一定能认定为有罪。那么,需要对口供证据

---

〔1〕 参见汪海燕:《共同犯罪案件认罪认罚从宽程序问题研究》,载《法学》2021年第8期。

补强到怎样的程度，才能使口供证据的证明力符合法定要求呢？在这一问题上，出现了相对说与绝对说的争论。相对说认为，口供证据需要加以补强的理由在于防止误判、避免过分依赖口供，因此《刑事诉讼法》才规定不能仅仅根据口供认定被告人有罪。据此，只要补强证据足以保障口供的真实性即为足够，也就是说，如果口供证据与补强证据结合在一起达到了能够证明犯罪事实的程度就足够了。我国有学者指出：只要补强证据和供述中的某个或某些关键性细节，基本吻合一致，就视为达到了补强要求。[1] 如前所述，对于真正的罪犯而言，由于他知晓犯罪的前因后果和具体过程，真实的供述应当是与其他证据证明的事实吻合的。但是，由于受到记忆、表达和情感等多种因素的影响，供述的内容与其他证据完全吻合一致、严丝合缝，几乎是不可能的。《刑事诉讼法解释》确立的"先供后证"的规则可以说也是立足于相对说的推论。

然而，相对说的基础假设是，只有真正实施犯罪的人才会熟悉犯罪事实的独特细节。但是，被告人能作出这样的口供可能并不是因为自己亲手实施了犯罪行为，而是受到其他外部信息源的影响。这些外部信息源可能包括：(1)从真正实施犯罪的人那里知悉了犯罪的细节，如冒名顶罪案件；(2)被告人目睹了犯罪的发生或事后接触了犯罪现场；(3)被告人从新闻媒体等公开的信息源中获得了犯罪的细节；(4)警察通过讯问将犯罪细节透露给了犯罪嫌疑人，在我国，通常把这样的讯问方式称为"指供"。[2] 此外，如果只要求口供与补强证据相结合能够大致证明犯罪事实的存在即可，当口供的证明力比较大而补强证据的证明力较弱时，也有可能满足该要求，这样实际上还是会导致过分倚重口供证据，从而轻视了口供证据补强法则的存在意义。

---

〔1〕 参见李昌盛：《虚假供述的第二道防线：口供实质补强规则》，载《东方法学》2014 年第 4 期。

〔2〕 参见向燕：《论口供补强规则的展开及适用》，载《比较法研究》2016 年第 6 期。

在批判相对说的基础上，绝对说认为：正是因为对口供证据本身的证明力存在合理怀疑，才需要对口供证据进行补强，因此在确立补强的程度时，不应将口供证据与补强证据关联起来考察两者相互印证的程度，而应脱离口供证据，单独考察补强证据本身在自由心证规则之下是否达到优势证明程度的证明力。[1] 由此可见，绝对说强调补强证据本身的独立性，试图分别考察口供证据与补强证据本身的证据能力及其证明力。然而，绝对说可能存在以下疑问：第一，补强证据的功能就在于补强口供证据的真实性，在这个意义上，可以说补强证据对于口供证据具有从属性，脱离了口供证据，补强证据本身就是一种客观中立的事实，并无具体的证明指向。例如，当尸体作为补强证据时，如果完全脱离了被告人供述自己杀人的事实，该尸体最多只能证明被害人死亡以及死亡原因的事实，无法证明到底是谁杀害的。第二，当单独考察补强证据的证明力时，补强证据本身可能又需要通过其他证据来补强其证明力方能达到优势证明标准，由此有可能陷入无限的补强循环之中。第三，在自由心证之下，补强证据的证明力当然地服务于口供证据，法官在自由心证时不可能脱离口供证据单独考虑补强证据的证明力，因此该观点也不具有实践上的可操作性。第四，绝对说忽视了补强证据的功能仅仅在于补强口供证据的证明力，而不是补强口供证据的证明能力，口供证据的证明能力应通过米兰达规则、沉默权规则、非法证据排除规则、口供证据的自愿性规则等规则来保障，在确保口供证据具有证明能力的前提下，才进一步考虑口供证据的证明力，此时才需要动用口供证据的补强规则。

据此，本书支持相对说的观点，即法官在自由心证之下，根据口供证据与补强证据的契合程度，判断口供证据指涉的某一事实真实存在的可能性大小。正如有学者指出，无论证据在量上如何，只要我们基于理性能够真诚而确实地相信我们所判定的事实，我们就可以作出事

〔1〕 参见［日］田宫裕：《刑事诉讼法》（新版），有斐阁1996年日文版，第357页。

实判定并依此作出法律处理。[1] 我国的刑事司法实践事实上也是采用相对说的观点。例如，在聂树斌案中，最高人民法院在审查被告人口供证据的真实性时指出：(1)关于作案时间，先后有被车间主任葛某某批评后的第二天、当天、记不清和8月5日等说法；关于偷花上衣的具体地点，先后有三轮车上、破烂堆上等说法；关于脱去被害人内裤的时间，先后有将内裤脱下后实施强奸再捡起内裤带走、将内裤脱到膝盖下面即实施强奸再将内裤脱下带走等说法；关于被害人的自行车，先后有二六型、二四型等说法。此外，关于作案动机、被害人年龄和所穿连衣裙特征等事实和情节，聂树斌的供述也前后不一。在卷供述中，聂树斌一方面始终认罪，另一方面又供不清楚作案的基本事实，特别是对关键事实的供述前后矛盾、反复不定，不合常理。(2)聂树斌供述的作案地点、藏衣地点、尸体上的白背心、颈部的花上衣及被害人凉鞋、自行车的位置等，虽然与现场勘查笔录、尸体检验报告等内容基本一致，但由于以上事实都是先证后供，且现场勘查没有邀请见证人参与，指认、辨认工作不规范，证明力明显不足，该案供证一致的真实性、可靠性存在疑问。据此，最高人民法院认定聂树斌有罪供述的真实性存疑。[2]

四、结论

共同犯罪成员尤其是共同正犯，在双向的意思联络之下协力完成了犯罪，参与人之间均知悉犯罪计划和其他参与人在共同犯罪中的分工与作用。据此，共犯自白对于证明其他作为共犯的共同被告人相应的犯罪事实具有很高的证明价值，但与此同时，由于共犯自白在任意性、信用性上存在显而易见的瑕疵，很容易将无辜的共同被告人拖入刑事犯罪的旋涡中，应对共犯自白的证据能力和证明力作严格限定，

---

〔1〕 参见龙宗智：《印证与自由心证——我国刑事诉讼证明模式》，载《法学研究》2004年第2期。

〔2〕 参见最高人民法院刑事判决书，(2016)最高法刑再3号。

以保障被告人各项诉讼权利得以实现,遵循非法证据排除规则,贯彻禁止强迫自证其罪原则、直接言词原则、自由心证主义。本书初步形成以下结论。

第一,共犯的自白需要经过质证以确保其真实性,从而最大限度确保其他共同被告人不被诬陷,这种质证既可以通过供述人以被告人的身份自愿当庭对质来实现,又可以通过供述人以证人的身份出庭作证来实现,前一种方式在同一程序中即可完成,而后一种方式需要通过分离程序方可完成。

第二,真分离说和证人任意拒绝出庭权说分别着眼于程序的公正性与证人的救济权,试图调和共同被告人的沉默权与被告人的反对询问权,在证人出庭率严重不足的现实背景下,真分离说具有更强的可操作性。

第三,传闻证据之证据能力的考察,应从获取该传闻证据之形式的法定性、供述人出庭与不出庭的等置性这两个维度出发进行把握。

第四,对于共犯的自白而言,应当区分法庭上的自白和法庭之外的自白,至少对于共犯在法庭之外作出的自白而言是需要补强证据的。

第五,仅凭两个以上同案犯供述的相互补强并不能达到排除合理怀疑程度的有罪确信,但当两个以上的同案犯供述均指向对被告人有利的方向时,从存疑有利于被告人原则出发,应肯定有利于被告人的同案犯供述的证明力。

第四章 正当防卫的证明责任分配

一、问题的提出

根据我国《刑法》第 20 条的规定，实施正当防卫的行为人不负刑事责任，这里的“不负刑事责任”显然是指不成立犯罪。根据《刑事诉讼法》第 16 条的规定，正当防卫在诉讼程序上将产生撤销案件、不起诉、终止审理或宣告无罪的法律效果。正当防卫所引起的实体及程序上的法律效果的根据在于通过防卫行为制止了当时正在进行的不法侵害，即使造成了死伤结果，该行为的违法性也在整体法秩序之中被排除，作为发动国家刑罚权的刑事追诉程序被启动之后，在任何阶段认定行为人成立正当防卫的，均应立即关闭追诉程序，完全解除行为人陷入刑罚威胁的状态。据此，当认定为“正当防卫”时，已经是司法工作人员在侦查、起诉、审判等阶段作出事后性的、终局性的判断。但问题的核心在于如何形成这一判断。质言之，在刑事诉讼中应由哪一方承担是否成立正当防卫的证明责任，其证明程度应达到怎样的标准？

关于这一问题，我国《刑事诉讼法》已经有相关规定。例如，《刑事诉讼法》第 51 条规定，公诉案件中被告人有罪的举证责任由人民检察院承担，自诉案件中被告人有罪的举证责任由自诉人承担。在坚持国家公诉主义的前提下，该规定确立了原则上由作为公诉机关的检察院承担举证责任的规则,《刑事诉讼法》第52条规定的“不得强迫任何人证实自己有罪”,可以说是对这一规则的重申。此外,《刑事诉讼法》第171条也规定人民检察院审查案件的时候,必须查明是否属于不应追究刑事责任的情形。根据这些规定,不少学者认为,从无罪推定原则出发,证明被告人有罪的责任都是由控诉一方承担,对此并不存在任何例外,也就是说,被告人既不承担证明自己有罪的责任又不承担证明自己无罪的义务,因此在刑事诉讼中并不存在真正意义上的证明责任分配问题。[1]

然而,根据以上规定,是否能直接得出正当防卫的证明责任在于公诉方,被告人完全不承担关于正当防卫的举证责任这一结论,恐怕是存在疑问的。具体表现在以下几个方面。

第一,《刑事诉讼法》第51条只规定由检察院承担被告人有罪的举证责任,更强调对成立犯罪的积极证立,而正当防卫是否定犯罪成立的事由,由同一个主体在同一个案件中同时承担证立犯罪和证否犯罪的证明责任,无法发挥证明责任制度的诉讼风险分配功能。

第二,如果由被告人承担部分的正当防卫的证明责任,对于被告人而言是否完全不利,不无疑问。毋宁说,完全不允许被告人证明自己的行为成立正当防卫,才是对被告人辩护权的限制,从而抹杀被告人可能获得的无罪机会。在这个意义上,让被告人承担部分的正当防卫的证明责任,并不一定违反“存疑有利于被告人”规则,以及“禁止强迫自证自罪”规则。因为是否成立正当防卫的判断,是在行为人的行为符合某犯罪的构成要件这一前提之下进行的,也就是说,检察官已经以达到排除合理怀疑程度证明行为人的行为具有构成要件该当性,此时对于法官形成有罪的心证已经产生支配性的影响力,被告人通过对正当防卫的主张与证明,才有可能动摇法官已经

---

〔1〕 参见孙长永:《论刑事证据法规范体系及其合理构建——评刑事诉讼法修正案关于证据制度的修改》,载《政法论坛》2012年第5期;龙宗智:《证据法的理念、制度与方法》,法律出版社2008年版,第258页。

形成的有罪心证。

第三,证明责任的分配受到刑事诉讼构造的支配,不同的诉讼构造下,证明责任的承担主体以及证明程度的要求各不相同。《刑事诉讼法》第52、54条规定公安机关、人民检察院、人民法院应当依法收集、调取犯罪嫌疑人有罪或者无罪、罪轻或者罪重的证据;第171条规定人民检察院审查案件时必须查明是否属于不应追究刑事责任的情形。根据这些规定,我国现行《刑事诉讼法》所确立的诉讼构造更倾向于职权主义诉讼模式,该诉讼模式以积极的实体真实主义为基础,崇尚有罪必究、有罪必罚的积极处罚观念。[1] 在这种模式下,无罪被视为一种例外情形,公诉方难以保持客观中立态度。随着构建以审判为中心的刑事司法体制改革,在职权主义诉讼模式中融入了诸多体现当事人主义诉讼模式的规定,尤其是加强了犯罪嫌疑人及被告人的辩护权、防御权。在此背景下,是否还坚守正当防卫的证明责任完全由公诉方承担这一分配规则不动摇,值得深入讨论。

第四,正当防卫一般被作为一种法定的违法阻却事由,其成立条件受制于刑法的严格规定,根据我国《刑法》第20条的规定,正当防卫是指:在现实存在正在进行的不法侵害这一防卫前提条件下,防卫人在防卫意识的支配下对不法侵害人实施的在防卫限度内的防卫行为。于是,正当防卫的成立受到防卫时间、防卫事由、防卫对象、防卫意识、防卫限度等诸多法定条件的限制,基于检察官的事后判断立场,要以达到排除合理怀疑的程度证明所有条件的成立,显然存在显著的证明困难,并且违反诉讼经济原则。在以往有限的讨论中,都笼统地将正当防卫的证明责任归属于公诉方或被告人,而未进一步厘清各个具体要件的证明责任分配问题。那么,在实体法已经严格限定正当防卫成

---

〔1〕 以案件的真实为基准的原理被称为实体真实主义,其中包括积极的实体真实主义与消极的实体真实主义两种立场,前一种立场倡导犯罪必须被发现,处罚必须无遗漏;后一种立场主张不处罚无罪的人。参见[日]田口守一:《刑事诉讼法》(第6版),成文堂2012年日文版,第17页。

立要件的前提下,对于证明责任的分配将产生怎样的影响,仍然悬而未决。

怀着以上问题意识,本书尝试探讨诉讼模式的转变对于证明责任分配产生的影响,进而讨论正当防卫的实体要件在程序法上证明责任的分配。

二、诉讼构造的转变与证明责任的分配

(一)诉讼构造的当事人主义化

刑事诉讼是为权威地确定对特定的犯罪人是否存在具体刑罚权的程序过程,在这个意义上,诚如法谚"无程序则无刑罚"(Nulla poena sine processu)所言,国家是通过刑事程序而将刑法秩序现实化的,因此当国家要对犯人施加刑罚时,刑事程序就是连接两者的不可或缺的一环。[1] 据此,在刑事案件中关于是否存在具体刑罚权的确定,就必须通过诉讼或某种法定程序,而不像在民事纠纷的解决上允许采用法定程序之外的方法。这是因为刑事诉讼的功能并不仅仅止步于加害人与被害人之间的纷争解决,还在于通过查明案件真相从而确保无辜者不受刑罚威胁,据此保障包括犯罪人在内的全体国民的基本权利。[2]

从刑事诉讼的这一内在价值出发,在刑事诉讼中必然要求以达到排除合理怀疑的程度证明被告人有罪,并且有罪的证明责任应由代表国家公权力的公诉方承担,据此推导出了"存疑有利于被告人"原则。该原则背后显然带有强烈的追求实体真实的倾向,并赋予侦查机关及公诉机关强势的地位,因此可以说是职权主义诉讼构造的归结之一。然而,职权主义诉讼构造有可能因过分追求实体真实而忽视程序的正

---

〔1〕 参见[日]松尾浩也:《刑事诉讼法》(上)(新版),弘文堂1999年日文版,第1页。

〔2〕 参见梁根林:《"刀把子"、"大宪章"抑或"天平"?刑法价值的追问、批判与重塑》,载《中外法学》2002年第3期。

当，因此以纠问主义为基础的职权主义诉讼构造饱受诟病，不得不大量吸收当事人主义诉讼构造在保障控辩双方平等对抗上的制度设计，大幅度强化被告人和犯罪嫌疑人在刑事诉讼中的防御权与参与程度。这场刑事诉讼构造的改革运动几乎遍及大陆法系国家，在日本被称为诉讼构造的“当事人主义化”，而我国有学者将其称为“新职权主义”，并将其优点总结为：既传承了以实质真实为导向的诉讼传统，通过集权化的机构设置及精密的程序技术设计以有效打击犯罪，同时又吸收了当事人主义的优点，强化程序的公开、言辞及对抗，在限制侦查权的同时有效地提高了对被告人及其律师的权利保障，由裁判者通过证据的自由评价以达至内心确信。[1] 与此同时，当事人主义的诉讼构造也不可能完全采用民事诉讼中的不告不理原则、平等原则、处分原则等，在原则上禁止私力救济并采取国家公诉主义的前提下，公诉机关天然处于强势地位，当事人主义诉讼构造只是追求控辩双方平等对抗的理想模型，在制度设计以及实际运作过程中，也不可避免受到职权主义的影响。例如，在事实问题这一刑事诉讼的核心问题上由公诉方与被告人当事人双方主导诉讼的推进，法官只有在有必要辅佐当事人的诉讼推进行为时才行使职权，但对于程序问题而言，从法律的统一适用这一视角出发，法官应作出职权性判断。[2]

关于职权主义与当事人主义之间的关系，日本刑事诉讼法学者田口守一作了以下 3 点总结：第一，在当前的刑事诉讼法中，职权主义还是当事人主义，并不是择一的对立关系，两者都是重要且必要的，焦点问题转变为如何调和这两个原则之间的关系。第二，在刑事立法中一直不断强化犯罪嫌疑人、被告人以及辩护人的地位，这一倾向一般被理解为当事人主义的强化，当事人主义本身的含义具有多样性，但作为其最重要内容的当事人行进主义对于被告人而言究竟具有怎样的

---

〔1〕 参见施鹏鹏：《“新职权主义”与中国刑事诉讼改革的基本路径》，载《比较法研究》2020 年第 2 期。

〔2〕 参见［日］田口守一：《刑事诉讼的构造》，成文堂 2022 年日文版，第 15 页。

意义，依然并不清晰。第三，当事人主义原则并不局限于审判程序这一狭窄领域，可以说对于刑事司法制度的整体框架都是适用的，因为当事人主义的观念波及整个刑事司法制度才能充分发挥其在审判程序中本来的功能。[1]

（二）诉讼构造与证明责任分配的关系

从我国《刑事诉讼法》的修改内容来看，也是不断弱化职权主义并走向当事人主义的过程，尤其是在倡导构建以审判为中心的刑事司法体制改革的背景之下，在2018年《刑事诉讼法》的修正中增加了诸多强化犯罪嫌疑人、被告人诉讼权利的规定，以保障控辩双方的平等对抗。伴随着职权主义诉讼构造的当事人主义化，被告人在获得更多防御权的同时，诉讼的主体地位也被进一步强化，由此可能给“公诉方应以达到排除合理怀疑的程度证明被告人有罪，否则存疑有利于被告人”这一铁律打开一个缺口，在特殊情况下，犯罪嫌疑人或被告人也有可能承担相应的证明责任。此外，根据我国《刑法》的相关规定，在某些犯罪或事由中，由犯罪嫌疑人或被告人承担相应证明责任或者减缓公诉方的证明责任的情况也屡见不鲜。例如，在持有型犯罪中，控方只需证明被告人对于诸如毒品、枪支弹药、假币等禁制品的事实占有状态，即可推定持有的非法性，只有当被告人证明持有的合法性时，才有可能例外地出罪。又如，根据《刑法》第395条的规定，公诉方仅需要证明“国家工作人员的财产、支出明显超过合法收入，差额巨大”即完成本罪的证明责任，关于收入来源合法性的证明则转移给被告人，也就是“可以责令该国家工作人员说明来源，不能说明来源的，差额部分以非法所得论”。此外，值得关注的还有我国《刑法》第14条关于故意犯罪的规定中使用了“明知”这一表述，在《刑法》分则的诸多条文中也出现了“明知”的规定，但根据相关司法解释，可以说在明知的认

〔1〕 参见[日]田口守一：《刑事诉讼的构造》，成文堂2022年日文版，第4页。

定上,通过采用事实推定的方法减轻了公诉方的证明责任。以《刑法》第 287 条之二的帮助信息网络犯罪活动罪为例,根据《最高人民法院、最高人民检察院关于办理非法利用信息网络、帮助信息网络犯罪活动等刑事案件适用法律若干问题的解释》第 11 条的规定,为他人实施犯罪提供技术支持或者帮助,具有下列情形之一的,可以认定行为人明知他人利用信息网络实施犯罪,但是有相反证据的除外:经监管部门告知后仍然实施有关行为的;接到举报后不履行法定管理职责的;交易价格或者方式明显异常的;提供专门用于违法犯罪的程序、工具或者其他技术支持、帮助的;频繁采用隐蔽上网、加密通信、销毁数据等措施或者使用虚假身份,逃避监管或者规避调查的;为他人逃避监管或者规避调查提供技术支持、帮助等。

然而,如果认为在当事人主义诉讼构造下,或者根据上述相关规定,将证明责任转移给被告人,就完全无视刑事诉讼与民事诉讼在功能上的区别,也误解了将主观要素客观化的价值。此外,一旦被告人证明失败,就会让包括被告人在内的国民认为被告人并不是因犯了罪而受处罚,而是因拙劣的诉讼技巧而受处罚。[1] 据此,无论是在职权主义还是当事人主义诉讼构造下,只要坚持国家公诉主义,原则上由公诉方承担被告人有罪的证明责任这一点并不会改变。然而,作为证明对象的犯罪,在实体法上的判断并不是一蹴而就,而是分阶段进行的。具体而言,只有同时具备构成要件该当性、违法性、有责性的行为才有可能成立犯罪,在这 3 个要件的关系上,构成要件确立了可供犯罪评价的事实基础;违法性判断则是将该行为所侵犯的构成要件背后的行为规范放置于整体法秩序中进行评价,通过排查该行为是否例外地不侵犯法益或者保护了效力层级更高的法益,从而实质性地确定该行为是否正当;有责性判断则将关注点放在具体的行为

---

〔1〕 参见[日]平野龙一:《刑事诉讼中的推定》,载《法律协会》1957 年第 74 卷第 3 号,第 1 页。

人身上，结合行为的违法程度与行为人主观恶性程度，合理确定对该行为人的谴责程度。这 3 个要件呈现出了从原则到例外、从一般到个别、从事实到规范、从客观到主观、从形式到实质的递进式的逻辑判断顺序。[1]

简单来说，构成要件具有违法推定功能与责任推定功能，因此，违法性与有责性的判断成为一种消极判断，也就是说，如果不存在可以阻却违法或责任的例外事由，具有构成要件该当性的行为就成立犯罪。将这一实体判断过程放置于刑事诉讼程序中可以看出，公诉方的证明对象集中于构成要件，也就是应以达到排除合理怀疑的程度证明某一构成要件的客观要素与主观要素均存在，否则从存疑有利于被告人这一原则出发，只能得出构成要件不成立的结论。与此相应，如果公诉方成功地证明了构成要件的成立，由于构成要件具有违法推定功能与责任推定功能，原则上无须再逐一证明符合构成要件的行为不具有违法阻却事由与责任阻却事由。然而，这种推定是一种允许反驳的法律上的推定。[2] 具体而言，与事实上的推定相比，要推翻允许反驳的法律上的推定，仅仅提出反证，也就是仅仅让法官暂时的确信产生动摇，是不够的，对反对事实的完全证明，也就是让法官对反对事实产生确信程度的证明是必要的。在这个意义上，反对事实的证明并不是狭义上的反证，而成了本证，要推翻法律上的推定，就有必要证明作为本证的反对事实。此外，允许反驳的法律上的推定，其本质到底是关于证据评价的规则还是证明责任分配的规则，有必要进一步明晰。具体而言，如果认为是证据评价的规则，就可能产生与自由心证主义相

---

〔1〕 参见陈兴良：《刑法阶层理论：三阶层与四要件的对比性考察》，载《清华法学》2017 年第 5 期；陈兴良：《犯罪论体系的位阶性研究》，载《法学研究》2010 年第 4 期。

〔2〕 推定一般是指通过某种事实的认定进而据此推认其他事实，包括事实上的推定和法律上的推定。其中，法律上的推定又进一步分为事实被推定的“法律上事实的推定”和权利被推定的“法律上权利的推定”；此外，根据效果的不同，法律上的推定可分为允许反驳的推定和不允许反驳的推定。参见［日］增田丰：《刑事程序中法律上的推定与表见证明》，载《法律论丛》1993 年第 65 卷第 4－5 号，第 56 页。

对立的问题；如果认为是证明责任分配的规则，就可能产生与存疑有利于被告人这一原则相对立的问题。[1] 虽然在民事诉讼中更倾向于将其作为一种动态的证明责任分配规则，但在刑事诉讼中为了回避违反存疑有利于被告人这一尖锐的质疑，一般将其作为一种静态的证据认定规则。[2]

（三）违法阻却事由的证明责任分配

如前文所述，由于刑事诉讼法并不奉行适用于民事诉讼法的不告不理原则，在证明责任的承担上也并不完全适用“谁主张，谁举证”的规则。刑法中违法阻却事由与责任阻却事由等刑罚阻却事由的设置，其意义不仅在于赋予犯罪嫌疑人或被告人被动的防御权，还在于赋予其积极的抗辩权。随着诉讼构造的当事人主义化，在诉讼程序中设置能够让犯罪嫌疑人及被告人发动并充分行使该抗辩权的制度，成为核心课题之一，而这一课题的重点就在于证明责任的分配。

1. 证明责任的倒置

日本刑事法学者小野清一郎指出：问题的关键就在于实质的举证责任，当被告人已经努力尝试证明阻碍犯罪成立之理由的事实，裁判所也依其职权穷尽了审理，但对于该事实是否存在还是无法形成确信时，裁判所应肯定还是否定该事实呢？根据以往的见解，既然犯罪事实已经得以证明，对于阻碍犯罪成立的原因而言，并无必要逐一证明

---

〔1〕 参见［日］增田丰：《刑事程序中法律上的推定与表见证明》，载《法律论丛》1993年第65卷第4－5号，第59页。

〔2〕 参见［德］莱奥·罗森贝克：《证明责任论》（第5版），庄敬华译，中国法制出版社2018年版，第260页。

其不存在,违法性及有责性在事实上就被推定了。[1] 然而,推定毕竟不等同于确证,尤其是允许推翻的推定,当被告人在被推定的事实上产生疑问时,如果公诉方不能证明其不存在,就不能直接宣告有罪。具体而言,如果被告人仅仅对于阻碍犯罪成立之理由的事实产生怀疑,法院是不能据此宣告其无罪的,必须从正面证明该事实的存在,但在当事人主义诉讼构造下,对于阻碍犯罪成立之事实的证明,应与犯罪事实的证明不同,并没有必要达到严格证明的程度,达到自由证明的程度即可。[2] 由此可见,小野清一郎教授对于违法阻却事由直接肯定了举证责任的倒置,虽然在证明程度上并不要求达到像犯罪事实一样的排除合理怀疑程度,但也要求达到优势证据的程度。这一观点虽然依托于当事人主义诉讼构造,但如前文所述,倡导当事人主义诉讼构造的核心价值在于保障被告人的辩护权和防御权,确保无辜的人不受刑罚威胁,但将存在违法阻却事由的证明责任完全转移给犯罪嫌疑人或被告人,不仅无助于该价值的实现,反而转嫁了公诉方的证明责任,即使不要求达到排除合理怀疑的程度,让被告人以优势证据证明违法阻却事由的成立,也几乎是不可能完成的任务。因此,这种要求犯罪嫌疑人或被告人承担存在违法阻却事由的客观证明责任的观点,经不起刑事诉讼中存疑有利于被告人这一基本价值理念的考验。

2. 证据提出责任说

即使坚持当事人主义的刑事诉讼构造,也不能动摇被告人有罪的客观证明责任在于公诉方这一点,从犯罪是具有构成要件该当性、违

---

〔1〕 参见[日]小野清一郎:《新刑诉与构成要件理论》,载《刑法杂志》1953年第3卷第2号,第165页。可以说这是早期职权主义的必然归结,在实体法上,长期以来支配我国刑法学界的四要件犯罪论体系与该观点也具有契合性,这是因为,在四要件犯罪论体系中,犯罪构成被认为是认定犯罪的唯一根据,符合了主体、主观方面、客体、客观方面这四个要件的行为即可被认定为犯罪,正当防卫等违法阻却事由和缺乏期待可能性等责任阻却事由游离于犯罪论体系之外,并不具有独立的地位。关于犯罪论体系对于证明责任分配的影响,参见杨依:《正当防卫案件证明责任的分配逻辑》,载《中外法学》2022年第4期。

〔2〕 参见[日]小野清一郎:《犯罪构成要件理论》,有斐阁1953年日文版,第177页。

法性、有责性的行为这一定义来看，这 3 个要件都属于公诉方的证明对象，构成要件该当性只是犯罪成立的其中一个要件而已，违法性和有责性同样也是犯罪的成立要素，当某行为该当于构成要件时，虽然通常也是违法且有责的，但当其违法性或有责性的有无本身才是问题焦点时，必须得以严格证明。[1] 只是基于构成要件的违法推定功能与责任推定功能，当犯罪嫌疑人或被告人，对不存在违法阻却事由或责任阻却事由并不存在反对意见时，这种推定即告成立，略去了公诉方对于不存在法定或超法规的违法阻却事由及责任阻却事由进行逐一证明的客观证明责任。但当作为当事人一方的犯罪嫌疑人或被告人，对不存在违法阻却事由或责任阻却事由提出疑问时，公诉方就要承担对该事实的客观证明责任。日本刑事诉讼法学者田宫裕将被告人所承担的责任称为证据提出责任，并认为这是应对让或不让被告人承担举证责任都不妥当的折中性思考的产物，是与当事人主义化的刑事诉讼程序的性质及其构造相契合的观点。[2]

3. 争点形成责任说

平野龙一教授对该观点作了以下补充与论证：与英美法中的积极抗辩事由类似，违法阻却事由、责任阻却事由以及法定的刑罚排除事由的主张，是对于原则而言的例外，因此在民事诉讼中本应对主张者分配客观的证明责任，但在刑事诉讼中，为了避免与存疑有利被告人这一难以撼动的证明责任规范相抵触，仅仅将证据提出责任转移给被告人，而客观证明责任仍然存在于检察官身上。当被告人对于该事由提出了保证其存在的充分证据并形成争点时，被告人即履行了证据提出责任，检察官应进而履行客观证明责任，即必须以排除合理怀疑的程度证明该事由并不存在。[3] 在诉讼构造走向当事人主义的背景之下，让被告人承担这种程度的证明责任，并不危及正当程序的保障，根

---

〔1〕 参见［日］平野龙一：《刑事诉讼法》，有斐阁 1958 年日文版，第 183 页。

〔2〕 参见［日］田宫裕：《刑事诉讼法》（新版），有斐阁 1996 年日文版，第 306 页。

〔3〕 参见［日］平野龙一：《刑事诉讼法的基础理论》，有斐阁 1985 年日文版，第 137 页。

据这一政策性判断应被正当化；此外，这种程度的证明责任，相较于被告人一旦质疑，公诉方就应承担不存在刑罚阻却事由的客观证明责任的观点，能有效防止犯罪嫌疑人或被告人滥用责任阻却主张引发程序混乱，也符合诉讼经济原则。[1]

（四）争点形成责任说的实体根据与程序根据

德国民事诉讼法学者罗森贝克教授指出，在将证据的收集交给当事人并由其对此承担责任的诉讼中，事实的不确定性将导致当事人败诉的结果，这样的情况将会产生不言而喻的、立法者所期望的效果，即该当事人努力、也应当努力澄清有争议的构成要件，以避免产生对自己不利的诉讼结果。[2] 据此，证明责任这一概念就同时具有作为承担败诉结果的责任与积极举证的行为责任这两个层面的含义。前者不考虑承担证明责任的当事人的任何证明活动，只考虑诉讼辩论的结果，考虑重要事实的不确定性。与此相对，后者则是指一方当事人为了避免败诉而通过自己的行为对系争事实加以证明的责任。[3] 前者被称为客观的证明责任或实质的证明责任，后者被称为主观的证明责任或形式的证明责任，这一对概念被大陆法系国家广泛采用。与此相对，在英美法系中，首先区分了主张责任与举证责任（burden of proof），而举证责任则由证据提出责任（burden of producing evidence）与说服责任（burden of persuasion）这一对概念构成。说服责任与实质的证明责任是基本相同的概念，而证据提出责任是施加于主张某事实的当事人，在此意义上与形式的证明责任类似。然而，证据提出责任主要是

---

〔1〕 参见［日］松尾浩也：《刑事诉讼中的举证责任》，载《上智法学论集》1957年第1卷第1号，第236页。

〔2〕 参见［德］莱奥·罗森贝克：《证明责任论》（第5版），庄敬华译，中国法制出版社2018年版，第19页。

〔3〕 参见［德］莱奥·罗森贝克：《证明责任论》（第5版），庄敬华译，中国法制出版社2018年版，第20页。

指在陪审中对于将事实认定正当化而提出充分证据的责任，因此如果检察官没有提出充分的证据，被告人就会保持获得对自己有利的指向判决的资格，因此证据提出责任比主观（形式）的证明责任具有更强的法效果指向。[1] 与此相对，主观证明责任是客观证明责任在诉讼程序下的投影，此种"如影随形"的关系决定了，主观证明责任的负担主体、针对对象及其分配规则与客观证明责任是完全一致的，丧失了独立存在的必要性。[2] 换句话说，所谓的主观证明责任其实是在客观证明责任的牵引下而在当事人双方之间呈现出的类似钟摆运动的攻防行为。从事后的、整体的视角来看，主观证明责任可能是客观证明责任的附庸，但这种考察视角难免忽视了每一个钟摆运动产生的内在动因，正是这每一个钟摆运动组成了诉讼活动的整体，在这个意义上，也可以反过来说客观证明责任是由主观证明责任支配而自然形成的结果。例如，承担客观证明责任的当事人如果无法提出充分的证据，那么不用等到对方的反证，法院就可以终结审理判决承担客观证明责任的当事人败诉，反而是在承担客观证明责任的当事人实施了充分证明之后如果对方不进行反证活动才会判对方败诉。这是在民事诉讼中的基本推论，随着刑事诉讼构造的当事人主义化，有必要同时结合实体真实主义的要求、法院对于被告人的监护性地位等因素重新考察被告人对于证明责任的负担。

由于构成要件具有违法推定功能，而正当防卫是作为一种例外的阻却违法的正当化事由，在诉讼程序上，应当存在可以启动证明必要性的条件，无论是举证责任倒置说还是证据提出责任说抑或争点形成责任说，均承认这一点。但在程序上既要遵循存疑有利于被告人这一

---

〔1〕 参见[日]寺崎嘉博：《刑事诉讼法》（第3版），成文堂2013年日文版，第379页。

〔2〕 参见胡学军：《证明责任制度本质重述》，载《法学研究》2020年第5期。在日本刑事诉讼法学界，主流的观点也对主观证明责任这一概念持排斥态度，更多地使用英美法中的证据提出责任这一概念，参见[日]饭野海彦：《刑事诉讼中证明责任转换的考察》，载《立教法学》1996年第44卷。

无罪推定理念的要求,又要防止犯罪嫌疑人或被告人毫无根据地空口主张正当防卫,从而启动公诉方的客观证明责任。据此,证据提出责任说具有一定的合理性,只是在应当提出指向什么方向、达到怎样证明程度的证据这一点上必须进一步加以明确,而争点形成责任说刚好为证据提出责任说提供了明确的方向,因此具有合理性。针对犯罪嫌疑人或被告人获取并提供证据具有现实困难这一质疑,可以作以下考虑:构成要件该当性为实质违法性的判断提供了评价对象,构成要件该当性对于违法性的推定功能也是据此实现的。因此,关于是否成立正当防卫这一争点的证据,在检察官为证明构成要件事实而提出的证据中,经常已经包含了关于存在违法阻却事由的相关证据,从证据共通原则出发,[1]检察官对于构成要件事实相关证据的展示,即可视为被告人已经完成与争点形成相关的证据提出责任。据此,犯罪嫌疑人或被告人的证据提出责任实际上被原则性免除,降低到主张责任的层面。

虽然争点形成责任说具有合理性,但如果笼统地将这里的"争点"归结为是否成立正当防卫,还是过于抽象,有必要进一步结合《刑法》第20条关于正当防卫的具体规定,细化在正当防卫成立要件中可能形成的争点,以及在这些争点上的证明责任分配问题。

---

〔1〕 证据共通原则一般适用于民事诉讼中,是指受诉法院对某一证据进行调查的结果,不仅可以作为证明申请证据调查的当事人所主张的事实之证据资料,也可以作为证明未申请证据调查的当事人所主张的事实之证据资料,并且不以当事人援引该证据调查的结果为必要。从当事人的角度来看,证据共通原则强调举证人提出的证据一旦为受诉法院调查,其所形成的证据调查的结果不仅可以为举证人自己的利益而利用,也可以为其他当事人的利益而利用。参见占善刚:《民事诉讼中的证据共通原则研究》,载《法学评论》2012年第5期。证据共通原则体现出了对法官心证的同一性要求,是防止证据突袭、裁判突袭,实现双方当事人平等对抗的重要制度,在诉讼构造不断当事人主义化的刑事诉讼中,也应贯彻证据共通原则。

三、正当防卫的争点形成责任

我国《刑法》第20条规定了正当防卫的成立条件及其法律效果，在2020年8月28日最高人民法院、最高人民检察院、公安部出台的《关于依法适用正当防卫制度的指导意见》(以下简称《正当防卫制度指导意见》)中，重点指明了关于正当防卫的起因条件、时间条件、对象条件、意图条件、限度条件、特殊防卫条件等问题的认定意见，可以说，这些具体条件正是关于正当防卫认定的争点所在。那么，在这些争点上，犯罪嫌疑人或被告人应承担的争点形成责任具体是什么，当其完成了该争点形成责任后，公诉方又应当完成怎样的证明责任，有待进一步澄清。

值得注意的是，在上述正当防卫具体成立条件的判断上，存在事前判断与事后判断这两重不同的判断视角，采取哪种判断视角，将影响证明责任的分配。具体而言，事前判断立足于行为当时，以行为当时的客观情状作为判断资料，从平行的社会一般人的视角出发设身处地地判断某行为的危险程度或对行为规范的侵犯程度。与此相对，事后判断则立足于裁判当时，以从行为当时到裁判当时这一过程中发生的客观情状作为判断资料，从裁判者的视角出发判断某行为是否具有可罚性。[1] 事前判断与事后判断之间存在对应关系，也就是说，所有在刑法上具有意义的事后判断(ex－post－Urteil)都以事前判断(ex－ante－Urteil)为前提，通过事前判断，事后判断所能波及的范围才得以设定，事后判断不得超越事前判断所设定的框架范围。[2] 据此，在正当防卫的成立条件中，应区分事前判断与事后判断的判断主体、视角、资料和范围，被告人对每个正当防卫成立条件的判断只能是事前判断，与此相对，公诉人和法官的判断则是事后判断。因此，在诉讼程序

---

〔1〕 参见[日]高桥则夫:《刑法总论》(第4版),成文堂2018年日文版,第68页。

〔2〕 See Tobias Rudolph, Das Korrespondenzprinzip im Strafrecht, a. a. O., S. 1, 17f., 44f.

上能够要求被告人提供的证据只能是为事前判断提供基础的判断资料,不能以事后判断的视角强行要求被告人提供用于事后判断的证据。在正当防卫的成立条件中,防卫限度属于事后判断的范畴,应由公诉方承担防卫行为是否明显超过必要限度造成重大损害的证明责任,而防卫的起因条件、时间条件、防卫意思条件等均存在事前判断与事后判断的双重判断问题,由此也产生证明责任的分配问题。

(一)起因条件的证明责任分配:被告人证明自己面临侵害,公诉方证明不存在实际侵害或侵害并不违法

正当防卫呈现出了"正对不正"的基本构造,防卫行为的实施以不法侵害的存在为前提,当在是否存在不法侵害这一点上存在争议时,直接关系到是否成立正当防卫,只有得出肯定结论,才有必要接着判断其他条件是否成立。正当防卫作为违法阻却事由,是在行为满足构成要件该当性之后判断的,而构成要件该当性的证明责任在于公诉方。这就意味着,当在是否成立正当防卫上存在争议时,公诉方已经证明了犯罪嫌疑人或被告人实施了某种侵害行为。此时,被告人简单地否认自己实施的是侵害行为并不足以发动公诉方证明正当防卫不成立,被告人对证明责任的负担应达到足以形成争点的程度才能发动公诉方释明该争点。于是,形成关于"不法侵害"争点的责任就落在被告人对于实施构成要件行为的客观理由说明之上。换言之,被告人应说明自己是在面临什么情况下实施了该侵害行为,当该理由有可能被评价为"不法侵害"时,即形成争点。

关于这里的不法侵害,《正当防卫制度指导意见》指出:"不法侵害既包括侵犯生命、健康权利的行为,也包括侵犯人身自由、公私财产等权利的行为;既包括犯罪行为,也包括违法行为。不应将不法侵害不当限缩为暴力侵害或者犯罪行为。对于非法限制他人人身自由、非法侵入他人住宅等不法侵害,可以实行防卫。不法侵害既包括针对本人的不法侵害,也包括危害国家、公共利益或者针对他人的不法侵害。

对于正在进行的拉拽方向盘、殴打司机等妨害安全驾驶、危害公共安全的违法犯罪行为，可以实行防卫。成年人对于未成年人正在实施的针对其他未成年人的不法侵害，应当劝阻、制止；劝阻、制止无效的，可以实行防卫。”由此可见，关于是否存在不法侵害的判断，从事前判断的视角来看，只要在被告人对被害人实施侵害行为的当时，被害人正对被告人或其他人施加某种侵犯，破坏了包括被告人在内的平行社会一般人共同承认并遵守的行为规范，即存在被告人视角的不法侵害，被告人应提供证据证明这一点。对于公诉方而言，则应以被告人的这种判断为基本前提，结合被告人的侵害行为实施之后到裁判当时的客观事由，证明基于事前判断所得出的不法侵害实际上并不存在，或者该“不法侵害”是由被告人事先创设或挑拨引发，且被害人侵犯的程度极其轻微，完全在行为规范所应容忍的限度范围内，否则法官应认定不法侵害的存在。

1. 假想防卫的认定

当被告人在当时的情状下以为存在不法侵害，但事后经证明并不存在时，在这种认识错误之下所实施的防卫行为，在刑法上称为假想防卫。关于假想防卫的处理，在刑法上存在诸多观点的争论，[1]但在司法实践中，除非有证据证明被告人在当时的情况下存在避免陷入错误的可能性，否则假想防卫的案件一般作为过失犯或者无罪处理，这背后很大程度上是事前判断与事后判断的对应原则对于证明责任的分配机制所发挥的作用。例如，在“蔡某故意伤害案”中，被告人蔡某准备加油时，见一名加油站员工正追赶手拿挎包的被害人管某丁，以为发生了抢劫，遂驾车拦截被害人管某丁；当被害人管某丁逃跑时，被

[1] 假想防卫一般被纳入违法性认识错误的框架下处理，大体而言，存在违法性意识必要说与违法性意识不必说，其中违法性意识必要说分为故意说与责任说，故意说与责任说在违法性意识是属于责任故意的内容还是独立的责任要素这一点上存在分歧，根据违法性意识需要现实具备还是只要具有认识的可能性，故意说分为严格故意说与限制故意说，而责任说分为严格责任说与限制责任说。

告人蔡某驾车加速追赶,致被害人管某丁被其车辆碰撞压于车底后拖行数米,所驾车辆经采取制动措施并撞到路边树木后停止,被害人管某丁经送医院抢救无效死亡。经法医鉴定,被害人管某丁系钝性外力作用致创伤性失血性休克、胸腹部多脏器损伤死亡。[1] 该案中,公诉方向法庭展示并经过质证的证据中能够确定被告人蔡某是在误认为发生抢劫的情况下驾车拦截管某丁,公诉方在这一点上并不存在疑问,于是,被告人已经完成了关于"不法侵害"的争点形成责任。公诉方首先完成了"不法侵害"这一防卫前提实际上并不存在的证明,也就是管某丁实际上是被患有精神病的唐某追赶,而非因抢劫被追赶。这是一种事后判断,从对应原则出发,事后判断不得超越事前判断所设定的框架范围,如果从平行的社会一般人视角出发,存在不法侵害是显而易见的,也就是在"不法侵害"上陷入认识错误是不可避免的,那么就不能将事后判断的结果归属于行为人,否则可能陷入结果责任的窠臼中。该案中,在加油站加油的目击证人廖某也以为"穿便服男子抢了东西",并准备去抓捕。由此可见,从行为当时的客观情况来看,已经足以使平行的社会一般人认为存在现实的不法侵害,原则上应排除行为人的违法性认识,进而阻却行为人的故意或者责任,除非有证据证明这种违法性认识错误可以避免。是否可以避免在很大程度上取决于当时情况的紧急程度、行为人的认知能力等。关于这一点,公诉方提出追逐的二人既未持械,被害人又没有严重危及他人人身安全的行为,被告人蔡某使用车辆作为工具驱车拦截,有失妥当。但这并不是针对被告人可避免违法性认识的证据和理由,而是在认识错误的基础上防卫行为过当的证据。法院清楚地区分了是否假想防卫和防卫过当的问题,在裁判理由中指出:考虑该案被告人蔡某误认为被害人管某丁是违法犯罪人员而不当使用车辆拦截的起因,其主观恶性相

---

[1] 参见广东省广州市中级人民法院刑事附带民事判决书,(2012)穗中法刑一初字第385号。

对较小,法院决定对其减轻处罚。

2. 挑拨防卫的认定

如果行为当时,被告人所面对的不法侵害实际上是由自己创设出来,在这种表面上允许防卫的情境下对被害人实施侵害行为,在刑法上被称为“挑拨防卫”,此时有可能通过否定不法侵害的存在而直接否定正当防卫的成立。例如,在“刘某胜故意伤害案”中,被告人刘某胜与黄某甲非婚生育4名子女。2016年10月1日晚9时许,被告人刘某胜与黄某甲因家庭、情感问题发生争吵,刘某胜打了黄某甲两耳光。黄某甲来到其兄长黄某乙的水果店,告知黄某乙其被刘某胜打了两耳光,让黄某乙出面调处其与刘某胜分手、孩子抚养等问题。黄某乙于是叫上在水果店聊天的被害人李某某、毛某某、陈某某,由黄某甲带领,于当晚10时许来到刘某胜的租住处。黄某乙质问刘某胜,双方发生争吵。黄某乙、李某某各打了坐在床上的刘某胜一耳光,刘某胜随即从被子下拿出一把菜刀砍伤黄某乙头部,黄某乙逃离现场。李某某见状欲跑,刘某胜拽住李某某,持菜刀向李某某头部连砍三刀。毛某某、陈某某、黄某甲随即上前劝阻刘某胜,毛某某、陈某某抱住刘某胜并夺下菜刀后紧随李某某跑下楼报警。经鉴定,黄某乙的伤情属于轻伤一级,李某某的伤情属于轻伤二级。[1] 该案中,刘某胜辩称:“有一个跟他们一起来的男子什么话也没有说就动手打了我两个巴掌,并在我的头部打了两拳。黄某乙当时对他带来的人说:‘打他。’我听到这里就在床上拿起一把砍骨刀对着黄某乙砍过去,黄某乙被我砍到了头部。那个打我的男子想转身离开,我一手抓住他的衣服,在他的头上砍了三刀。”结合该案的其他证据,已经证明刘某胜所说为真,据此,刘某胜已经完成了自己是在面对不法侵害的情形下实施反击行为的举证责任。针对这一点,公诉方举证说明黄某乙之所以带人到刘某胜住处,是刘某胜事先打了黄某乙的妹妹黄某甲,黄某乙等人是在刘某胜

[1] 参见广东省佛山市禅城区人民法院刑事判决书,(2017)粤0604刑初94号。

扔下钥匙后才开门进入的，并且不是一进门就殴打刘某胜，而是在沟通中双方起冲突才打了刘某胜两巴掌。根据这些证据，公诉方试图证明刘某胜所面对的不法侵害是程度极其轻微的侵害，尚不足以发动防卫权，其拿起砍骨刀砍伤黄某乙及李某某的行为是纯粹的攻击行为。这一点最终得到法院的支持。

（二）时间条件的证明责任分配：被告人证明自己感受到侵害已经开始尚未结束，公诉方证明侵害并不具有法益侵害的急迫性

《刑法》第 20 条明确规定了不法侵害必须“正在进行”，这一般被理解为正当防卫的时间条件，关于这一时间条件的理解，存在形式说与实质说两种进路。形式说认为，《刑法》第 20 条只要求不法侵害“正在进行”，并未添加其他限定词，因此在不法侵害开始之后，只要尚未结束，防卫人均可进行防卫。[1] 这里的“已经开始，尚未结束”表面上看起来清晰明了，但实际上是以问答问，陷入循环论证之中。与此相对，实质说试图通过某种标准限定不法侵害正在进行的范围，以从循环论证中解脱出来。例如，有观点从宪法上的国家基本权保护义务的视角出发，认为对于防卫前提条件的“正在进行的不法侵害”的解释，应同时符合不足禁止原则与过度禁止原则的要求，如果说不法侵害的现存性为不足禁止原则提供根据的话，那么不法侵害的程度则为过度禁止原则提供了支撑。所以，当现实的不法侵害存在的时候，防卫权便能成立，但也只有当不法侵害达到某种严重程度，亦即具备法益侵害的急迫性的时候，被害人才能发动防卫权。[2]

防卫权作为一项保障国民生命、身体、自由、财产等基本权利的防御性权利，其本身当然也是一种基本权，但在原则上禁止私力救济的现代法治国家，防卫权的发动应受严格限制。从这一立场出发，应肯

---

〔1〕 参见劳东燕：《正当防卫的异化与刑法系统的功能》，载《法学家》2018 年第 5 期。

〔2〕 参见李世阳：《正当防卫中法益侵害急迫性的存立根据与司法认定》，载《中外法学》2021 年第 1 期。

定实质说进路的合理性。不仅如此,上述的实质说还预设了关于防卫时间条件的证明责任分配规则,并在证明责任的分配中消解形式说与实质说的对立。具体而言,关于防卫时间条件的判断,根据其判断视角是事前还是事后,所得出的结论很可能并不一致。事前判断的防卫时间对应形式说的范围,而事后判断的防卫时间则对应实质说的范围。根据上述的事前判断与事后判断的对应原则,关于防卫时间条件的争议焦点应该在事前判断的阶段已经形成,而被告人对于该争点的形成负有证明责任,也就是说,被告人应证明在当时的情况下自己所面临的侵害威胁尚未解除;与此相对,公诉方应证明法益侵害的现实性、急迫性已经消失或者下降到不足以发动防卫权的程度。

例如,在"涞源反杀案"中,王某元、赵某芝持木棍、菜刀与王某对打,王某倒地后两次欲起身。王某元、赵某芝担心其起身实施侵害,就先后用菜刀、木棍连续击打王某,导致其颅脑损伤合并失血性休克死亡。该案的焦点问题便是被害人王某倒地后,不法侵害是否还处于"正在进行"状态,这直接决定了正当防卫的成立与否。公诉机关在审查起诉时已经关注到了防卫时间条件问题,并两次退回补充侦查以查明是否符合防卫时间的相关证据。该案中,现有证据已经证明不法侵害人王某突然持凶器翻墙入宅实施暴力侵害,据此,住宅内的王某元一家的人身安全、自由、财产、住宅安宁等基本权利面临极度威胁,这种威胁程度是一种你死我活的较量,对王某元一家而言,是至死方休的战斗。因此,公诉方应以排除合理怀疑的程度证明王某对王某元一家的人身威胁已经完全解除,才能否定不法侵害"正在进行",而从"倒地后两次欲起身"这一供述证据来看,无法完成这一证明责任。据此,公诉机关肯定了防卫的时间条件:王某身材高大,年轻力壮,所持凶器足以严重危及人身安全,王某虽然被打倒在地,但两次试图起身,王某元、赵某芝当时不能确定王某是否已被制伏,担心其再次实施不法侵害行为,又继续用菜刀、木棍击打王某,与之前的防卫行为有紧密连续性,属于一体化的防卫行为。[1]

(三)防卫意思的证明责任分配:被告人证明自己具有回避侵害的意图,公诉方证明被告人仅具有单纯的积极加害意思

关于正当防卫的成立是否需要防卫意思,在刑法学界历来存在防卫意思必要说和防卫意思不必说的争论。这两种观点的对立是从违法性的本质之争派生出来的,具体而言,防卫意思必要说立足于行为无价值论的基本立场,主张违法性评价对象应包含主观要素在内,因此也必须承认主观的正当化要素之存在,当以明确的攻击意图实施攻击行为,并如行为人所预期而惹起结果发生,如果肯定正当防卫之成立,等于在保护不法者或不正者,从而明显违反谋求维持法秩序之正当防卫意旨。[2] 与此相对,防卫意思不必说立足于结果无价值论的基本立场,主张违法的本质是法益侵害而不是规范违反,更不是伦理违反或社会相当性的缺乏,一个行为之所以阻却违法性,要么是它保护了更为优越或至少同等的法益,要么是被害人放弃了法益的保护。[3] 本书认为,正当防卫的评价对象首先是行为,任何行为都由表现于客观外在的身体动静的体素和源于行为人主观内在的心素即行为意思组成。诚如维特根斯坦所问:“从我将手臂抬起来这一事实出发,当除去我将手臂抬起来这一事实,还剩下什么?”[4] 从古典的意思

---

〔1〕 参见《关于对“涞源反杀案”决定不起诉有关情况的通报》,载最高人民检察院官网,https://www.spp.gov.cn/zdgz/201903/t20190303_410071.shtml;类似的案例参见最高人民检察院发布6起正当防卫不捕不诉典型案例之一:甘肃省泾川县王某民正当防卫不批捕案,该案中,公诉方认定:潘某倒地后欲持匕首起身,仍有可能继续实施侵害,不法侵害的现实危险性仍然存在,应当认定为不法侵害已经开始,尚未结束,仍处于“正在进行”中。参见《正当防卫不捕不诉典型案例》,载最高人民检察院官网,https://www.spp.gov.cn/xwfbh/dxal/202011/t20201127_487575.shtml。

〔2〕 参见陈子平:《刑法总论》(2008年增修版),中国人民大学出版社2009年版,第178页。

〔3〕 参见张明楷:《论偶然防卫》,载《清华法学》2012年第1期。

〔4〕 [奥]维特根斯坦:《哲学研究》,李步楼译,商务印书馆1996年版,第134页。

理论出发,答案只能是行为意思。

在构成要件该当性与违法性阶段,其评价的对象都是构成要件行为,构成要件行为与防卫行为具有同一性,在客观外在表现上完全一致,而构成要件行为是在攻击意思的支配之下实施的,于是,构成要件行为要转变为防卫行为,关键就在于防卫意思的有无。换言之,防卫意思承担着将构成要件行为转变为防卫行为的性质转变功能,应将其作为防卫行为的主观正当化要素。[1] 在这个意义上,本书支持防卫意思必要说的基本立场。防卫意思与故意一样由认识要素和意志要素组成,防卫认识,是指对防卫前提条件即“正在进行的不法侵害”的认识,防卫意志,是指通过防卫行为的实施所欲达成的目的追求。在刑法学界,围绕《刑法》第 20 条第 1 款条文中明确规定的“为了”这一文言表述,在防卫意思的有无及其内容上产生诸多争议。[2] 具体而言,即使在防卫意思必要说内部,关于防卫意思内容的理解也不一致,可以说大体上形成了防卫认识说和防卫意志说的分歧。很显然,这两种观点的对立是从关于故意的认定学说中派生出来的。在故意的认定上,同样存在认识说和意志说的对立,其中,意志说占据主流地位,这很大程度上取决于我国《刑法》第 14 条关于故意犯罪的规定中使用了“希望或者放任”这样的表述。不可否认,故意由认识要素和意志要素组成,然而,这两者并不是一种并列的平行关系,而是一种递进的推定关系。具体而言,行为人对客观外在事象的认知程度决定了其主观内在的欲求与动机,这种欲求与动机本身飘忽不定,只能通过客观外在事象进行推定,因此故意的认定仅需要考虑认识因素,意志因素以认识因素的具备为基础并由认识因素推定,意志因素本身只是一种量

---

〔1〕 参见[日]大塚仁:《刑法概说(总论)》(第 4 版),有斐阁 2008 年日文版,第 390 页。

〔2〕 一般都从“为了”这一表述得出防卫意思必要说的结论,但也有学者将“为了”解释为“由于”“因为”,从而得出防卫意思不必说的结论。参见张明楷:《论偶然防卫》,载《清华法学》2012 年第 1 期。

刑情节。[1] 在这个意义上，故意认定的客观化不可避免，也只有将故意客观化，实体法上的故意概念才有可能在程序法中获得可操作性。例如，在故意杀人罪中关于杀意的认定上，应根据以下客观情况证据综合认定：被告人的供述；使用的凶器种类及其用法；捅刺的次数；创伤部位与程度；犯行的前后经过以及被告人在此过程中的言行举止；被害人的位置、状况、态度；被害人是否具有易怒冲动的性格等。[2]

由此可见，刑法中主观要素的客观化趋势是不可避免的，防卫意思也不例外，因此防卫意思的认定应集中于防卫认识上，也就是对"正在进行的不法侵害"的认知，但基于防卫意思所承担的将侵害行为转变为防卫行为的功能，防卫人仅仅认识到侵害事实的存在并不足够，而应当在此基础上形成侵害排除意思。但这里的侵害排除意思的具体内容，根据对正当防卫的正当化根据的不同理解，其侧重点各有不同。具体而言，关于正当防卫的正当化根据，存在以本能说为代表的个人主义和以法秩序确证说为代表的超个人主义这两种进路。[3] 如果将正当防卫的正当化根据诉诸人的求生本能或趋利避害本能，那么这里的侵害排除意思就只是一种单纯的应对侵害、避免侵害的心理状态；与此相对，如果认为正当防卫的正当化根据在于法秩序的确证或社会相当性或优越的利益说，那么这里的侵害排除意思就被附上了积极的正义动机，也就是通过防卫行为的实施从而实现抵抗不法侵害、弘扬社会正气的目的欲求。本能说从防卫人与加害人之间的法益冲突状态中寻求防卫的正当化根据，凸显防卫行为的锐利性、本能性、紧

〔1〕 参见李世阳：《故意概念的再定位——中国语境下"盖然性说"的展开》，载《政治与法律》2018年第10期。

〔2〕 参见［日］铃木享：《刑事法中的主观要素与情况证据问题》，载《综合法学》1963年第61号，第27页。

〔3〕 参见［德］米夏埃尔·帕夫利克：《康德和黑格尔的正当防卫理论》，赵雪爽译，载江溯主编：《刑事法评论：刑事法治新视野》，北京大学出版社2018年版，第123页。

急性特征，防卫人作为有血有肉的个体去对抗他人的侵害，在此极端情境下产生的试图回避侵害的意思即为防卫意思。与此相对，法秩序确证说则将防卫人视为国家的代表、正义的化身，在国家不在场的极端情况下代表国家对抗不法行为。[1] 然而，该立场存在将国家基本权保护义务转嫁给面临不法侵害的防卫人这一嫌疑，这将在极大程度上增加防卫人的负担，从"紧急状态无法律"这一格言出发，防卫人只需要具有为自己而战的认识就足够了。总而言之，防卫意思虽然是必要的，但仅仅是一种认识到不法侵害的存在并想要加以避免的单纯心理状态。由于这种心理状态是在防卫人面临急迫不法侵害的危险场景中激发出来的，防卫人在实施反击之际，一般都会伴随激愤、恐惧、歇斯底里等情绪因素，据此而作出的事后看起来不理智、不冷静的反击行为，也不能直接否定防卫意思的存在，否则就超越了事前判断所设定的框架范围，违反对应原则。

据此，关于防卫意思的证明责任分配，只要防卫人提出相应证据证明自己认识到客观存在的不法侵害，就履行了关于防卫意思的争点形成责任。公诉方应以排除合理怀疑的程度证明被告人完全不具有防卫意思，如被告人并不具有回避侵害的意思，或者仅具有单纯的积极加害意思等。在互殴案件以及不法侵害结束后防卫人仍然实施攻击行为的案件中，防卫意思的认定经常成为焦点。以下结合案例进行讨论。

1. 互殴案件中防卫意思的证明

在可能成立正当防卫的案件中，防卫人与加害人之间一般都陷入打斗状态，而一旦陷入打斗状态，在司法实践中很容易被认定为"互殴"，进而从"打架两成败"的固有观念出发，直接否定正当防卫

---

〔1〕 对于法秩序确证说的全面批判性考察，参见徐万龙：《正当防卫中法确证原则之批判》，载《环球法律评论》2021 年第 1 期。

的成立。[1] 这一观点的逻辑思路可以总结为:互殴的双方都怀着攻击意思互相攻击,没有防卫意思可言,双方的行为都是不法侵害行为,不符合正当防卫呈现出的“正对不正”的基本构造。[2] 不难看出,该观点可能存在以下问题:第一,仅关注行为人与被害人之间陷入法益冲突状态下的互殴行为,未充分关注形成该法益冲突的紧急状态的全过程。第二,忽视了防卫行为本身就是一个具有构成要件该当性的攻击行为,是否具有防卫意思正是将该攻击行为转化为防卫行为的关键,因此防卫意思的有无要单独认定,直接以攻击行为的存在为理由否定防卫意思,必然陷入循环论证的怪圈。第三,完全忽视事前判断,以事后判断代替事前判断,脱离了防卫场景的紧急性特征,将防卫行为从人的趋利避害本能中抽离出来。为了克服这些弊端,防卫意思有无的认定应区分事前判断的范畴与事后判断的范畴,置身于行为当时的场景,从平行的社会一般人出发判断行为人是否具有认识并回避侵害的意思,设定关于防卫意思判断的框架,裁判当时司法工作人员关于防卫意思有无的认定,不得超越该范围。据此,在防卫意思的证明责任分配上,被告人所承担的争点形成责任仅限于启动事前判断,也就是提出证据表明自己身陷他人的侵害威胁之中,为了回避该侵害威胁而实施反击行为。与此相对,当且仅当公诉方以排除合理怀疑程度证明行为人实施的反击行为完全是在积极加害而非回避侵害的行为意思支配之下实施,才能排除防卫意思进而否定正当防卫的成立,至于行为人是为了自己而防卫还是为了他人而防卫,并不影响防卫意思的成立。

例如,在“周某瑜故意伤害案”中,公诉机关指控被告人周某瑜

---

〔1〕 参见周光权:《正当防卫的司法异化与纠偏思路》,载《法学评论》2017 年第 5 期。关于“打架两成败”这一格言的法理考察,参见[日]盐见淳、李世阳:《打架与正当防卫——以“打架两成败”的法理为线索》,载《刑事法评论》(第 40 卷),北京大学出版社 2017 年版。

〔2〕 参见陈兴良:《互殴与防卫的界限》,载《法学》2015 年第 6 期。

构成故意伤害致人死亡罪，所依据的事实如下："周某瑜与其丈夫张某于2012年12月24日21时许，途经北京市昌平区某红绿灯处，因被害人朱某的朋友段某驾车拉载朱某、刘某等人险些撞到张某和周某瑜而发生口角并互殴，过程中，周某瑜使用捡拾的水泥板砸击朱某的头部，造成朱某因颅脑损伤于同年12月30日抢救无效死亡。"然而，关于这里的"发生口角并互殴"，结合被告人供述与多名证人的证言，可以还原出以下事实：周某瑜与其丈夫张某差点被段某驾驶的汽车撞到，张某骂了对方一句，接着从车上下来了朱某、刘某、郭某、杨某4个人，朱某抓住张某衣领并用左手打张某的脸，周某瑜上来拉张某，刘某、郭某、杨某3人加以阻止并打了周某瑜的嘴、踢周某瑜的肚子，张某拿出手机交给周某瑜并让她报警，朱某等4人将张某按倒在地上后跑开，张某追上了朱某，两人厮打，朱某骑在张某身上掐张某脖子，张某抓着朱某的衣服，与此同时，刘某、郭某、杨某3人对躺在地上的张某拳打脚踢，此时，周某瑜从路边捡了一块水泥板砖砸朱某的后脑勺。[1]

以上事实是由公安机关通过法定侦查措施获取并经过质证、辩论的证据加以证实的，至此，被告人周某瑜已经完成了关于防卫意思的争点形成责任。具体而言，周某瑜与张某面对来自朱某等4人突如其来的侵害，在人数与力量上明显处于劣势，在张某被朱某等4人围殴之际，周某瑜从路边捡起水泥板砖砸向朱某后脑勺的行为，是为了将其丈夫张某解救出来。如果公诉机关承认以上事实的话，完全无法直接得出被告人不具有防卫意思的结论，因为这才是待证事实。然而，公诉机关却主张："周某瑜看到张某和被害人扭打在一起，即持砖块打击被害人的要害部位头部，导致被害人死亡，从当时的情形看，被害人趴在张某身上，只是用手揪着张某，案发后经对张某的伤情鉴定，未见明显外伤，可见当时的情形不符合防卫的法定条件，故周某瑜的行为

[1] 参见北京市高级人民法院刑事判决书，(2013)高刑终字第578号。

不属于正当防卫,建议二审法院驳回周某瑜的上诉,维持原判。”由此可见,公诉机关以行为人事后事实上的受伤情况否定行为当时所面临的紧急的、重大的人身安全威胁,完全不顾该案发生的整体经过,尤其是陷入冲突的起因和双方之间的实力对比情况,仅仅截取出双方扭打的片段便得出互殴的结论,并据此否定防卫意思的存在。这是典型的以事后判断取代事前判断,形成了后见之明偏见。要否定行为人的防卫意思,公诉方应以达到排除合理怀疑的程度证明行为当时并不存在急迫的不法侵害,或者行为人在完全掌控局面的情况下仍然纯粹地以积极攻击的意思加害对方。由此可见,公诉方在该案中显然没有完成其证明责任。

2. 积极加害意思的证明

防卫意思承担着将加害行为转化为防卫行为的性质转化功能,当行为人在单纯的积极加害意思支配下实施攻击行为时,该行为就不能被认定为防卫行为。这主要表现在以下两种情形中:第一种情形是行为人已经预期到对方的攻击,并在此时利用反击机会侵害对方。第二种情形是行为人通过自己的实力消除了不法侵害之后,明知对方已不可能继续实施侵害行为,仍然向对方实施加害行为。以下分别讨论。

(1)预期侵害情形中防卫意思的证明

对于第一种情形,《正当防卫制度指导意见》指出:对于故意以语言、行为等挑动对方侵害自己再予以反击的防卫挑拨,不应认定为防卫行为。日本最高裁判所在一则判决中作了进一步说理:当在急迫不正的侵害这一紧急状况下无法期待通过公共机关寻求法律上的保护时,应例外地容许为排除侵害的私人对抗行为。关于侵害的急迫性这一要件,并不能从已经预期到了侵害这一点出发直接得出丧失这一要件的结论,而应参照包含先行于对抗行为的情景在内的行为整体状况进行检讨。具体而言,根据具体案件事实,考虑行为人与对方之间从前的关系、被预期的侵害内容、侵害的预期程度、侵害回避的容易程度、奔赴侵害场所的必要性、停留于侵害场所的相当性、对抗行为的准备状况(尤其是凶器准备的有无以及所准备的凶器的性能状况等)、实际的侵害行为的内容与被预期的侵害的异同、行为人面临侵害时的状况以及在此之际的意思内容等因素,当可以评价为行为人以利用该机会而向对方积极地实施加害行为的意思来实施侵害时,应该说就不满足侵害的急迫性要件。[1] 这一判决为防卫意思的客观化指明了方向,与此同时,也为证明责任的分配划定了范围。[2] 具体而言,该判决明确列举出了关于防卫意思的7种客观的考虑因素,被告人只要就其中一种因素提出证据加以证明,即完成争点形成责任,而公诉方则应参照双方冲突前、冲突中、冲突后的整体情况,以达到排除合理怀疑程度证明被告人不具有防卫意思,否则从存疑有利于被告人原则出发,应推定被告人具有防卫意思。

例如,在胡某平故意伤害案中,被告人胡某平与同事张某兵因搬材料问题发生口角,张某兵扬言下班后要找人殴打胡某平,并提前离厂。胡某平从同事处得知张某兵的扬言后即准备两根钢筋条并磨成锐器后藏在身上。当天下午5时许,张某兵纠集邱某华、邱某道随身携带钢管在公司门口附近等候。在张某兵指认后,邱某道上前拦住正要下班的胡某平,要把胡某平拉到路边,胡某平不从,邱某道遂打了胡某平脸部两个耳光。胡某平遭殴打后随即掏出携带的一根钢筋条朝邱某道的左胸部刺去,并转身逃跑。邱某道左胸部被刺后导致休克、心包填塞、心脏破裂,损伤程度为重伤。[3] 该案中,被告人胡某平通过证人证言证明了张某兵扬言下班后要找人殴打自己,才准备两根钢筋条并磨成锐器后藏在身上,当天下班后,张某兵果然伙同邱某华、邱

---

〔1〕 日本最高裁判所平成29年(2017年)4月26日刑事判决书。

〔2〕 参见[日]前田雅英:《正当防卫的急迫性判断与主观的违法要素》,载[日]高桥则夫、[日]山口厚、[日]井田良等编:《日高义博先生古稀祝贺论文集》(上卷),成文堂2018年日文版,第216页。

〔3〕 参见陈兴良、胡云腾主编:《人民法院刑事指导案例裁判要旨通纂》,北京大学出版社2013年版,第458页。

某道围殴自己，在对方人多势众且事先动手的情况下掏出钢筋条并朝对方刺去。至此，被告人已经完成了自己具有防卫意思的举证责任，即认识到了不法侵害并试图回避该侵害。然而，公诉方却主张被告人胡某平主观上具有斗殴的故意，被害人的不法侵害行为不具有伤害人身的严重性和急迫性，胡某平的行为不具备防卫性质。这显然是截取了被告人提前准备了磨成锐器的钢筋条以及在被打了两个耳光后即掏出钢筋条朝对方刺去这两个片段，用来证明被告人主观上具有斗殴故意。然而，这明显是以偏概全、结论先行的证明，忽视了先行于对抗行为的诸多事实，忽视了双方之间在人数上的对比，忽视了张某兵等人携带钢管的客观事实。在此基础上，将行为是否具有防卫性质与是否成立在防卫限度内的正当防卫相混淆。因此，这种程度的证明并不足以采信。关于这一点，《正当防卫制度指导意见》指出：双方因琐事发生冲突，冲突结束后，一方又实施不法侵害，对方还击，包括使用工具还击的，一般应当认定为防卫行为。不能仅因行为人事先进行防卫准备，就影响对其防卫意图的认定。值得一提的是，该案的一审法院及二审法院一致认定：被告人胡某平在下班的路上遭到被害人邱某道殴打时，为了制止正在进行的不法侵害，掏出钢筋条刺伤被害人邱某道，其行为属于防卫行为，但鉴于被害人邱某道实施不法侵害时并未使用凶器，尚未严重危及人身安全，而被告人胡某平却使用锐利的钢筋条进行防卫，并致被害人邱某道重伤，其防卫行为明显超过必要限度，属于防卫过当。

(2)不法侵害消除后的攻击行为是否具有防卫意思

在司法实践中经常会出现不法侵害结束后防卫人继续实施攻击行为致对方死伤的情形，此时司法机关经常会以行为人在积极加害意思的支配下实施侵害行为为由，否定正当防卫的成立。否定的主要理由就是后续的攻击行为已经丧失了防卫意思，然而，这种情形显然不能“一刀切”，需要综合考虑前行为与后行为之间的关系、行为人在当时情境下的应激反应、后行为的侵害样态等因素，确定将前行为与后行为作一体化处理还是分断化处理。只有在作分断化处理的情形中，才能排除后行为的防卫意思。在证明责任的分配上，被告人只要提出相关证据证明在当时的情况下认为对方仍有侵害可能性，即完成其在防卫意思上的争点形成的证明责任，公诉方需要以达到排除合理怀疑程度证明在当时的情况下不法侵害已经完全解除并且行为人清楚地认识到这一点，却仍然以积极加害意思攻击对方致其死伤，否则应推定防卫意思的存在。

例如，在“王某明故意伤害案”中，被害人赵某钰的朋友刘某调戏了被告人王某明的妻子潘某。王某明得知后，打了刘某几个耳光。刘某被打后，打电话给赵某钰，让其过来帮忙，意图报复王某明夫妻。次日凌晨，刘某和赵某钰等5人来到湖贝新村186栋一楼，对王某明夫妻进行殴打。被打后，王某明拿出店内的西瓜刀将在场的人乱砍一通，赵某钰等人随即逃散。王某明仍持刀对被害人赵某钰进行追击，并在追击过程中砍伤被害人左手。随后民警接到报警，到场将被告人王某明抓获。经鉴定，被害人赵某钰所受损伤属轻伤二级。[1]

该案中，通过庭审质证，控辩双方均无异议地认可的基本事实有以下4点：一是被害人赵某钰一方5人对被告人王某明夫妻实施了殴打，带给王某明直接的不法侵害；二是王某明在受到侵害时进行了反击；三是实施侵害的赵某钰等人因赤手空拳，无力应对王某明持刀乱砍而被迫逃离现场；四是王某明持刀对赵某钰进行追砍，并造成赵某钰轻伤。在以上事实已经通过合法证据加以证明的前提下，被告人事实上已经完成了在持刀追砍赵某钰时具有防卫意思的证明责任，因为以上事实已经足以证明被告人当时认识到了不法侵害的存在并尽自己所能加以回避，因此，无论是被告人拿出西瓜刀在现场进行反击还是后续的追砍，都有合理的理由相信是在同一防卫意思的支配之下实

---

〔1〕 参见广东省深圳市罗湖区人民法院刑事附带民事判决书，(2016)粤0303刑初591号。

施,存在将前后两个行为视为一体化的防卫行为的余地,至于该防卫行为是否造成过当的防卫结果则是另一层面的问题。[1] 与此相对,公诉方如果要证明被告人后续的追砍行为是事后防卫,则应以达到排除合理怀疑程度证明以下事实:客观上,赵某钰等人逃离现场时,不法侵害已经彻底结束;主观上,被告人王某明清楚认识到对方的不法侵害已经彻底结束,其持刀追砍行为并不是为了扩大战果以彻底回避不法侵害,而是在明知自己已经完全掌控了局面,在当时已经不可能再遭受对方侵害的情况下,却另起犯意追砍对方。

然而,不法侵害是否彻底结束,对于公诉方而言是一种事后判断,该事后判断不得超越事前判断的范围,也就是应充分考虑在当时状况下继续侵害的可能性。对此,《正当防卫制度指导意见》指出:对于不法侵害虽然暂时中断或者被暂时制止,但不法侵害人仍有继续实施侵害的现实可能性的,应当认定为不法侵害仍在进行;对于不法侵害人确已失去侵害能力或者确已放弃侵害的,应当认定为不法侵害已经结束。对于不法侵害是否已经开始或者结束,应当立足防卫人在防卫时所处情境,按照社会公众的一般认知,依法作出合乎情理的判断,不能苛求防卫人。对于防卫人因为恐慌、紧张等心理,对不法侵害是否已经开始或者结束产生错误认识的,应当根据主客观相统一原则,依法作出妥当处理。据此,在赵某钰等人逃离现场的那一刻,不能从事后判断的视角出发直接否定侵害可能性,而应充分考虑到刘某事先调戏了王某明妻子、刘某与赵某钰等 5 人在凌晨之际到王某明住处对王某明夫妻实施殴打等客观事实,置身于当时的情境之下,在赵某钰等人逃离现场的那一刻,王某明面对侵害而爆发出的保护自己、保全家人的决心并未丧失,刑法也不能要求王某明在此刻立即判断不法侵害已经完全消除、即刻恢复理性心智。概言之,王某明在此刻持刀继续追赶的行为是在防卫意思的支配之下实施的,公诉方关于在赵某钰逃离

---

〔1〕 参见[日]高桥则夫:《规范论与理论刑法学》,成文堂 2021 年日文版,第 79 页。

现场之际不法侵害已经结束这一点的判断是一种超越事前判断之框架的事后判断，尤其是没有通过证据以达到排除合理怀疑的程度证明追砍行为是王某明另起犯意的侵害行为。

四、结论

正当防卫作为法定的违法阻却事由，是被告人得以出罪、免受国家刑罚威胁的最重要辩护事由之一，如何充分保障犯罪嫌疑人、被告人的正当防卫权，是刑法与刑事诉讼法的共同课题。在典型的职权主义诉讼模式之下，被告人有罪或无罪的证明责任都在代表国家的公诉方，因此并不存在证明责任的分配问题。但奉行积极的实体真实主义的职权主义诉讼模式无法充分保障被告人在正当防卫事由上享有充分的辩护空间。随着诉讼模式的当事人主义化，证明责任的分配机制问题开始在关于主观的违法要素以及包括正当防卫在内的违法阻却事由及责任阻却事由的证明中得以重视。由于在刑事诉讼中以国家公诉主义为原则，民事诉讼中的证明责任分配制度不可能在刑事诉讼中得以完全适用，在正当防卫的证明责任分配问题上，举证责任倒置说以及证据提出责任说对于犯罪嫌疑人、被告人而言是过分沉重的负担，很可能与存疑有利于被告人这一原则相背离。与此相对，争点形成责任说在实体法上与构成要件的违法推定功能相契合，在程序法上为犯罪嫌疑人、被告人承担对其有利的证明责任及其限度提供了合理的分配机制。正当防卫中争点的确定依托于《刑法》第 20 条关于正当防卫的具体规定，可以归结为防卫的起因条件、时间条件、意思条件上的争点。犯罪嫌疑人或被告人只要提出相应证据证明存在以上条件，即在符合构成要件的行为可能同时也是防卫行为这一点上形成争点，公诉方应以达到排除合理怀疑程度证明这些条件不成立，否则应推定犯罪嫌疑人或被告人的主张成立。具体而言，在起因条件的证明责任分配上，被告人证明自己面临侵害，公诉方证明不存在实际侵害或侵害并不违法；在时间条件的证明责任分配上，被告人证明自己感受到侵害已经开始尚未结束,公诉方证明侵害并不具有法益侵害的急迫性;在防卫意思的证明责任分配上,被告人证明自己具有回避侵害的意图,公诉方证明被告人仅具有单纯的积极加害意思。

第五章

论我国公诉变更范围的限制路径

一、问题的提出

刑事追诉活动是国家司法机关发动国家公权力确定犯罪嫌疑人的犯罪事实并追究相关被告人刑事责任的过程。具体而言，当检察院在审查已经侦查终结的案件的犯罪事实之后决定向法院提起公诉时，法院在针对起诉书中明确的指控犯罪事实进行审理的基础上作出相应的裁判。我国现行《刑事诉讼法》第176条第1款规定：人民检察院认为犯罪嫌疑人的犯罪事实已经查清，证据确实、充分，依法应当追究刑事责任的，应当作出起诉决定，按照审判管辖的规定，向人民法院提起公诉……与此同时，第186条规定：人民法院对提起公诉的案件进行审查后，对于起诉书中有明确的指控犯罪事实的，应当决定开庭审判。那么，检察院在审查起诉时所认定的犯罪事实与法院在审判过程中所认定的犯罪事实是否必须具有同一性？如果作出肯定回答，理论根据是什么，应如何判断同一性，当不具有同一性时应如何处理？如果作出否定回答，在诉讼程序上应如何保障被告人的防御权？这一系列问题共同构成了审判对象论的基本框架。审判对象的确定是检验反映控、辩、审三方关系之诉讼构造的“试金石”。具体而言，如果法院可以依职权扩大、缩小甚至改变公诉事实，则在诉讼构造上更倾向于职权主义诉讼模式；与此相反，如果法院尊重检察官的追诉意思，事前确定并告知被告人明确的公诉事实以便被告人有针对性地建立防御机制,限制公诉事实的任意变更,则在诉讼构造上更倾向于当事人主义诉讼模式。[1]

关于审判对象范围,我国1979年《刑事诉讼法》第120条规定,在被告人最后陈述后,审判长宣布休庭,合议庭进行评议,根据已经查明的事实、证据和有关的法律规定,作出被告人有罪或者无罪、犯的什么罪、适用什么刑罚或者免除刑罚的判决。从该规定可以看出,法院据以定罪量刑的基础是作出裁判当时"已经查明的事实",那么,这里的"已经查明的事实"和检察院移送起诉当时的事实,具有怎样的关系,不无疑问。1996年《刑事诉讼法》第162条对法院作出的判决结果进行分类,但保留了"根据已经查明的事实"的规定,该规定在2012年《刑事诉讼法》第195条及2018年《刑事诉讼法》第200条均被完整保留下来,但根据2018年《刑事诉讼法》第201条第1款第4项规定,对于认罪认罚案件,人民法院依法作出判决时,一般应当采纳人民检察院指控的罪名和量刑建议,但起诉指控的罪名与审理认定的罪名不一致的除外。于是,又产生另一个相关联的问题——罪名与犯罪事实之间具有怎样的关系。

相关司法解释对这些问题已经有初步的回答。例如,根据2021年最高人民法院发布的《刑事诉讼法解释》第297条的规定,如果人民法院在审判期间发现可能影响定罪量刑的新的事实,或者需要补查补证的,应当通知人民检察院,由其决定是否补充、变更、追加起诉或者补充侦查。如果人民检察院不同意或者在指定时间内未回复书面意

〔1〕 职权主义与当事人主义逐渐走向融合,形成了以下新的诉讼构造,即关于事实问题这一刑事诉讼的核心问题,由当事人承担诉讼追行,法官只有在有必要辅助当事人的诉讼追行行为时才在此限度内行使职权;与此相对,在程序问题上,从法的统一适用这一观点来看法官应行使职权性判断,也就是在事实问题上倾向于当事人主义,在程序问题上倾向于职权主义。[日]田口守一『刑事訴訟の構造』(成文堂,2022年)15頁参照。

见，人民法院应当就起诉指控的事实作出判决或裁定。由此可见，法院作出判决或裁定所依据的事实原则上被限定在起诉指控的事实范围内，不得任意变更或超越。进而，根据《刑事诉讼法解释》第 295 条第 1 款第 2 项的规定，起诉指控的事实清楚，证据确实、充分，但指控的罪名不当的，应当依据法律和审理认定的事实作出有罪判决。也就是说，检察院指控的罪名和法院最终认定的罪名可能不一致，法院有权根据认定的事实和法律作出独立的专业判断。然而，这种判断在程序上也受到限制，根据《刑事诉讼法解释》第 295 条第 3 款的规定，当出现这种情形时，人民法院应当在判决前听取控辩双方的意见，保障被告人、辩护人充分行使辩护权。必要时，可以再次开庭，组织控辩双方围绕被告人的行为构成何罪及如何量刑进行辩论。

在司法实践中，即使普遍肯定了法院有权变更起诉罪名，对其变更也进行了较为严格的限定。例如，有法院以原审法院在变更起诉罪名过程中未按照《刑事诉讼法解释》第 295 条第 3 款的要求保障被告人及其辩护人的诉讼权利为由，撤销原审法院判决并发回重审。[1]有检察院以法院变更起诉罪名未能充分保障被告人的辩护权为由提起抗诉；[2]甚至有检察院以法院超出起诉书记载的犯罪事实进行审判违反了法定诉讼程序为由提起抗诉并成功启动再审程序。来看一个案例，原审法院书面向公诉机关建议，以被告人王某甲将安某某砍成轻伤的行为构成故意伤害罪为由，补充或变更起诉。公诉机关书面回复不同意补充、变更起诉，建议原审法院就起诉指控的犯罪事实依法判决。原审法院判定被告人王某甲在明知持刀可能造成他人伤害的情况下，仍持刀追砍，主观上有伤害他人的故意，并先后致二人轻伤，故均应认定为故意伤害，否定了原审公诉机关指控被告人王某甲持刀故意伤害致一人轻伤，被害人安某某系误伤的意见，直接认定王

---

〔1〕参见天津市高级人民法院刑事裁定书，(2016)津刑终 13 号。

〔2〕参见北京市第三中级人民法院刑事判决书，(2015)三中刑初字第 00440 号。

某甲构成故意伤害罪。[1]

对于变更罪名的理由，实务中有力的观点认为，法院有无改变起诉罪名的权力关键是看是否符合诉讼标的的同一性，在犯罪事实同一的范围内，法院当然有权改变起诉的罪名和法条，根据其对犯罪事实的认识作出不同于控方的判断。[2] 我国刑事诉讼法理论界也认为，法官不得擅自将未经控诉的任何罪行确立为审判对象，审判与起诉甚至防御彼此间具有范围上的同一性，控诉方起诉时通过起诉书明确提出的控诉罪行实际上就提示了审判对象，通常情况下，除非发生合理的变更，否则审判对象从起诉时的初始提示到判决时的最终形塑，在内容与范围上应始终如一。[3] 若失去同一性，则控审分离、一事不再理等现代诉讼的基本原则将无法维系。[4]

由此可见，虽然我国《刑事诉讼法》没有明文规定诉因制度，但诉因制度所要求的法院原则上仅就起诉事实进行裁判这一点，不仅有法条上的根据，而且在刑事诉讼法理论界与司法实务中也获得广泛认可。也就是说，公诉事实在起诉当时与裁判当时应具有同一性。于是，关键的问题就在于同一性的判断，从形式上来看，公诉方记载于起诉书上的事实即为法院审判的对象，当这两者不一致时，就不具有同一性，这也是诉因制度的基本要求。然而，即使在采用诉因制度的国家，也并不苛求这两者完全等同，在公诉事实具有同一性的情况下也例外地允许诉因变更。于是，在多大范围内可以承认公诉事实的同一性，成为不可回避的问题。围绕该问题，本书尝试在批判性考察审判对象论的基础上，析出理论对立轴，挖掘同一性的理论根据，结合我国司法实务探索公诉事实同一性的射程范围。

---

[1] 参见宁夏回族自治区中宁县人民法院刑事判决书，(2016)宁0521 刑再1号。

[2] 参见吴小军：《法院变更指控罪名之程序》，载《人民司法(案例)》2018年第29期。

[3] 参见谢进杰：《审判对象的运行规律》，载《法学研究》2007年第4期。

[4] 参见孙远：《论作为审判对象的“明确的指控犯罪事实”——兼论诉因制度不可能适用于我国之原因》，载《刑事法评论》2011年第2期。

二、我国的审判对象论

（一）审判对象是诉因还是公诉事实

控审分离是被当代刑事诉讼法普遍承认的基本原则，但在审判对象的确定上，英美法系与大陆法系出现了诉因对象说与公诉事实说的分歧。具体而言，英美法系采用当事人主义诉讼模式，为保障法官裁判的中立性，实行起诉状一本主义，法官应且仅应以起诉状所主张的事实即诉因作为审判对象。与此相对，大陆法系采用职权主义诉讼模式，追求实体真实主义，因此除了起诉状所记载的事实，对于未被起诉状记载的部分，只要具有公诉事实同一性，就推定公诉提起的效力也波及这部分。〔1〕 例如，《德国刑事诉讼法典》第 264 条规定：判决的对象是在公诉中写明的、根据审理结果所表明的行为；法院不受开始审判程序的裁定所依据的对行为之评判的约束。

从这两种学说的表述来看，诉因对象说试图通过明确记载并固定于起诉状的诉因限制法官任意扩张审判对象的权力，防止裁判突袭，为特定的被告人及其辩护人有针对性地构建防御机制提供制度保障。因此必然要求这里的诉因是针对特定被告人的、具体的、明确的、不得任意变更的、静态的犯罪事实。与此相对，公诉事实说立足于实体真实主义，主张法官不仅有被动裁判的职责，而且有主动查明案件真实的职权，因此审判的对象也就不限于起诉状中记载的犯罪事实，没有被记载的犯罪事实也是潜在的诉讼对象。据此，公诉事实就成为存在于诉讼背后的历史事实，而不是检察官的主张本身。例如，德国刑事诉讼法学就将诉讼标的描述为起诉书向法院所陈述案件的“历史性的经过”。〔2〕 在这个意义上，可以说公诉事实是一个在时空上具有跨越

---

〔1〕 ［日］田宮裕『刑事訴訟法（新版）』（有斐閣，1996 年）186 頁以下参照。

〔2〕 参见［德］克劳斯・罗科信：《德国刑事诉讼法》，吴丽琪译，台北，三民书局 1998 年版，第205 页。

性的、在事实幅度上具有弹性的、可变更的动态事实。

然而,随着职权主义诉讼模式与当事人主义诉讼模式的相互借鉴与融合,公诉事实说与诉因对象说之间的分歧也逐步缓和。例如,即使采用诉因对象说,也并不意味着放弃实体真实主义,只是该学说承认了实体真实的相对性、片段性和有限性,既然在侦查阶段已经动用了国家公权力采取了一切可能的侦查措施,甚至不惜限制犯罪嫌疑人的人身自由对案件事实展开侦查,当公诉机关在审查起诉之后决定提起公诉之时,应推定用于指控被告人的犯罪事实已经被固定下来,不能以实体真实为万能理由令被告人随时面临被采取侦查措施的威胁。此外,机械的、一成不变的诉因对象说已经被抛弃,诉讼经济与效率也是刑事诉讼法追求的价值之一,经过法定程序,诉因完全可以追加或变更。[1] 反过来,即使采用公诉事实说,法院的审判对象原则上也不能脱离起诉状上所记载的犯罪事实,诉因对于公诉事实如何涵摄于构成要件的判断具有指导功能。

(二)解释论上的差异

关于诉因对象说与公诉事实说在解释论上的不同归结,《日本刑事诉讼法》相关规定的变化与学说的演进,提供了比较法素材。具体而言,日本旧《刑事诉讼法》并没有采用诉因制度,起诉状上所记载的是“犯罪事实”,在理论界和实务界均毫无争议地将公诉犯罪事实作为诉讼对象。与我国现行《刑事诉讼法》相似,由于受到职权主义诉讼模式的强力支配,起诉状上对于犯罪事实的记载对法院的裁判权并没有拘束力,当法官认为指向同一犯罪,即使是不同于起诉状上记载的犯罪事实,也允许将其纳入审判对象。例如,在起诉书上仅记载了抢劫的犯罪事实,但在审判过程中查明了该抢劫行为是入户实施的,由于

---

〔1〕 参见李扬:《三论诉权理论在刑事诉讼中的导入——刑事诉因制度研究》,载《政法论坛》2009 年第 2 期。

追加了入户这一情节也并未超出抢劫的事实范围,“入户”也可以成为审判对象。然而,现行《日本刑事诉讼法》第256条第3款明确规定公诉案件必须明示诉因并加以记载。自从引入诉因制度以来,诉因对象说对传统的公诉事实说形成巨大冲击,但并不意味着传统的公诉事实说被全面取代。例如,《日本刑事诉讼法》第312条规定在不损害公诉事实同一性的范围内允许诉因的变更。即便这两种学说在审判对象的认定上趋同,由于背后的理论根据和追求的价值目标存在差异,这两种学说在解释论上的归结及产生的法律效果仍有如下明显区别。

第一,可作为同一诉因通用的范围。根据公诉事实说,由于诉因是将攻击防御的对象明确化以防止出其不意的法律判断的程序性制度,因此如果不会招致法律构成的变化就没有必要变更诉因,在理论上将这种观点称为法律说。然而,刑法关于某一犯罪的构成要件的规定总是以高度概括的表述出现,如“故意杀人的”“盗窃公私财物,数额较大”等,这些构成要件只是对行为及结果的抽象描述,至于是哪个行为人、在什么地点、什么时间、以怎样的方式实施该行为、造成多大程度的损害后果,不可能也没有必要在构成要件中逐一规定,但这些具体事实毫无疑问是控辩双方攻击防御的对象,如果以可能符合的构成要件不变为根据允许审判对象的变更或追加,被告人的防御权将形同虚设。与此相对,根据诉因对象说,记载于起诉状上的诉因就是审判对象本身,因此,如果作为犯罪重要指标的具体事实发生了变化,就不能与起诉状上的诉因视为同一诉因而通用,必须经过法定程序变更诉因,这种观点被称为事实说。[1] 显然,事实说比法律说对审判对象的拘束力更强,然而,并不是所有的事实情节的改变都能够发动诉因变更,具有刑法和刑事诉讼法意义的事实变更的射程范围,仍有待进一步明确。

---

〔1〕 事实说与法律说的对峙,是审判对象论与构成要件论之间关系的延伸。[日]河野敏也「刑事訴訟法における審判対象論と刑法における構成要件論の関係について」桃山法学第29号第125頁参照。

第二,认定为脱离诉因的处理。当法院在有必要变更诉因但却未经法定程序加以变更的情形下作出判决时,公诉事实说和诉因对象说所得出的程序违反程度的判断并不一致,在法律效果上也各不相同。具体而言,根据公诉事实说,这种情形并不一定能够成为绝对的控诉理由,最多只能成为相对的控诉理由,并且根据《日本刑事诉讼法》第379条的规定,此时还必须证明这种情形违反了诉讼程序的法令且该违反足以影响判决的公正。与此相对,根据诉因对象说,这种情形应被认定为脱离审判对象,通过适用《日本刑事诉讼法》第378条第3款即“对接受审判请求的案件不作出判决,或者对不接受审判请求的案件作出判决”,成为绝对的控诉理由。

第三,法院是否具有发出诉因变更命令的义务。根据《日本刑事诉讼法》第312条第1款的规定,当存在检察官的请求并且在不损害公诉事实同一性的限度内,裁判所应允许追加、撤回或变更记载于起诉状上的诉因或罚则。如果说该规定还强调诉因变更的被动性,该条第2款则肯定了法院具有积极发布诉因变更命令的权限,即当裁判所在审理过程中认为适当时,可以命令公诉方追加或变更诉因或罚则。据此,如果根据公诉事实说,在公诉事实具有同一性的范围内,裁判所当然应当接受裁判请求,因此当裁判所认定的事实与诉因不一致时,裁判所就有义务发布诉因变更命令。与此相对,根据诉因对象说,设定及变更作为审判对象的诉因属于作为当事人一方的检察官的专有权限,法官的裁判具有被动性,应保持客观中立的态度,因此原则上裁判所不具有发布诉因变更命令的义务。

第四,诉因变更命令是否具有形成力。根据公诉事实说,当法官发布了诉因变更命令时,即使检察官并未遵从该命令,法官也可以根据命令自行变更诉因,从而肯定了诉因变更命令的形成力。与此相对,根据诉因对象说,检察官虽然具有遵从诉因变更命令的义务,但如果检察官不遵从该命令,法官也不能按照自己发布的命令变更诉因,只能在原诉因的范围内进行裁判,也就是说,法官发布的诉因变更命令未必具有形成力。

第五，是否存在诉讼条件的判断基准。诉讼条件是保障并维持诉讼程序有效进行的实体审理要件，从提起公诉到法院作出裁判的整个诉讼期间，诉讼条件都必须存在，否则法官就必须及时中断诉讼程序。[1] 在这个意义上，诉讼条件是针对检察官的起诉而为被告人设立的防御壁垒，为被告人对抗不当的甚至违法的起诉提供了有力的进攻武器。显然，存在明确的审判对象是必备的诉讼条件，但当法官在裁判过程中所认定的事实已经超越了诉因的范围，甚至根据法官的自由心证可能已经欠缺诉讼条件时，是通过诉因变更以补足诉讼条件，还是就此终止诉讼程序甚至作出无罪判决，成为疑问。从公诉事实说出发，是否存在诉讼条件的判断基准是裁判所认定的事实内容，诉因只是为被告人的防御而设立的制度，因此法院并不受诉因的拘束，应当以法官的心证为基准判断诉讼条件的存在与否，即使不变更诉因，也可就此作出形式裁判；与此相对，从诉因对象说出发则认为应当以诉因为基准进行判断，如果法院应检察官的请求而变更诉因，则以变更后的诉因为基准作出形式裁判，如果没有变更诉因，则只能对当前诉因宣告无罪。诉讼条件的存在与否本身确实是法院依职权调查的事项，但只要检察院维持了原来的诉因，法院的审判对象就被该诉因所束缚，只能就该诉因是否具备诉讼条件进行判断。[2]

然而，以上两种学说在解释论上的对立，仅有程度上的区分，并非处于水火不容的状态。归根结底是因为虽然日本刑事诉讼法引入了诉因制度，但也明确允许诉因变更。于是造成了两种学说互相接近的局面：即使坚持公诉事实说，要认定诉因外的事实也必须变更诉因；反之，即使坚持诉因对象说，只要变更了诉因就可以认定诉因外的事实。

---

〔1〕 参见姚磊：《刑事诉讼条件研究》，载《国家检察官学院学报》2018 年第 3 期；王钰：《客观处罚条件和诉讼条件的区分——兼论实体法和程序法的区别》，载《政治与法律》2016 年第 7 期。

〔2〕 ［日］寺崎嘉博『刑事訴訟法（第 3 版）』（成文堂，2013 年）363 頁参照。

日本刑事诉讼法学者田宫裕教授将公诉事实与诉因之间的关系概括为:诉因对判决设定了第一道围栏,但通过诉因变更,这一道围栏被冲破,于是公诉事实的同一性这个第二道围栏就被构筑起来。[1] 简言之,诉因通过公诉事实同一性进行扩张,公诉事实通过诉因得以限缩。

对照以上的理论对立轴,可以发现我国刑事诉讼法在审判对象论的态度上,既有偏向公诉事实说之处,又有偏向诉因对象说之处,可以说处于折中状态。具体而言,与诉因对象说相契合之处表现为:①根据我国《刑事诉讼法》及《刑事诉讼法解释》的相关规定,当法院的裁判脱离了公诉事实,使被告人的辩护权得不到有效保障,可能是二审法院撤销原判、发回重审的法定事由之一,也可能是启动审判监督程序的法定事由之一,既可能符合《刑事诉讼法》第 238 条第 3 项规定的"剥夺或者限制了当事人的法定诉讼权利,可能影响公正审判的",也可能符合《刑事诉讼法》第 253 条第 4 项规定的"违反法律规定的诉讼程序,可能影响公正审判的"。②根据《刑事诉讼法解释》第 289 条的规定,公诉人当庭发表与起诉书不同的意见,属于变更、追加、补充或者撤回起诉的,人民法院应当要求人民检察院在指定时间内以书面方式提出……从该规定出发,法院表面上看起来具有发出诉因变更命令的权力,然而该命令显然不具有形成力,甚至从检察院的视角来看,这并不是一道命令,而仅仅是一种建议。具体而言,与公诉事实说相契合之处表现为:①根据《人民检察院刑事诉讼规则》第 425 条的规定,在法庭审理过程中,人民法院建议人民检察院补充侦查、补充起诉、追加起诉或者变更起诉的,人民检察院应当审查有关理由,并作出是否补充侦查、补充起诉、追加起诉或者变更起诉的决定。人民检察院不同意的,可以要求人民法院就起诉指控的犯罪事实依法作出裁判。②我国《刑事诉讼法》第 16 条规定了欠缺诉讼条件导致刑事诉讼程序终止的情形,例如,在法院裁判过程中,当出现犯罪已过追诉时效期

---

〔1〕[日]田宫裕『刑事訴訟法(新版)』(有斐閣,1996 年)189 頁参照。

限，或者经特赦令免除刑罚，或者亲告罪中没有告诉或撤回告诉时，法院应终止审理或者宣告无罪。这里的犯罪显然是指检察院起诉到法院的起诉事实，而不是法院在超越起诉事实的范围之外利用职权调查的犯罪事实。在这个意义上，该规定更契合诉因对象说。

由此可见，我国刑事诉讼法既未采用诉因制度，又未严格贯彻公诉事实说，这正是刑事诉讼模式从职权主义走向当事人主义的必然推论。〔1〕在此背景下，从比较法的视角探索诉因变更的共性条件及其限制原理，在理论上有助于凝聚共识，沉淀诉因制度的解释论规则，在实务上有助于合理限制公诉的任意变更，切实保障被告人的防御权。

三、诉因变更的必要性判断

根据 2019 年最高人民检察院发布的《人民检察院刑事诉讼规则》第 358 条的规定，人民检察院决定起诉的，应当制作起诉书，起诉书的内容包括被告人的基本情况、案由和案件来源、案件事实、起诉的根据和理由、被告人认罪认罚情况等。其中，案件事实包括犯罪的时间、地点、经过、手段、动机、目的、危害后果等与定罪量刑有关的事实要素，起诉书叙述的指控犯罪事实的必备要素应当明晰、准确。可以说，起诉书所明确记载的案件事实就是《刑事诉讼法》第 186 条规定的“明确的指控犯罪事实”。在这个意义上，可以说起诉书上所记载的案件事实确立了审判对象的基本范围，法院在审判过程中不能脱离这一范围，只能在此基础上作局部修正，也即允许诉因的追加、补充、变更。

如前所述，核心的问题就在于修正审判对象的限度。关于这一问题，《人民检察院刑事诉讼规则》第 423 条规定，人民法院宣告判决前，人民检察院发现被告人的真实身份或者犯罪事实与起诉书中叙述的身份或者指控犯罪事实不符的，或者事实、证据没有变化，但罪名、适

---

〔1〕 从法国大革命至近代，欧陆多数职权主义国家均从英美法系当事人主义的对抗式诉讼借鉴经验，借以弥补传统职权主义刑事诉讼自身的缺陷。参见施鹏鹏：《“新职权主义”与中国刑事诉讼改革的基本路径》，载《比较法研究》2020 年第 2 期。

用法律与起诉书不一致的,可以变更起诉。发现遗漏同案犯罪嫌疑人或者罪行的,应当要求公安机关补充移送起诉或者补充侦查;对于犯罪事实清楚,证据确实、充分的,可以直接追加、补充起诉。由此可见,检察院可以变更起诉的理由在于起诉书上记载的案件事实与审判过程中查明的案件事实不尽一致,也即产生了事实变更。然而,如果但凡这两者之间产生差异就要求变更诉因,必然使诉讼程序变得烦琐拖沓,打破公正与效率之间的平衡关系,违反迅速裁判的基本要求。因此,只有当犯罪事实产生重要变化时,诉因变更才具有必要性。问题是怎样的事实变更才称得上重要变更,这是一种规范性判断,有必要与诉因的基本功能相关联,也就是说,只有当某一事实变更妨碍或至少削弱了诉因功能的发挥时,才是一种重要变更。

(一)诉因的功能与诉因变更必要性的联动

1. 事实变更的重要程度:法律构成说与事实记载说的争论

在前述情形下,衡量事实变更的重要程度的标准就值得深入检讨,如前文所述,在这一问题上产生了法律构成说和事实记载说的争论。法律构成说以构成要件是否具有同一性去衡量前后两个事实的差异,由于构成要件本身是一个极其宽泛的概念,存在诸多分类。例如,有基本的构成要件与被修正的构成要件、封闭的构成要件与开放的构成要件等,此外,构成要件要素包括哪些内容也尚未有定论。[1]据此,在法律构成说内部又形成了构成要件说与修正构成要件说,前者认为只要基本的构成要件具有同一性,可以忽略作为犯与不作为犯、既遂犯与未遂犯、不同的共同犯罪形式的差异;后者则认为这种差异不可忽视,差异已经达到了应当变更诉因的程度。[2]

根据《人民检察院刑事诉讼规则》第 423 条关于检察院可以变更

---

〔1〕 参见王充:《论构成要件理论的行为类型说》,载《当代法学》2006 年第 4 期;陈兴良:《构成要件:犯罪论体系核心概念的反拨与再造》,载《法学研究》2011 年第 2 期。

〔2〕 [日]上口裕『刑事訴訟法(第 5 版)』(成文堂,2021 年)307 頁参照。

起诉之情形的规定,可以说我国刑事诉讼法采用了结合法律构成说与事实记载说这两种学说的折中说,即当产生重要的事实变更或足以影响法律构成时,允许变更诉因。然而,纯粹从微观的角度去比较审判当时查明的犯罪事实与起诉书上记载的犯罪事实是否不相符合,无法为诉因变更的必要性判断提供指引方向,只有诉诸诉因功能的考察,才能为诉因变更提供可靠的理论依据,并反过来限制诉因的任意变更。

2. 从诉因的功能看诉因变更的必要性:抽象防御说与具体防御说

关于诉因变更的必要性的判断标准,日本最高裁判所在一则判例中指出:即使裁判所作出了与诉因中明示的实行行为人的不同认定,从审判对象的划定这一视角出发,也不能说就具有诉因变更的必要性。然而,实行行为人是谁这一点对于被告人而言一般都是重要的防御事项,当在这一点上对于诉因的成立与否存在争议时,为了争点的明确化,也可期待检察官明示实行行为人,既然检察官已经在诉因中明示了实行行为人,如果裁判所要在判决中作出与其实质不同的认定,原则上需要经过诉因变更程序。但是,由于实行行为人的明示并不是诉因记载中不可或缺的事项,参照审判过程中被告人的具体防御状况,至少在可以认定不会对被告人造成裁判突袭,并且判决所认定的事实与诉因记载的事实相比并不会更不利于被告人的情形中,法院未经诉因变更程序就认定与诉因记载不同的实行行为人,并不违法。〔1〕

从表面上来看,诉因变更的必要性取决于审判过程中查明的事实与诉因记载的事实之间的差异程度;但从实质上来看则取决于诉因的变更是否会对被告人的防御权产生不利影响,这是由诉因的防御功能决定的。围绕诉因变更对于被告人防御权影响程度的判断,在日本刑

〔1〕 [日]井上正仁、[日]大澤裕、[日]川出敏裕编『刑事訴訟法判例百選(第10版)』(有斐閣,2017年)102頁参照。

事诉讼法学界形成了抽象防御说与具体防御说之间的争论。

抽象防御说认为,只要存在抽象的、一般而言对被告人的防御产生不利的事实变更,就应当变更诉因使被告人重新建立防御机制。与此相对,具体防御说认为,有没有现实地侵害被告人的防御权应当作个别化、具体化判断,因为如果被告人已经针对事实的变更建立起了具体的防御机制,诉因的功能就没有被实际侵害,就没有必要变更诉因。[1] 可以说,抽象防御说侧重于不变更诉因对被告人防御权的可能侵害,而具体防御说则侧重于现实侵害。例如,在起诉书中载明了被告人涉嫌转化抢劫的事实,但在审判过程中无法查明转化抢劫的存在与否,不过被告人自认了抢夺。在该情形中,根据抽象防御说,该事实变更已经一般性地威胁到被告人的防御权,需要经过诉因变更程序;与此相对,根据具体防御说,即使不变更诉因对被告人的防御权也不会造成实质损害,因此法院可以直接认定抢夺事实的存在。

针对同样的事实变更,与具体防御说相比,显然抽象防御说更倾向于导出具有诉因变更必要性的结论。然而,全然不顾没有变更诉因是否对被告人的防御造成实际的不利影响,甚至没有考虑变更诉因是否反而使被告人的诉讼成本更高,显然是对诉因制度功能的误解,这将导致诉讼程序的僵化。因此,具体防御说应作为抽象防御说适用的例外情形,但必须对该例外情形的适用进行严格限制,否则诉因制度就有被瓦解的危险,此时作为诉因制度第一位功能的审判对象划定功能又将被启动,即使在审判过程中出现被告人自认的事实,如果该事实已经超越了原诉因的构成要件射程范围,也应当经过诉因变更程序。例如,检察院以受贿的事实起诉甲,在审判过程中甲否认受贿事实,现有证据无法排除合理怀疑地认定受贿事实,但甲自认了行贿事实。在该情形中,受贿与行贿属于完全不同的构成要件行为,各自可

---

〔1〕［日］池田修、［日］前田雅英『刑事訴訟法講義(第4版)』(東京大学出版会,2012年)317頁参照。

能该当的构成要件以及适用的刑罚都完全不同，如果不变更诉因就直接认定行贿事实，即使从具体防御说出发也应认为法院的审判对被告人造成了裁判突袭，对被告人的防御产生了实质性的不利影响。

日本刑事诉讼法学者三井诚关注到抽象防御说与具体防御说之间并非针锋相对，提出了两阶层防御说，即先根据抽象防御说判断诉因与审判中认定的事实之间是否存在重要的、实质性的差异，在此基础上再根据具体案情考量是否存在具体防御上的不利之处。[1] 这一观点从诉因制度的防御功能出发对抽象防御说与具体防御说进行递进式整合，不过该观点可能过于强调诉因的防御功能而忽视其审判对象划定功能。

据此，关于诉因变更的必要性，应结合诉因制度的上述两个功能，形成以下三阶层的判断结构。具体而言，首先，尊重诉因的审判对象划定功能，属于诉因范围内的必要事项发生变动时，原则上就具有诉因变更的必要性。其次，从诉因的防御功能出发，对被告人的防御具有重要意义的事项发生变更时，原则上也应变更诉因。最后，综合考虑诉讼效率与被告人的诉讼权利，当没有变更诉因也不会造成裁判突袭并对被告人造成更大不利影响时，可不变更诉因。只是，即使没有必要专门地经过诉因变更程序，也应发动法官的求释明权，通过公诉方对起诉状内容的释明，使攻防的争点进一步明确化。

（二）有必要变更诉因的具体情形

根据《刑事诉讼法解释》第289条的规定，公诉人当庭发表与起诉书不同的意见，属于变更、追加、补充或者撤回起诉的，人民法院应当要求人民检察院在指定时间内以书面方式提出；必要时，可以宣布休庭。人民检察院在指定时间内未提出的，人民法院应当根据法庭审理情况，就起诉书指控的犯罪事实依法作出判决、裁定。此外，人民检察

[1] ［日］三井誠『刑事手続法Ⅱ』（有斐閣，2003年）199頁参照。

院变更、追加、补充起诉的，人民法院应当给予被告人及其辩护人必要的准备时间。由此可见，虽然我国刑事诉讼法并未严格采用诉因制度，但诉因制度所发挥的审判对象划定功能和防御功能，在该条文中获得明确承认，因为变更、追加、补充或者撤回起诉的根据是公诉人发表与起诉书不同的意见。然而，这里的“不同”需要达到怎样的程度才具有变更起诉的必要性，仍然悬而未决。本书尝试将上述关于诉因变更必要性的判断标准适用于我国司法实践，析出有必要变更起诉的具体类型。

1. 新的犯罪事实附加于原诉因记载的事实导致构成要件被扩大认定时应变更起诉

如果原诉因所记载的事实虽然在审判时得以确认，但在此基础上又发现了新的事实，该事实与原诉因事实结合在一起所组成的案件事实可能符合的构成要件已经超越了原构成要件的射程范围，一般而言可能构成更重的犯罪，此时有必要变更起诉。与此相反，如果诉因事实与认定事实之间是部分和整体的关系，虽然各自符合的构成要件不同，但根据缩小认定的理论，一般并不需要变更起诉。[1] 例如，由故意杀人的诉因事实缩小认定为故意伤害，由绑架的诉因事实缩小认定为非法拘禁，由强奸的诉因事实缩小认定为强制猥亵，由以危险方法危害公共安全的诉因事实缩小认定为交通肇事等。

关于扩大认定的情形，例如，在“白某、樊某贪污案”中，白某、樊某利用各自在 A 银行、B 证券公司负责债券买卖业务的职务便利，在 A 银行购入或卖出债券，或者利用 B 证券公司的资质、信用委托其他银行代为购入、经营银行债券过程中，增加交易环节，将白某实际控制的甲公司和乙公司引入交易流程，使上述两公司与 A 银行、B 证券公司进行关联交易，套取国有资金共计 2.06 亿余元。检察院以职务侵占罪对樊某提起公诉，在审判期间发现樊某与白某均系国家工作人员，

〔1〕［日］寺崎嘉博『刑事訴訟法（第 3 版）』（成文堂，2013 年）327 頁参照。

二人利用职务上的便利侵吞国有资产的共同犯罪行为应当定性为贪污罪，于是检察院通过法定程序变更起诉指控罪名。[1]

新事实的发现已经使原起诉书确立的审判对象发生本质变化，原来的构成要件已经不足以评价整合之后的事实，诉因变更也就理所当然。与上述情况相似可能还有从强制猥亵变更为强奸，从盗窃变更为抢劫，从故意伤害或遗弃变更为故意杀人，从故意伤害变更为寻衅滋事，[2]从非法拘禁变更为绑架，从非法持有毒品变更为贩卖毒品，从非法吸收公众存款变更为集资诈骗，从巨额财产来源不明变更为受贿等情形。

2. 犯罪行为样态发生重要变化，即使仍然在同一罪名内也有必要变更起诉

从《刑事诉讼法解释》第 295 条第 1 款第 2 项的表述来看，起诉的罪名与审理认定的罪名是否一致，仍然是检验变更起诉与否的直观标准。无论是在刑法还是刑事诉讼法学界，罪名显然是问题讨论的媒介工具和平台。然而，一个罪名并不对应于一个犯罪构成，甚至一个犯罪构成之内存在多种行为样态。诸如《刑法》第 125 条的非法制造、买卖、运输、邮寄、储存枪支、弹药、爆炸物罪的选择性罪名包含了多个犯罪构成，如《刑法》第 191 条的洗钱罪这种概括性罪名也对应了多个犯罪构成。[3] 于是，非法制造枪支与非法买卖枪支的行为有可能被认定为同属一个罪名，为掩饰黑社会性质的组织犯罪而提供资金账户和为隐瞒贪污贿赂罪而跨境转移资产的，也都在洗钱罪这一罪名的射程范围之内。在这种情形中，起诉书记载的犯罪事实与审判中查明的犯罪事实在行为方式、对象、结果等方面已经产生显著差异，如果仍然以罪名一致为由拒绝变更起诉，那么审判对象的范围就会在模糊的罪名之下泛化，被告人事前建立的防御机制也会土崩瓦解。

---

〔1〕 参见《最高人民检察院公报》2022 年第 3 号（总第 188 号），第 25 页。

〔2〕 参见河南省平顶山市卫东区人民法院刑事判决书，(2014) 卫刑初字第 158 号。

〔3〕 参见丁胜明：《以罪名为讨论平台的反思与纠正》，载《法学研究》2020 年第 3 期。

根据《刑事诉讼法》第12条的规定，未经人民法院依法判决，对任何人都不得确定有罪，这里的“有罪”显然必须精确到具体的罪名。也就是说，被告人被判定的罪名是最终的裁判结论，审判就是将案件事实和构成要件要素相匹配的过程，每一个要素的匹配都有可能形成争点。对被告人的防御而言具有意义的恰恰就是这些具体的争点，当能够匹配到构成要件要素的具体事实发生改变时，在程序上应当为被告人的知情与防御设置相应的机制。因此，法院的审判对象不能在可能被评价到同一罪名之下的不同行为样态之间自由切换，有必要通过变更起诉的程序调整审判对象，以便重新确立争点并给被告人重建防御机制留足准备时间。因此，处于选择性罪名或概括性罪名关系所指称的犯罪事实自不待言，甚至同一罪名之下的不同犯罪事实，尤其是附加了新的犯罪事实之后，有可能从基本犯发展为结果加重犯或情节加重犯的情形，都有变更起诉的必要性。例如，甲以强奸的犯罪事实被起诉，在审判过程中查明被害人是不满10周岁的幼女，虽然该情节的加入并没有超越强奸罪这一罪名的范围，但是否存在该犯罪事实，直接决定了是否成立强奸罪的结果加重犯，如果成立，被告人将面临10年以上有期徒刑、无期徒刑甚至死刑的重刑，如果不变更起诉，必然侵犯被告人的防御权。

3. 过失犯的注意义务内容变化时原则上应变更起诉

与故意犯不同，过失犯的构成要件呈开放状态，被告人违反的注意义务的具体内容需要在审判时由法官进行确认和填充。此外，我国《刑法》规定的过失犯均以结果犯的罪质出现，从旧过失论的立场出发，很容易将过失犯的构造理解为疏忽大意没有预见或过于自信而导致重大损害后果发生，在结果的发生已经是既定事实的前提下，过失的重心就被转移到行为人对于结果发生持疏忽大意或漠不关心的主观心态上。过失的非难根据也在于应当且能够预见犯罪事实却由于欠缺意思的紧张而没有预见这一点。[1] 于是,即使起诉书记载的诉因事实与审判时查明的事实之间存在差异,只要还在过失即欠缺意思紧张的限度内,就有可能否定诉因变更的必要性。

然而,疏忽大意的心态或者欠缺意思紧张的漠然心态是一种模糊的表述,如果在起诉书中使用这种表述,有违反诉因的明确性要求之嫌疑。随着新过失论的发展,过失的本质不再被定位于预见可能性,而被定位于结果回避可能性,具体而言,以可能认识的危险状况的存在为契机,当行为人认识到或者可能认识到该行为可能导致法益侵害时,为了回避该侵害,尽了必要的注意而实施或不实施某行为。[2] 据此,平行的社会一般人在当时的情形下为回避构成要件结果的发生而采取的有效的措施被视为基准行为,当行为人实施的行为不符合该基准行为的要求时,就违背了结果回避义务,从而具有过失犯的实行行为性。那么,行为人负有相应的结果回避义务的事实根据与结果回避义务的具体内容,对于是否成立过失犯以及成立怎样的过失犯就具有决定性影响,与此同时,对于被告人而言也就具有重要的防御价值,当决定注意义务内容的具体事实发生变化时,应通过变更起诉调整审判对象和争点。例如,被告人张某驾驶叉车在某公司内卸载并运输塑料粒子,因疏于观察、操作不当将正在过道内行走的被害人陈某撞倒并碾压,致被害人陈某当场死亡。公诉机关以过失致人死亡罪起诉张某,法院在审理过程中查明张某是该公司的叉车驾驶员,其在公司内卸载并运输塑料粒子可视为生产作业,疏于观察、操作不当违反了公司有关安全管理的规定,据此建议公诉机关变更起诉,公诉机关最终

---

〔1〕 [日]高橋則大等編『曽根威彦・田口守一先生古稀祝賀論文集(上巻)』(成文堂,2014年)917頁参照。

〔2〕 参见[日]高桥则夫:《刑法总论》,李世阳译,中国政法大学出版社2020年版,第189页。

变更指控被告人犯重大责任事故罪。[1]

四、作为公诉变更的界限的公诉事实同一性的认定

(一)公诉事实的同一性与单一性

如前文所述,法院的审判对象以起诉书上明确记载的犯罪事实为基准,如果在裁判过程中发现新的事实足以引发构成要件适用上的变更,或者形成新的争点导致被告人在防御上处于不利境地,应经过变更起诉程序重新调整审判对象。然而,在理论界和实务界均认为审判对象的调整在形式上不能破坏控审分离原则,在实质上不能损害被告人的诉讼防御利益,在程序上不能对审判秩序运作的稳定性造成太大干扰。[2] 因此,即使有必要变更诉因,允许变更的条件也应受到严格限制,而公诉事实的同一性承担了划定诉因变更界限的功能。不仅如此,公诉事实的同一性还具有划定禁止重复起诉的范围、一事不再理的范围、公诉时效停止的范围等功能,可谓牵一发而动全身。[3] 因此,在解释公诉事实同一性时应寻求对这些问题作统一处理的融贯性方案。然而,"同一性"本身就是一个经过某种程度的抽象概括之后得出的评价性结论,就微观的层面而言,任何一个案件事实作为特定时空环境下的事件都是唯一的,可以说绝对意义上完全相同的两个案件事实是不存在的。[4]

此外,需要注意的是,公诉事实的同一性有广义和狭义之分。广义上的同一性包括了单一性和同一性,狭义上的同一性则排除了单一性。所谓的公诉事实单一性,是指从在诉讼的某个时点上截取的横断

---

〔1〕 参见江苏省苏州市吴中区人民法院刑事判决书,(2016)苏 0506 刑初 115 号。与此相似的案件还有辽宁省大连市甘井子区人民法院刑事判决书,(2020)辽 0211 刑初 596 号。

〔2〕 参见周长军:《刑事诉讼中变更公诉的限度》,载《法学研究》2017 年第 2 期。

〔3〕 [日]松尾浩也『刑事訴訟法(上)』(弘文堂,1999 年)264 頁参照。

〔4〕 参见刘树德:《刑事司法语境下的"同案同判"》,载《中国法学》2011 年第 1 期。

面来看,公诉事实是否仅有一个,因此单一性衡量的是公诉事实的宽度。例如,甲在抢劫过程中对同一被害人乙实施了强奸,在这两个事实均被起诉的情况下是否可以视为对甲提起了一个起诉?与此相对,狭义的公诉事实同一性,是指在不同的时点上截取两个事实进行比较,是否可以将这两个事实视为同一个,因此狭义的同一性衡量的是事实变化的差异程度。例如,公诉机关一开始以盗窃罪起诉甲,在审理过程中查明甲明知是盗窃而来的赃物而购买,此时虽有必要通过变更起诉程序将公诉事实变更为掩饰、隐瞒犯罪所得,但这两个事实的差异在程序上是否仍然可以视为同一事实?〔1〕

同一性的认定直接影响到控辩双方的诉讼利益,一般而言,如果对同一性作扩大认定,将有利于公诉方而不利于被告人,如果对同一性作缩小认定则得出相反结论。因此,在同一性判断过程中,除了比较案件事实的差异程度,还应综合考虑控辩双方的实际利益。围绕同一性的判断标准,产生了诸多学说,在共通性事项的比较上各不相同,以下作批判性考察。

(二)同一性判断标准的批判性考察

1. 基本事实同一说

既然同一性与否的判断取决于诉因事实与审理事实之间的比较,认为当这两种事实的基本部分一致时便具有同一性的观点也变得理所当然。例如,日本最高裁判所在一则判由诈骗的诉因事实变更为侵占的诉因事实的判例中认为,这两个犯罪事实在犯罪的时间与空间上接近,针对的是同一个对象客体和同一个被害人,并且诈骗罪与侵占

---

〔1〕 德国并不区分公诉事实的单一性和同一性,但在日本,自小野清一郎和团藤重光主张区分公诉事实的单一性和同一性以来,该观点被大力支持。可以说公诉事实的单一性主要属于刑法上罪数论的问题,而公诉事实的同一性则属于可否变更公诉的问题。[日]平野龍一『訴因と証拠』(有斐閣,1981 年)155 頁以下参照。

罪都是非法取得型的财产犯,据此认定具有同一性。[1] 然而,毋宁说问题的关键就在于"基本事实"范围的确定,因此该观点容易陷入以问答问的循环论证中,或者最终又回到根据具体案情,结合行为样态、犯罪时间、地点、结果、被害状况等因素进行综合评价的具体问题具体分析的套路中。

2. 择一关系说

诉因变更以公诉事实同一性为前提,但公诉事实同一性并不一定引发诉因变更,如前文所述,当审理事实并未超越诉因事实的构成要件范围,并且不会导致被告人的防御陷入不利境地时,就没有诉因变更的必要性。因此,本书所要讨论的"公诉事实同一性"限定于虽然前后两个诉因事实的差异已经达到有必要变更诉因的程度,但仍在同一性的范围内。日本的判例在基本事实同一说的基础上发展出了择一关系说,也被称为非两立性说。该学说认为,如果要肯定甲事实与乙事实具有公诉事实的同一性,应当以这两个事实不可同时存在为前提,即综合犯罪时间、场所、行为样态等因素来看,当能够肯定 A 事实时就不能同时肯定 B 事实。[2] 例如,甲以盗窃的诉因事实被起诉,经审理查明甲对被害人实施了诈骗行为,盗窃罪与诈骗罪的构成要件相互对立,不存在竞合关系,不可同时存在,但盗窃罪与诈骗罪同属于转移占有型的财产犯罪,同属于状态犯,在罪质上具有同质性,如果这两个事实在时空上具有密接性,针对同一被害人,涉及同一财物,则可肯定公诉事实的同一性。

由此可见,择一关系的存在承担着发动诉因变更必要性的功能,而公诉事实同一性与否的判断归根结底还是取决于两个事实的基本部分是否具有同一性。也就是说,择一关系的存在是在具备基本事实同一性之后的附加条件,判断的主体部分仍然是基本事实的同一性。

---

〔1〕 参见日本最高裁判所昭和 28 年 5 月 29 日刑集第 7 卷第 5 号,第 1158 页。

〔2〕 参见日本最高裁判所昭和 29 年 5 月 14 日刑集第 8 卷第 5 号,第 676 页。

此外，择一关系将诉因事实与审判事实各自可能符合的构成要件之间的关系限定在一罪的范围内，因为如果两个构成要件可以同时独立存在，就变成了数罪。然而，除一个行为符合一个构成要件的单纯一罪外，诸如处于法条竞合关系、吸收关系的评价一罪和诸如处于想象竞合关系、牵连犯关系的科刑一罪已经迈向数罪。尤其是科刑上的一罪，仅仅是因为处刑上的考虑而将本来应当作数罪处理的行为作一罪处理。[1] 因此，择一关系的认定并不容易，两个犯罪事实是一罪还是数罪关系的判断标准在刑法上仍未有定论。[2]

3. 诉因共通说

从事实比较的角度出发，要得出公诉事实同一性的结论，两个诉因事实之间在重要事项上应具有共同性。基本事实同一说的核心主张也在于此，但基本事实的范围过于模糊，于是有学者认为构成犯罪的主要要素就是行为与结果，因此只要两个诉因事实在行为或结果其中一个要素上具有共通性，就可以说公诉事实是同一的。[3] 根据该观点，盗窃与诈骗在结果上具有同一性，故意伤害和故意毁坏财物也有可能在行为上具有同一性。固然，行为或结果是核心的构成要件要素，甚至可以说这两个要素撑起了构成要件的基本框架。但如果认为两个事实之间只要在行为或结果其中一个事项上具有共通性便可肯定公诉事实同一性，未免过于绝对化。脱离了构成要件的束缚，必然导致对同一性作过于宽泛的认定，进而失去了对诉因变更的制约功能。以死亡结果的共通性为例，在交通肇事、故意杀人、绑架、强奸、玩忽职守等诉因事实之间都可肯定公诉事实的同一性。这在某种程度上鼓励了缠讼，久而久之也使诉讼不是按规则进行，而是被不诚实的权宜之计向不确定的方向引导，被告人在完全不同的犯罪事实指控变

---

〔1〕［日］只木誠『罪数論の研究（補訂版）』（成文堂，2009 年）256 頁参照。

〔2〕参见庄劲：《机能的思考方法下的罪数论》，载《法学研究》2017 年第 3 期。

〔3〕［日］平野龍一『刑事訴訟法』（有斐閣，1958 年）139 頁参照。

动中疲于奔命,防御利益荡然无存。[1]

与此类似的观点还有来自松尾浩也教授的主张,松尾教授认为,诉因是用于特定并展示构成犯罪所必备的事实这样的概念,作为其要素,除了作为犯罪主体的被告人,还有犯罪的时间、犯罪的场所、犯罪的方法及行为样态、被害法益的内容、作为主体的被害人、共犯关系等。在这些要素中,当仅有其中一个要素变动时,在很大程度上都可以肯定"同一性",反之,当存在两个以上的要素变动时,寻求各个要素之间具有一致、类似、接近、包含等关系的必要性就增大,同一性的判断,取决于综合性评价这些要素间的关系,比较衡量检察官与被告人之间的对立利益。[2] 然而,仅有一个要素的变动也无法确保同一性的存在,两个以上要素的变动也不一定就丧失了同一性,该观点无论在形式还是实质上都无法为同一性的判断提供清晰标准。

4. 刑罚指向同一说

上述关于公诉事实同一性判断标准的各种观点虽有差异,但可以说出发点是相同的,都是从事实比较的视角出发探寻两个事实之间最大限度的共性之处,然而,只要是从这一进路出发都不可避免地遭遇挂一漏万、以偏概全的批判。于是,有学者另辟蹊径,将同一性的比较事项放在法律效果上,提出了所谓的刑罚指向同一说。具体而言,犯罪的时间、场所、手段、方法、被害客体等构成两诉因的事实相互重复、接近、类似,但对两个诉因事实分别施加两次刑罚又是不妥当的,因此当在两个诉因事实之间存在如果一方成立另一方则不成立这样的刑罚关心的择一关系,即非两立性关系时,就具有公诉事实的同一性,[3] 即以统括综合性评价为目标,导出了刑罚指向的唯一性是通向公诉事实同一性的媒介这一结论。[4] 由此可见,该观点结合形式比

[1] 参见邓子滨:《刑事诉讼原理》(修订版),北京大学出版社 2023 年版,第 232 页。

[2] [日]松尾浩也『刑事訴訟法(上)』(弘文堂,1999 年)265 頁参照。

[3] [日]田宮裕『刑事訴訟法(新版)』(有斐閣,1996 年)207 頁参照。

[4] [日]田口裕『刑事訴訟法入門(三訂版)』(有信堂,1982 年)151 頁参照。

较与实质判断，试图以刑罚指向的同一性去通约两个诉因事实，将其囊括在公诉事实同一性的范围内，从而构建同一性统一判断标准。

不难看出，该观点将诉因的可变更范围与一事不再理的界限作关联考虑，将这两者统合于在同一次诉讼中一并解决两个诉因事实的相当性这一观念之中，可以说是对禁止重复评价原则的贯彻和推演。此外，这一观点尝试用刑罚的择一关系替代两个事实的择一关系，克服了上述择一关系说可能无法妥当处理科刑一罪的弊端，对不同的事实具有更强的包容性。与此同时带来的问题就是，虽然以刑罚不可并存为由力求在一次诉讼中尽可能处理不同的犯罪事实满足了诉讼经济和效率的要求，但归根结底是对强大的侦查权和侦查范围的广泛性的承认，这种做法本身并不一定有利于公诉方和被告人。因为对于公诉方而言，重新起诉的范围不宜过于宽泛更符合其利益；对于被告人而言，审判范围被严格限定更有利于其防御工事。然而，我国《刑事诉讼法》及《刑事诉讼法解释》赋予了检察院广泛的重新起诉权，甚至《刑事诉讼法解释》第 219 条第 1 款第 5 项规定了依照《刑事诉讼法》第 200 条第 3 项规定宣告被告人无罪后，人民检察院根据新的事实、证据重新起诉的，人民法院应当依法受理。[1] 因此，当务之急并不是如何扩张检察院的重新起诉权，而是适当限缩重新起诉的权限与范围。此外，我国并未确立起诉因制度，根据《刑事诉讼法》及《刑事诉讼法解释》的相关规定，保障审判对象稳定性以及被告人有效防御的任务落在公诉事实同一性身上，而将刑罚的非两立性与犯罪成立的非两立性等同视之，必然导致诉因可变更的范围被过度扩张，不利于被告人的防御权。综合这两点，虽然刑罚指向同一说更贴近我国《刑事诉讼法》

〔1〕 有观点认为这一规定违反了《刑事诉讼法》关于审判监督程序的规定，如果不依据审判监督程序加以改判而允许重新起诉，势必出现同一案件同时存在两个都具有法律效力的判决的“一案两判”现象，有违一事不再理原则和既判力原理，也会损害法院生效裁判的权威性。参见张建伟：《重新起诉与一事不再理原则之违反——最高人民法院刑事诉讼法解释第 219 条第 5 项之商榷》，载《政法论坛》2022 年第 3 期。

的规定以及司法实务的现状，但恰恰是应当警惕的观点。

（三）防御范围共通说的展开

我国有实证研究表明，变更公诉在司法实践中存在诸多问题，例如，检法权力的行使和责任的承担有混同化的迹象；检察机关可以随时变更指控的犯罪事实和被告人，法院也可以不受起诉指控的制约进行“突袭裁判”；被告人及其辩护人需要应对起诉指控内外“犯罪嫌疑”的攻击或者罪名认定，其诉讼防御利益得不到有效保障。[1] 难能可贵的是，在司法实践中，也不乏坚持公诉事实同一性的判决。例如，在“叶某聚众斗殴、诈骗案”中，判决指出：根据诉审同一性原则，裁判事实与公诉事实必须保持一致性，公诉事实指明了辩护权与裁判权的行使方向、内容和界限。叶某所涉两案原审的公诉机关不同、公诉事实不同、被告人不尽相同、现提起再审的程序与主体亦不同，合并审理并在同一份判决书中作出裁判，意味着两家检察院的不同公诉事实以及上级检察院的抗诉事实将会与一个裁判事实相对应，会导致两案公诉（抗诉）事实效力波及范围被不当混同，容易引发指控的公诉（抗诉）事实与后续生效的裁判事实范围不相一致的误解。[2] 但是，如果对公诉事实同一性作过于狭隘的理解，也有可能导致公诉事实被过度拆分，从而引发公诉权滥用以及法院审理不尽的问题；与此同时，被告人也长期笼罩在随时可能被追诉的危险之中，反而不利于被告人。由此可见，如果说公诉变更应在公诉事实同一性的限度内，那么同一性的解释首先应最大限度寻求两个诉因事实之间的同质性，在此基础上既应符合诉因的功能定位，又应遵循有利于被告人的利益原则。

---

〔1〕 参见周长军：《刑事诉讼中变更公诉的限度》，载《法学研究》2017 年第 2 期。

〔2〕 参见浙江省宁波市北仑区人民法院刑事判决书，(2021)浙 0206 刑再 2 号。关于该案的评释，参见李东阳、於芯怡：《对同一被告人所涉多案同时提起再审的审理规则》，载《人民司法》2022 年第 23 期。

1. 同一性的事实基础

上述关于同一性判断的各种学说都致力于两个诉因事实之间的比较，却未构建共通于两个以上的诉因事实的模型，也就是作为同一性判断之基础的“公诉事实”本身到底是怎样的事实。换言之，同一性的判断并不是两个诉因事实之间的比较问题，而是能够容纳两个诉因事实的容器是什么的问题，毕竟公诉事实的同一性承担着保障将不同诉因事实放在同一次诉讼中一并解决之妥当性的任务。诉因事实是对其背后的自然的社会事实进行裁剪的结果，公诉事实也只能从中寻求，这一问题与犯罪认定之前的行为选定紧密关联。

具体而言，在正式进入“构成要件该当性—违法性—有责性”的犯罪论体系评价之前，首先应当从被告人的举止和态度中选出值得作为刑法评价对象的行为，此时应以刑法的法益保护功能为导向，将基于人的自由意志实施的、至少对法益形成抽象危险的身体动静选取出来，以发挥行为的界限功能。[1] 作为评价对象之单位的“一个行为”，只能对其整体赋予“一个评价”，不能在一个行为的内部进一步作分断处理。因此，在刑法上被评价为一个行为所对应的事件并不一定是一个意思支配之下的一个动作，只要在同一行为意思支配之下实施的、在时间和空间上具有密接性、具有同一法益侵害内容的行为，即可被视为一体化的行为。[2] 例如，甲某日晚上在某车站偷了5名被害人的钱包，虽然从自然意义来看甲实施了5个盗窃行为，但这5个盗窃行为可被视为一体化的盗窃行为。于是，这5个盗窃行为在“盗窃”的公诉事实范围内就具备同一性，值得在一次诉讼程序中一并解决。因此，当从数个不同诉因事实中选取出来的行为呈现出不可分的一体化关系时，在一体化行为的限度内应肯定公诉事实的同一性，从而允许追加或变更公诉，即当在起诉状的诉因事实中仅明示该一体化行为的

〔1〕 参见李世阳：《刑法中行为论的新展开》，载《中国法学》2018年第2期。

〔2〕 ［日］高橋則夫「犯罪論における分析的評価と全体的評価——複数行為における分断と統合の問題」刑事法ジャーナル19号（2009年）39頁以下参照。

部分行为时,其他未被明示的部分可通过变更公诉程序而纳入审判对象范围。

与此相反,当从数个诉因事实中选取出来的两个以上的行为之间不具有一体化的关系时,又可分为两种情形:第一种情形是两个行为分别符合不同的构成要件,两个构成要件同时存在;第二种情形是两个行为虽然分别符合不同的构成要件,但这两个构成要件基于彼此之间的竞合关系或基于刑罚克制上的考虑,不可同时存在。

对于第一种情形而言,如甲以故意杀人的事实被起诉,经审理查明甲在此之前还强奸了另一被害人。此时,故意杀人罪与强奸罪处于两立状态,是数罪并罚的关系,无法找到可以容纳这两个不同构成要件的容器,不具有公诉事实的同一性,如果要通过追加起诉而并案审理,所考虑的是这种复合案件之间的关联性。现实的刑事案件常呈现一人实施多次犯罪,或多人共同实施一次或多次犯罪,以及一人或多人实施其他有关联的犯罪等复杂状况,此时的刑事案件虽然仍可以分解为一个个单一案件,但其实际形态已经因关联性而形成实体意义上的复合案件,从司法公正与效率的价值追求出发,可对复核案件作适当的合并或分离处理。[1]

对于第二种情形而言,各个相对独立的案件事实之间本来不具有同一性,但因两诉因事实在实体法上不可两立,因此也具备了拟制的同一性,这种拟制的同一性为检察院追加或变更起诉提供支撑。具体而言,在这种情形中,起诉的效力不能自动扩张,一部分起诉,效力不能及于全部;检察院只起诉其中一部分的,法院对于没有起诉的部分不得审判。只有经过检察院的追加起诉或者变更起诉,法院才能对追加、变更的部分审判,人民法院在审判中发现与已起诉部分存在上述关系的案件事实,可以建议检察院补充或变更起诉。例如,甲以拐卖妇女乙的诉因事实被起诉到法院,经审理查明甲还对乙实施了强奸行

〔1〕 参见龙宗智:《有组织犯罪案件分案审理问题研究》,载《法学研究》2021年第3期。

为。拐卖妇女罪与强奸罪本属于不同的构成要件，如果检察院仅对拐卖行为提起公诉，法院不得对未提起公诉的强奸部分进行审判。但根据《刑法》第 240 条的规定，如果同一行为人对同一被害人在拐卖过程中又实施强奸行为，强奸行为被作为拐卖妇女罪的加重情节，而不是与拐卖妇女罪数罪并罚，因此具有拟制的公诉事实同一性，该同一性为检察院追加或变更起诉提供法条与法理根据。

2. 同一性不得超越被告人的防御范围

综上所述，同一性的认定应具有事实基础，也即新旧两诉因背后所对应的历史事实具有重合性或时空密接性，将其视为一个事件有利于在一次刑事程序中作合并处理，提高诉讼效益。然而，这一判断视角主要是从公诉方的立场出发的，如果过分强调这一判断视角将会埋没诉因制度的防御功能。也就是说，在同一性的判断上还应加入被告人的判断视角，即诉因的追加或变更是否损害原诉因的告知机能，是否给被告人的防御范围带来实质性差异。[1] 因此，同一性的有无应在事实的形式比较的基础上作实质判断。如前文所述，我国《刑事诉讼法》及《刑事诉讼法解释》在公诉的追加或变更的判断标准上主要围绕罪名的一致性展开，司法实践中公诉变更的情形也主要在罪名相近或相关联的事实之间产生。然而，罪名与构成要件并非一一对应的关系，而不同罪名所对应的事实也并不一定完全不同。在公诉事实与罪名变更的对应关系上，存在以下 4 种情形：①前后两个事实没有变化，起诉罪名与认定罪名不一致；②前后两个事实没有变化，起诉罪名与认定罪名也一致，但罪数不一致；③前后两个事实存在变化，起诉罪名与认定罪名一致；④前后两个事实存在变化，起诉罪名与认定罪名不一致。其中，第④种情况显然已经不具有公诉事实同一性。在前三种情形中，同一性是否超越被告人的防御范围，以下作分别讨论。

---

〔1〕［日］三井誠『刑事手続法Ⅱ』(有斐閣，2003 年)223 頁参照。

(1)事实不变,罪名不一致

例如,在"张某云掩饰、隐瞒犯罪所得案"中,公诉机关认为张某云等4名被告人明知是他人诈骗所得,仍在他人指使下多次为他人取款,应以诈骗罪追究刑事责任。在审理过程中,经过法庭调查与质证,被告人为诈骗犯取款的事实得以确认,被告人对该事实也没有异议,但对指控的罪名有异议,认为自己所犯并非诈骗罪,应当认定为掩饰、隐瞒犯罪所得罪。结合该案的事实与证据,法院否定了被告人与诈骗犯存在事前通谋或事中参与,从而否定了诈骗罪共犯的成立,最终以掩饰、隐瞒犯罪所得罪对被告人定罪处罚。[1] 公诉机关以什么罪名对被告人提起公诉,对于被告人而言是防御的阵地之所在。罪名的认定就是将案件事实涵摄于具体构成要件的过程,一旦罪名发生变更,就意味着防御阵地的转移。因此,即便公诉事实没有变化,也并不意味着法院可以任意变更罪名,否则被告人的防御权将荡然无存。我国《刑事诉讼法》及《刑事诉讼法解释》并未对人民法院直接变更人民检察院指控罪名的案件中如何保障被告人的辩护权作出明确具体的规定,导致司法实践中对被告人辩护权的保障程度不一。在罪名的变更上,虽然有轻重之分,但即使是将重罪变更为轻罪,也应充分保障被告人的防御权。具体而言,应当向被告人及其辩护人以书面的形式告知拟变更的具体罪名、相关的法律依据以及变更的理由;在此基础上充分保障被告人及其辩护人就拟变更的罪名发表辩护意见的时间和机会。[2]

(2)事实不变,罪数不一致

一罪一诉因原则要求当在一纸诉状中同时起诉多个处于数罪并罚关系的犯罪事实时,应当将各个犯罪事实分开记载,因为如果将数个犯罪事实记载于一个诉因之中将导致审判对象陷入不明状态,与此

---

〔1〕 参见天津市滨海新区人民法院刑事判决书,(2017)津0116刑初80135号。

〔2〕 参见吴纪奎:《法院变更指控罪名应充分保障被告人的辩护权》,载《人民司法(案例)》2016年第11期。

相应,被告人的防御利益也将受损。[1] 因此,即使公诉事实本身没有变化,但罪数的认定产生变化时,也当然会影响被告人的防御利益,具体包括从一罪变更为数罪和从数罪变更为一罪这两种情形。那么,在这两种情形中,围绕公诉事实是否还具有同一性这一焦点问题存在争议,形成诉因变更说和诉因补正说的对立。诉因变更说认为,既然公诉事实本身没有变化,公诉事实就具有同一性,但当由一罪变更为数罪时,对被告人而言经常是不利的法律构成的变更,因此需要通过诉因变更程序重新确立审判对象。与此相对,诉因补正说认为既然公诉事实本身没有发生变化,法院的审判范围就没有发生改变,至于法院认定为一罪还是数罪,则是法官行使审判权的具体表现,因此不需要经过诉因变更程序,从被告人防御需要的视角出发,只需要公诉方对诉因进行补正即可。[2]

在我国司法实践中,对同种数罪一般不数罪并罚,而是作为一罪处理。这种处理方式是否妥当已经超出本书的议题范围,暂且不论其合理性。如果排除了同种数罪,在公诉事实不变的情况下,如果法院认为相关事实成立数罪,意味着对该事实作分断处理,也就是该事实内部的某一片段可单独构成独立于被起诉的罪名之外的犯罪。这对于被告人事前已经建立起来的防御机制是一种意外的、重大的打击,因此应当通过诉因变更程序重新确立攻防目标。然而,根据我国《刑事诉讼法》的规定,公诉变更的决定权在检察院,法院无权发布公诉变更命令,仅具有建议变更公诉的权利。正因如此,在这种情形中,如果检察院拒绝变更公诉,法院原则上不能在公诉事实不变的前提下认定数罪。与此相反,在公诉事实不变的情况下,如果法院认为被起诉的数罪应作一罪处理,除非一罪比数罪并罚更重,如抢劫罪一般比故意伤害罪和盗窃罪数罪并罚更重,否则这种认定对于被告人而言往往是

---

〔1〕［日］上口裕『罪数の変化と訴因——一罪から数罪の場合』南山法学 20 巻 3・4 号(1997 年)101 頁参照。

〔2〕［日］寺崎嘉博『刑事訴訟法(第 3 版)』(成文堂,2013 年)320 頁参照。

更为有利的。由于既未改变公诉事实,又未侵害被告人的防御利益,一般而言并不需要变更诉因。[1]

(3)事实变化,罪名一致

例如,甲以诈骗罪被起诉到法院,在审判过程中查明的诈骗数额与起诉的数额不一致,此时以查明的数额进行认定即可,无须变更诉因。这是因为,诈骗数额作为诈骗罪的构成要件结果,本来就是控辩双方可能形成的争论焦点,也是在审判过程中应当重点确定的事实,这并未超出被告人的防御范围。此外,如果在审判过程中查明行为人在公诉事实之外实施了涉嫌相同罪名的犯罪行为,例如,甲以诈骗罪被起诉到法院,在审判过程中查明甲还另外实施了一起诈骗案。在这种情形中,虽然罪名不变,并且司法实践中对于同种数罪一般不实行并罚,但该事实的加入,显然已经与原来的公诉事实不具有同一性,应当通过追加起诉的程序重新设定审判范围。

五、结论

审判对象论是检验刑事诉讼模式的试金石,但在职权主义模式与当事人主义模式从对立走向融合的背景下,公诉事实说与诉因对象说的差异程度在缩小。我国刑事诉讼法虽未确立诉因制度,但诉因的审判对象划定功能和防御功能仍然存在法条根据。以诉因的这两项功能为基础限制公诉的任意变更,既是解释学上的任务,又是限制司法实践中任意变更公诉的路径。通过本书的考察,初步得出以下结论。

第一,公诉变更的必要性应与诉因功能作联动式判断。从诉因的审判对象划定功能出发,当属于诉因范围内的必要事项发生变动时,原则上就具有公诉变更的必要性;从诉因的防御功能出发,当对被告人的防御具有重要意义的事项发生变更时,原则上也应变更公诉。综合考虑诉讼效率与被告人的诉讼权利,当没有变更诉因也不会造成裁

---

〔1〕[日]酒卷匡『刑事訴訟法』(有斐閣,2015年)313頁以下参照。

判突袭并对被告人造成更大不利影响时,就没有必要变更公诉。

第二,公诉变更的可能性以公诉事实同一性为前提。在公诉事实同一性的判断上,首先应最大限度寻求两个诉因事实之间的同质性,在此基础上既应符合诉因的功能定位,又应遵循有利于被告人的利益原则,因此防御范围共通说具有更强的解释力。

第六章 链条式钓鱼软件的运行机制及其刑法规制

一、问题的提出

近年来,中国的互联网产业呈现出井喷式的生长状态,以互联网为依托的第三产业正在迅速崛起,成为新的经济增长点。然而,在繁荣的背后隐藏着危机,例如,随着互联网以及电子商务的迅猛发展,互联网犯罪不断升级演化,呈现出新型化、精细化、专业化、组织化等特点。除了利用互联网实施传统犯罪,危害网络和信息安全行为越来越公开化、规模化,形成了各类黑灰产业链,成为寄生于电子商务乃至整个互联网的毒瘤,尤以恶意注册、虚假认证、虚假交易三大黑灰产为甚,而在背后不断支撑这些犯罪和黑灰产行为的是互联网技术黑灰产。各种恶意硬件、软件开发、买卖,非法信息、数据买卖、恶意聊天群组和平台网站运营是各类犯罪和黑灰产行为滋生的土壤,伪基站、恶意注册、盗号软件、炒信平台、身份证、手机卡、银行卡买卖、各类恶意聊天群组的肆意活动和发展形成了环环相扣的链条。毫无疑问,仅仅打击表面的犯罪行为治标不治本,如何在法律上构建安全有序的网络环境是法学界面临的一大难题。

对于刑法而言,其正面临传统犯罪的网络化与网络黑灰产带来的冲击。一方面,传统的实行行为论、故意论、过失论、因果关系论、共犯论、未遂论等理论工具在适用于新型网络犯罪的过程中,产生诸多解释论上的难题。另一方面,在对我国《刑法》分则所规定的各个罪名的构成要件进行解释时,如何在坚守罪刑法定原则这一底线的前提下,对当前各种网络黑灰产进行有效规制,既是解释论的问题,又是立法论的问题,考验着法律人的智慧。

本部分以一则利用钓鱼软件侵犯他人财产的真实案例为素材,探讨以上问题。

二、案情简介与焦点问题

(一)案情简介[1]

小李是大唐镇一家网店店主,2016 年 4 月,为了提升店铺信誉,她在网络平台上找了一个职业刷单手张某,按照约定,刷单手张某用自己的账号拍下小李网店的商品后,由网店老板小李远程操控刷单手的电脑,即只是借用刷单手的购物账号,实际付款、收款的都是老板自己的钱。小李通过远程操控张某的电脑,用 6300 元购买了自己网店的产品,按理说,第二天这 6300 元就会回到小李的账号上。没想到,第二天,这钱却"爽约"了。同样在 4 月,诸暨另一名网店店主阮某也被同样的方法骗走 5000 元。

通过一系列侦查手段,这个刷单手张某被揪了出来。据张某交代,猫腻出在网银支付页面上。张某在卖家远程操控电脑之前启动了自己电脑上的钓鱼软件,输入自己的账号和预设金额。当卖家按下付款键时就会自动跳转到一个假的网银支付页面。于是,原本要"回流"到卖家账号中的钱,就这样进了张某的口袋。

顺着张某这一线索,在诸暨检察机关提前介入、引导下,公安机关顺藤摸瓜,历时几个月时间,陆续抓获了出售该款钓鱼软件的吴某等

---

[1] 作为与该案相关联的判决书,参见中国裁判文书网,检索案号为(2017)浙 06 刑终 454 号、(2016)浙 0681 刑初 1497 号、(2016)浙 0681 刑初 1580 号。

人和开发这一钓鱼软件的林某等人。这条价值近千万元的“大鱼”终于浮出水面。据吴某交代，他是从软件开发者林某处获得的经营代理权，然后在网上销售该软件，并以QQ聊天、远程演示、转发视频教程等方式教授购买者使用软件进行刷单诈骗。每个月，吴某都会从下家手里收取每个账号500元的使用费，把份子钱交给林某。

可是，这些刷单手是怎么找到这些想刷信誉的店主呢？目前，网络上有一些语音平台，一开始是供游戏玩家商量游戏攻略用的，相对隐蔽，后来有人借助这些平台开设刷信誉群，吸引网店店主和刷单手加入。但是加入是有条件的，刷单手每次要给群主100元入群费，然后由群主对刷单手进行3天的刷单业务培训，而网店店主进群则需要缴纳更高的入群费。在这个群里，有些人利用刷单赚外快，但也有像李某这样利用刷单实施侵财行为的人。然而，钓鱼刷单是一次性交易，一旦卖家发现钱被骗走，会向群主反映，群主就会把这些人的账号封杀。这样，李某这些人想要物色下一个目标，就必须重新注册账号并再次缴纳100元加入新群，费时又费钱。于是，他们想到了开发木马软件盗号。张某开发了一个木马软件并谎称自己是淘宝店主，把含有木马程序的商品链接发给刷单手，趁机盗取刷单手账号，之后再把这些账号卖给李某他们，收取四五十元手续费。就这样，李某这些人换了身份，重新回到群里实施新一轮的犯罪行为。[1]

（二）焦点问题

至此，一个完整的针对刷单的钓鱼软件产业链呈现出来，这个产业链包括4层，分别为：开发网页切换软件—贩卖切换软件—购买切换软件与盗号软件—循环实施侵财行为。由此可见，网页切换软件以及盗号软件是这类网络侵财案件产生的源头。在刑法上，以下问题值

〔1〕 参见吴江英、倪夏子、王雨：《网店找人刷信誉　屡屡被钓鱼软件骗走钱款》，载《人民公安报》2016年7月24日，第2版。

得追问：首先，如果这些软件可以定性为“恶意软件”，在刑法上应接受怎样的评价；如果不是“恶意软件”，刑法应秉持怎样的态度；如何判断软件的“恶意性”。其次，软件开发者与销售者作为上游阶段的人员与作为下游阶段人员的软件购买者及使用者之间往往不具备双方向的意思联络，于是，软件开发者对于软件使用者实施的违法犯罪行为是否承担责任，如果可以，其主观归属与客观归属的依据何在。再次，刷单手使用网页切换软件致使刷信誉的淘宝商家将钱打到其账户上，这种行为可能符合《刑法》分则规定的哪一个构成要件。最后，群主在语音平台上组建通信群组供刷单手与淘宝商家进行虚假交易，这种行为是否可能构成犯罪；语音平台的管理人作为网络服务提供者，对于其平台上的通信群组负有怎样的管理义务。

三、恶意软件无中立

毫无疑问，互联网发展的背后离不开技术的支撑。于是，技术中立原则常常被用于反对法律对技术的监管，或者为技术服务者免责。[1] 然而，可以说技术中立这一表述本身就是不中立的，因为技术中立是否中立至少要从功能、责任、价值等方面进行综合判断。[2] 例如，随着电子商务的发展以及利用云计算的大数据分析技术的运用，广而告之的广告时代即将终结，取而代之的是针对每个消费者不同的消费习惯、消费能力、年龄、阅历、学历、职业等不同特征而专门制定并推送的个性化广告，而当我们在享受互联网为我们带来的交往、交易、学习等方面的便利时，殊不知我们已经在互联网上留下了属于自己特征的痕迹，而网络技术可以将所有这些碎片瞬间拼接起来，还原出一个真实的人物形象。当所有的这些人物形象特征掌握在少数人手里

〔1〕 参见郑玉双：《破解技术中立难题——法律与科技之关系的法理学再思》，载《华东政法大学学报》2018 年第 1 期。

〔2〕 参见郑玉双：《破解技术中立难题——法律与科技之关系的法理学再思》，载《华东政法大学学报》2018 年第 1 期。

时，也意味着财富与权力将集中在少数人手里，我们生活的世界变成“楚门的世界”。

对于软件而言，其功能与价值是由软件开发者通过编程赋予的，当软件开发者在开发某个软件时，专门地赋予该软件实施违法犯罪行为的功能时，该软件就带上了开发者的“恶意”。例如，该案的钓鱼软件就专门被用于切换支付宝支付界面的网页，微信抢红包外挂软件被专门用于迅速抢红包，盗号软件被专门用于盗取他人互联网账号等。这种“恶意”一方面打破了对技术中立性的认识误区；另一方面为互联网黑灰产业链条上的各个参与人之间的意思联络的存在提供基础。据此，在刑法解释论上可以得出以下结论。

第一，恶意软件在客观上为软件利用者实施的盗窃、诈骗、破坏计算机信息系统等违法犯罪行为提供了物理上的帮助，从因果共犯论出发，软件开发者成为软件利用者所实施的犯罪的参与人。

第二，软件利用者只要认识到了软件的恶意性并使用，就建立起与软件开发者之间双方向的意思联络。也就是说，并不需要双方之间存在明示的共谋，也不需要具有共同意志才能认定共同故意的存在。

诚然，专门用于实施违法犯罪行为的软件在其“恶意性”的认定上并不存在特别的困难，但在这些软件背后往往运用了某一核心技术，这一核心技术可能并不仅仅运用于一款软件。例如，在该案中，支撑“涅槃重生”这一钓鱼软件运行的关键技术就是网页的迅速切换，然而这一技术照样可以用于大型网络游戏的设计中。在这种情形中，刑法应保持必要的克制态度。在这个意义上，软件的“恶意性”是被推定出来的，作为推定的客观事实材料，首先应当考虑的是该软件的功能，当该功能取决于用户时，用户利用该软件实施的违法犯罪行为并不能归属于软件开发者。又如，视频播放软件的利用者利用该软件播放什么视频已经脱离了开发者的支配范围。

四、盗窃与诈骗关系的厘清

虽然我国《刑法》第264条与第266条分别规定了盗窃罪与诈骗

罪,但这两个条文所规定的构成要件对于盗窃与诈骗行为的描述是一种同义反复,因此盗窃罪与诈骗罪的基本构造只能求诸于解释学。在刑法解释学上,将盗窃行为解释为“打破他人的占有并建立自己的占有”的占有转移过程,[1]将诈骗罪的基本构造解释为“行为人实施欺骗行为—对方产生认识错误—对方基于认识错误处分财产—被害人遭受财产损失”[2]。由此可见,盗窃罪与诈骗罪都是占有转移型的犯罪,只是转移的方式不一样而已。具体而言,盗窃是行为人基于自身的实力以相对和平的方式完成占有转移过程,与此相对,在诈骗的过程中,介入了被骗人的因素,由被骗人实施财产处分行为以完成占有转移过程。由此可见,财产处分行为的存在与否成为区分盗窃罪与诈骗罪的关键。

那么,刑法意义上的处分行为应如何认定?作为刑法意义上的行为,必须是在行为意思支配下实施的、具有侵犯行为规范之危险的行为。据此,要成立刑法意义上的处分行为,仅仅具有客观外在的交付行为并不足够,还必须具备支配交付行为实施的处分意识。然而,处分意识的内容到底是什么成为问题。关于这一问题,日本学者佐伯仁志教授举出了一个生动的例子加以说明,即卖鱼的人在将装入箱子中的鱼卖给顾客之际,以为是装入了10条沙丁鱼,结果出现了:(1)卖了装入了12条沙丁鱼的情形(鱼数量的错误);(2)放入了1条鲷鱼的情形(鱼种类的错误);(3)放入了钱包的情形(财物种类的错误)。无论哪种情形,卖鱼的人都只是意识到了对于箱子和10条沙丁鱼的占有转移。[3] 那么,如果严格坚持卖鱼人的意识内容是对于箱子和10条沙丁鱼的占有转移的话,以上的3种情形可以说都成为无意识的处分行为。但是,如果将意识的内容抽象为对沙丁鱼的占有转移,第一种

---

〔1〕 参见车浩:《盗窃罪中的被害人同意》,载《法学研究》2012年第2期。

〔2〕 张明楷:《诈骗罪与金融诈骗罪研究》,清华大学出版社2006年版,第7页。

〔3〕 参见[日]山口厚、[日]佐伯仁志、[日]井田良:《理论刑法学的最前线Ⅱ》,岩波书店2006年日文版,第118页。

情形就成了有意识的处分行为;如果进一步将意识内容抽象为对鱼的占有转移,第二种情形也成了有意识的处分行为;如果再进一步将意识内容抽象为对财物的占有转移,甚至连第三种情形也成了有意识的处分行为。由此可见,如果沿着被处分的具体财物所属的种概念一步步抽象的话,那么可以说在诈骗罪中的所有处分行为都成了有意识的处分行为。如此一来,有意识的处分行为说和无意识的处分行为说的区别也就变得模糊了。可是,无限制地将处分意识的内容抽象化,将会扩大诈骗罪的范围,从而使诈骗罪和盗窃罪难以区分。这显然是不合适的,所以有必要对处分意识的内容加以限制。[1]

当把处分意识作严格理解时,如对财物的物理特征、种类、性质、价值、数量等要素都要有明确认识才能认定具有处分意识,诈骗罪的成立范围就极大程度地受到限制;与此相对,当把处分意识作缓和理解,甚至将处分意识抽象到只要认识到自己是在处分财产即可达到这种程度时,使用欺骗方法转移对方注意力而取走财物的行为都可能被视为诈骗。本部分认为,由于财产可以分为财物与财产性利益,在处分这两种财产时所要求的处分意识内容并不相同。具体而言,当处分的对象为财物时,作为处分意识的内容,至少需要认识到财物的性质与种类。当处分的对象为财产性利益时,只要行为人认识到自己是在给予对方某种利益即为足够。[2] 在互联网时代的今天,财产性利益的种类在不断丰富,支付形式在不断创新,交易速度在不断加快。在这一时代背景下,行为人的处分意识必然不断被抽象化、符号化。即便如此,被害人认识到自己是在针对行为人作出财产处分行为,这一点依然是区分盗窃罪与诈骗罪的底线。

在该案中,淘宝商家本来预设将货款打入自己的账户中,但支付

---

〔1〕 参见李世阳:《论诈骗罪中的财产处分行为》,载《北京大学研究生学志》2011年第2期。

〔2〕 参见李世阳:《论诈骗罪中的财产处分行为》,载《北京大学研究生学志》2011年第2期。

页面却被“假刷单手”利用钓鱼软件切换，从而将钱款打到假刷单手的账户中，由此造成财产损失。表面上看这符合前述的诈骗罪的基本构造，但本部分认为该案中的淘宝商家并不具有对假刷单手作出财产处分行为的意识，因此不能认定存在财产处分行为。具体而言，当假刷单手利用钓鱼软件切换支付页面时，淘宝商家已经成为假刷单手实现占有转移的工具，因此，假刷单手成立盗窃罪的间接正犯。

五、语音平台的刑事责任

在该案中，群主利用语音平台设立信誉群的行为符合《刑法》第287条之一所规定的非法利用信息网络罪的构成要件。然而，该语音平台事实上为各种违法犯罪活动的交流提供了场所。语音平台的管理人作为网络服务提供者，是否可能成立拒不履行信息网络安全管理义务罪，成为值得讨论的问题，这一问题与该罪的构成要件的解释紧密关联。

从法条的规定来看，该罪是真正的不作为犯，也就是说，该罪只能以不作为的方式完成，其所违反的作为义务是一种法定义务，即只能是由法律或行政法规所规定的信息网络安全管理义务。由此可见，该管理义务的内容并非由刑法确定，而是由其他法律或行政法规加以确定，这样的话，管理义务的认定就成为一种开放性的、规范性的判断，并且管理义务的确定与作为保证人的网络服务提供者之确定这两者之间是相辅相成的关系。其结果，虽然该罪从形式上来看是真正不作为犯，但仍然要根据确定不真正不作为犯的保证人地位原理进行实质性判断。也就是说，作为义务的确定仍然是认定该罪成立与否的核心问题。具体而言，①让网络服务提供者承担信息网络安全管理义务的合理根据在哪里；②依据我国现行适用于互联网领域的法律与行政法规，网络服务提供者负有怎样的安全管理义务。

作为具有继续性、类型性的社会地位的网络服务提供者，当处于其管理之下的设施隐藏着违法信息并且其对此具有认识时，并没有理由直接否定网络服务提供者具有将其删除以防止危害结果的继续扩大的义务。[1] 该义务是从民事法上的安全确保义务类推而来的，具体而言，当处于自己支配领域之下的物的危险源（物、装置、设施）具有危及第三人之法益的危险时，该行为人就具有防止该危险源对他人法益产生侵害的义务。[2] 该观点是基于以下两点考虑：第一，由于原则上不允许社会生活往来者介入处于他人支配领域下的危险支配，不能对由此而产生的危险作出有效应对，在日常生活中不得不信任该危险支配；第二，从对物与事务管理中获得利益者，即使是细微之处，也负有监督并回避由此而可能产生之危险的义务。

从该观点出发，关于网络服务提供者的刑事责任，应分类探讨。首先，如果网络服务提供者作为自己的服务而提供违法信息（淫秽信息、损毁他人名誉信息、侵犯著作权信息等），就是居于正犯的身份并以作为的方式利用网络服务平台实施自己所意图的犯罪，此时的问题在于该行为符合刑法中哪个罪名的构成要件，并不产生不作为犯的问题。其次，网络服务提供者对于会员上传于其所运营的网络平台或网站上的违法信息不加以删除而原封不动放置时，就成为不作为的行为样态了。在这种情形中，由于可以说平台或网站主页本身并不是危险源，违法信息才是危险源，除非网络服务提供者或公告栏的运营者存在因主页与公告栏的特征之故而发挥了促进违法信息的上传这一犯罪促进作用的“特别事情”，否则不能认为网络服务提供者具有监督保障人的地位。然而，对网络服务提供者科以无时无刻排查其经营的平台或网站上是否隐藏或传播违法信息的作为义务是不妥当的，应将其作为义务限定于在发现违法信息之后加以屏蔽或删除的义务。[3]

---

〔1〕 参见［日］镇目征树：《网络服务提供者等的刑事责任》，载《现代刑事法》第6卷第1号，第17页。

〔2〕 See Kienapfel/Hoepfel，(Fn. 6)，Z 30 Rn 22a.

〔3〕 参见［日］吉田敏雄：《不真正不作为犯的体系与构造》，成文堂2010年日文版，第82页。

关于这一点,我国有学者指出:对网络服务提供者的行为加以调整,法律上的根本出路在于求助成熟的安全保障义务理论。“开启或加入交往空间者对其中的他人负有安全保障义务,应在合理限度内照顾他人权益”这一原则并无对介质的特殊要求,也适用于作为社会生活一部分的网络空间。在网络空间的社会性交往中,网络服务提供者是交往的开启者和最终管理者,理应负有安全保障义务。即便对于完全私密性交往,服务提供者也负有安全保障义务,如保障交往信息不因当事人以外的原因而外泄、错误或迟延发送等。[1] 此外,我国相关的法律与行政法规也对网络服务提供者所应承担的安全保障或管理义务作出了相关规定。例如,根据《互联网信息服务管理办法》第6条的规定,从事经营性互联网信息服务,应当具备健全的网络与信息安全保障措施,包括网站安全保障措施、信息安全保密管理制度、用户信息安全管理制度。这样的话,就从法律的意义上确保网络信息服务提供者具有履行安全保障或管理义务的作为可能性。

总之,根据危险源责任理论,网络服务提供者对于其所运营的平台或网站负有安全管理义务,具体表现为网络服务提供者应从技术上建立健全足以保障平台或网站安全运营的配套措施,并在发现平台或网站上有违法信息之后负有采取屏蔽或删除的措施防止违法信息的进一步传播的义务,即所谓的信息网络安全管理义务。如前文所述,提供不同服务内容的网络服务提供者所负有的网络安全管理义务是不同的,应当区别对待才有助于问题的解决。例如,由于网络接入服务提供者通常而言并不可能对传输内容进行主动编辑或者修改,而只从技术上提供互联网接入服务,难以负有网络安全管理义务。对网络平台服务提供者也不能科以严厉的安全管理义务,因为其对于网络用户即将发布于平台上的信息无法事前控制,最多只能事后监管,但如果平台管理人懈怠事后监管,仍然需要承担不作为的责任。与此相

---

〔1〕 参见刘文杰:《网络服务提供者的安全保障义务》,载《中外法学》2012年第2期。

对,对于缓存服务提供者而言,在技术条件具备的情况下,负有审查其缓存内容的义务。网络内容服务提供者本身就是内容的制作者或发布者,因此当然负有保证其所提供的服务内容合法的义务。对于访问软件提供者而言,必须根据软件的性质来确定其安全管理义务的范围,如果其所提供的是恶意软件或流氓软件,如盗号软件、打码软件、撞库软件、洗号刷单诈骗软件等,那么此时的技术已经丧失了中立性,软件提供者必须承担作为相应犯罪的正犯或共犯的责任。

六、结语

几乎所有的网络犯罪背后都有恶意软件的支撑,并以此为源头形成了规模庞大的、链条式的网络黑灰产。从刑法解释学的角度出发,如何在现行刑法的框架下规制网络上的违法乱象,是对罪刑法定原则的一大考验。当穷尽刑法的解释,仍然无法在构成要件的语义最大边界范围内规制互联网黑灰产时,对于在刑法上没有明文规定为犯罪但又侵犯网络秩序的行为,是否可以考虑将其犯罪化。这是思考互联网黑灰产的刑法规制的两大进路。

可以说,信息与信用是支撑互联网秩序的两大支柱。信息的生命在于流通,刑法如何保护动态的信息是最新的课题;与此相对,我国刑法并没有专门地将信用作为保护法益,由于互联网的虚拟特征,信用在互联网时代中的重要性日益凸显,从立法论的角度,有必要增加对信用的保护条款。

第七章

网络索财案件的刑法分析

一、问题的提出

我国《刑法》第274条规定了敲诈勒索罪，其构成要件为“敲诈勒索公私财物，数额较大或者多次敲诈勒索”，很显然，这只是一个简要的构成要件，作为构成要件行为的“敲诈勒索”具有怎样的实质内涵，只能求诸于解释论。刑法学界的多数说认为敲诈勒索罪的基本构造是“行为人以恶害相通告—被害人陷入恐惧心理状态—据此做出财产处分行为—财产损失”[1]。据此，可以把敲诈勒索理解为通过制造令被害人处于意志被限制的状态而转移财产占有的交付型犯罪。因此，行为人通告被害人的害恶内容是否达到足以令被害人作出财产处分之程度，就成为判断是否具备敲诈勒索罪之实行行为性的标准。然而，在害恶内容本身是真实存在的情形中，如被害人实施了贪污行为，行为人掌握了相关证据并以此为筹码要挟被害人；或者，行为人明知被害人生产或销售的产品中有假冒伪劣产品，仍然知假买假并向生产者或销售者索要高额赔偿，否则就在网上公开，即行为人以即将行使某种法定权利为由告知被害人，而一旦行为人真的行使该权利很可能使被害人承担相应的不利后果，被害人在这种担忧的心理状态下实施

[1] 张明楷：《刑法学》（下）（第5版），法律出版社2016年版，第1015页。

了交付财产的行为，在刑法上应当如何评价，值得深入讨论。这一问题本质上是权利行使与敲诈勒索之间的关系问题，放置于三阶层犯罪论体系之下，就形式上而言，涉及权利行使应放在构成要件该当性阶段还是放在违法性阶段进行讨论；就实质上而言，归根结底是应当如何判断正当权利行使与权利滥用之间的界限。最近，在网络上出现不少利用他人网店出售的产品的介绍中出现极限广告词，据此以举报相威胁向店主索要财物的案例，有部分判决将该行为认定为敲诈勒索罪，可以说为本部分主题的探讨提供了绝佳素材。

案例一：2015 年左右，被告人陶某、吴某锋在共同为他人运营淘宝店铺期间，在淘宝网上搜索商品介绍中使用“最”“第一”“完美”等“极限词”描述的淘宝店铺，并将店铺信息提供给他人，以此获利，后二人辞职。2017 年左右，被告人陶某在经营自己的淘宝店铺时，被他人以商品描述中存在“极限词”为由勒索钱款。其发现可以此获利，遂向该人学习了敲诈勒索钱款的犯罪方法。2017 年下半年，被告人陶某购买了部分淘宝账号，并纠集被告人吴某锋共同在淘宝网上从事敲诈勒索犯罪活动。二人共同在淘宝上搜索商品描述中含“极限词”的店铺，后由陶某负责购买商品、申请退款，由吴某锋负责向淘宝投诉、并附已向杭州市市场监督管理局投诉的图片（系其 PS）及 QQ 联系方式。待商家主动添加 QQ 后，由陶某与商家聊天，威胁对方支付一定的费用才能撤销投诉，部分商家因害怕被市场监督管理部门处罚、影响店铺信誉率而被迫支付钱款。所得钱款由吴某锋每日结算后二人均分。2018 年 4 月，被告人陶某又纠集了被告人刘某鹏，由刘某鹏负责搜索商品描述中含“极限词”的淘宝店铺，其余分工不变，所得钱款由吴某锋每日结算后，三人按照陶某 4 成、吴某锋 4 成、刘某鹏 2 成的比例分配。三人形成了以陶某为纠集者，吴某锋、刘某鹏为其他成员的恶势力犯罪团伙。该团伙以恶意投诉、威胁为手段，在淘宝网上企图向近万家淘宝店铺实施敲诈勒索，其中向 400 余家店铺敲诈勒索成功，为非作恶，欺压百姓，扰乱淘宝商家正常的经营秩序，造成较为恶劣的社会影响。经查实,2017 年 12 月至 2018 年 3 月,被告人陶某、吴某锋通过上述方式敲诈勒索得款 37,680 元;2018 年 4 月至案发,该恶势力团伙通过上述方式敲诈勒索得款 165,201 元。[1]

案例二:2018 年 3 月起,被告人陈某超通过其购买的多个淘宝账号在淘宝平台购买描述中含“纯天然”“最”等极限关键词的商品,付款后立即申请退款,并以商品含极限关键词夸大宣传、虚假宣传、违反《广告法》为由向淘宝公司投诉商家。淘宝商家接到投诉按被告人陈某超留下的联系方式与其联系后,被告人陈某超均要求对方支付人民币 1000 元以撤销投诉,商家因害怕投诉影响商品的销售及店铺的信誉率,被迫向被告人陈某超转账 10 元至 1000 元不等的钱款。现已查明,从 2018 年 3 月至 8 月,被告人陈某超以上述手段成功敲诈淘宝商家上百家,获取金额达 36,588 元。[2]

在这两个案例中,行为人的作案手法类似,均以消费者的身份购买含有极限广告词的商品,据此投诉威胁商家,索取钱财。在这一类型的案件中,可以归纳出以下需要深入分析的问题:(1)不以购买商品为目的的行为人是否具备消费者的身份;(2)以极限词的形式描述商品的行为是否违反《广告法》及《消费者权益保护法》等法律法规;(3)如果行为人实际上并未投诉而谎称投诉并附虚假照片据此索要财物,在刑法上应认定为诈骗行为还是敲诈勒索行为;(4)这一类型的案件中行为人针对不同的被害人实施了同一类型的行为,在罪数以及犯罪数额上应如何认定;(5)在互联网时代,从罪刑法定原则出发,应如何看待恶势力犯罪的认定;(6)如何建构网络虚拟空间的信用体系。

怀着以上问题意识,以下逐一探讨。

二、消费者身份的认定

根据我国《消费者权益保护法》第 8 条第 1 款的规定,消费者享有

---

〔1〕 参见浙江省嘉兴市南湖区人民法院刑事判决书,(2019)浙 0402 刑初 167 号。

〔2〕 参见福建省龙岩市新罗区人民法院刑事判决书,(2019)闽 0802 刑初 204 号。

知悉其购买、使用的商品或者接受的服务的真实情况的权利。第15条规定，消费者享有对商品和服务以及保护消费者权益工作进行监督的权利，消费者有权检举、控告侵害消费者权益的行为和国家机关及其工作人员在保护消费者权益工作中的违法失职行为，有权对保护消费者权益工作提出批评、建议。由此可见，行为人要获得对商品的知情权以及相应的监督权、检举权、控告权，其前提是必须具备消费者的身份。根据《消费者权益保护法》第2条的规定，消费者为生活消费需要购买、使用商品或者接受服务，其权益受本法保护；本法未作规定的，受其他有关法律、法规保护。从该规定出发，似乎可以将消费者界定为：为生活消费需要购买、使用商品或者接受服务的人，包括自然人和法人。这一定义看起来很清晰，但实际上围绕"为生活消费需要"的理解，产生了两种截然对立的观点。具体而言，①如果将"为生活消费需要"理解为行为人的主观目的，则不具有该目的的行为人就被排除在消费者的范围之外；②如果将"为生活消费需要"理解为一种被推定的结果，则只要行为人购买、使用商品或者接受服务，就可以推定其是为了生活消费需要，不需要进一步证明实际上是为生活消费需要。

例如，持前一种观点的学者认为，职业打假人为"买假索赔，不为消费目的购买，不应认定其为消费者"[1]。赞成该观点的判决也认为：原告于8月17日收到单件连衣裙后对服饰材质成分产生怀疑，而于8月19日提交检测院质检，但在该检测报告出具之前，却仍继续向被告甘甘那公司购买同款服饰20件，该行为已超出作为一般消费者所具有的理性，亦与常理不符。故原告的上述行为存在主观恶意，并非消费者为生活消费需要购买、使用商品，其要求被告甘甘那公司就上述20件服饰增加赔偿金额，法院不予支持。[2]

---

[1] 梁慧星：《消费者权益保护法第49条的适用问题》，载《人民法院报》2001年3月29日版。

[2] 具体案情参见浙江省温州市鹿城区人民法院民事判决书，(2015)温鹿西商初字第1088号。

与此相对，持后一种观点的学者认为，任何人只要其购买商品和接受服务的目的不是将商品或者服务再次转手，不是专门从事商品交易活动，他或她便是消费者。[1] 显然，该观点认为购买商品者无非是经营者或消费者，因此将消费者定义为购买商品的非经营者。这一观点在司法实践中有很大的市场。例如，“只要其购买商品不是为了销售，不是为了再次投放市场进行交易，就应当认定其消费者身份”；[2]“任何公民只要从经营者处按零售价格购买了商品或接受了服务，就是一种消费行为”。[3]

可以将上述两种观点归结为生活消费目的必要说与生活消费目的不必要说，单纯从解释论的角度出发，难以在结论上肯定哪种学说就是绝对正确的。然而，就效果上而言，根据生活消费目的不必要说所确立的消费者范围显然要大于根据必要说所确立的范围；此外，在举证责任的分配上，从必要说出发，具备生活消费目的成为证明对象，对于主张者而言显然是一个沉重的负担。在司法实践中，如果彻底贯彻生活消费目的必要说，将会极大程度缩小消费者的范围，例如，所有的职业打假人都将丧失作为消费者的资格。与此相对，如果彻底贯彻生活消费目的不必要说，则只要在客观上实施了购买行为，均为消费者，包括职业打假人。本部分认为，虽然《消费者权益保护法》第2条明文规定了“为生活消费需要”，但不宜将其理解为积极的目的，而应将其理解为消极的动机，即除非行为人购买某一产品或接受某种服务属于专门的不是为了生活消费需要，否则通过购买行为即可推定其是为生活消费需要而购买，专门不是为了生活需要这一事由的举证责任并不在于消费者，而在于另一方当事人。

在案例一与案例二中，预先就以退货并退款为目的而实施购买行

---

〔1〕 参见王利明：《消费者的概念及消费者权益保护法的调整范围》，载《政治与法律》2002年第2期。

〔2〕 参见安徽省马鞍山市中级人民法院民事判决书，(2015)马民一终字第00408号。

〔3〕 参见广东省广州市海珠区人民法院民事判决书，(2015)穗海法民二初字第2661号。

为的被告人是否具备消费者的身份成为必须直面的问题。本部分认为,明知必然会退货仍然购买的行为人当然是消费者。首先,从购买到退货退款完全是在规则允许的范围之内;其次,在电子商务高度发达的今天,购买者往往会购买两件以上的商品进行对比之后,只留下一件,甚至全部退货,但这当然不影响其在购买每一件商品时都是处于消费者的地位。至于以消费者的身份进行投诉,并以撤诉为砝码向商家索取钱财的行为,应与购买并退货退款的行为作分断处理。

三、极限广告词的法律规制

我国《广告法》第 3 条从原则上规定了广告应当真实、合法,以健康的表现形式表达广告内容。第 4 条规定:广告不得含有虚假或者引人误解的内容,不得欺骗、误导消费者。广告主应当对广告内容的真实性负责。《广告法》第二章所规定的广告内容准则是对这两条原则性规定的具体化,其中,第 9 条第 3 项规定了广告不得使用“国家级”“最高级”“最佳”等用语。与此相对应,第 57 条第 1 项规定了发布第 9 条规定的禁止情形的广告所应承担的法律责任,即由市场监督管理部门责令停止发布广告,对广告主处 20 万元以上 100 万元以下的罚款,情节严重的,并可以吊销营业执照,由广告审查机关撤销广告审查批准文件、一年内不受理其广告审查申请。值得注意的是,《广告法》第 53 条中规定:任何单位或者个人有权向市场监督管理部门和有关部门投诉、举报违反本法的行为。据此,行使投诉、举报权利的主体就不限于消费者,而是任何单位或个人。于是,产生以下两个问题:第一,以商家在对商品的描述中使用极限词为由向有关部门投诉或举报者,是否可以进一步以商家存在欺诈行为为由,主张适用《消费者权益保护法》第 55 条所规定的 3 倍赔偿。第二,在互联网时代的今天,对商家在自己经营的网店中附加极限词描述商品的行为,是否一律发动《广告法》第 57 条的罚则。

针对第一个问题,叶某不服广州市工商局不予受理决定行政诉讼案提供了良好的分析视角。基本案情如下：广东省广州市工商局收到叶某邮寄的投诉举报材料，反映其通过移动客户端在广州唯品会信息科技有限公司设立的平台上购买了上海飞科电器股份有限公司（以下简称飞科公司）生产的飞科 FLYCO 时尚炫酷智能剃须刀，唯品会在销售该商品时，宣传网页上使用了“中国驰名商标”“第一品牌”“销售冠军”等违法宣传用语及绝对化用语，对商品作引人误解的虚假宣传，涉嫌违反《广告法》《反不正当竞争法》等法律规定。叶某要求被投诉举报人唯品会、飞科公司赔偿其购买商品款 570 元以及误时、交通、文印、通信等支出 9400 元，并要求广州市工商局查处被投诉举报人的违法行为。叶某提交给广州市工商局的投诉材料中，附有其购买该剃须刀的发票以及剃须刀网络销售广告的网页截图，截图上显示有“中国驰名商标”“第一品牌”“销售冠军”等字样。

针对该案，一审法院认为：叶某提交给广州市工商局的投诉材料中，附有其购买该剃须刀的发票以及剃须刀网络销售广告的网页截图，截图上显示有“第一品牌”“销售冠军”等广告字样。该广告语属于《广告法》禁止的绝对化用语，具有误导性，对包括叶某在内的广大消费者的选择可能产生一定的非理性引导，客观上侵犯了消费者的知情权、选择权。《消费者权益保护法》明确规定，经营者“对商品或者服务作虚假或者引人误解的宣传”属于侵犯消费者权益的行为。对于这种行为，消费者可以通过民事诉讼途径主张权利，也可以向工商部门投诉要求处理。叶某提交给广州市工商局的投诉材料有涉案产品网络销售广告的网页截图，截图上显示有“第一品牌”“销售冠军”等广告字样，已经初步证明其权益受到侵害。[1] 与此相对，二审法院认为：被上诉人在投诉时提交的被投诉人唯品会和飞科公司带有“第一品牌”“销售冠军”等广告字样的网络截图和购买剃须刀的发票等证据，仅能证明被投诉人的广告宣传具有一定误导性，影响了包括叶某

〔1〕 参见广东省广州市天河区人民法院行政判决书，（2015）穗天法行初字第 302 号。

在内的消费者的消费知情权和选择权,以及叶某存在购买涉案飞科FLYCO时尚炫酷智能剃须刀的消费行为,不能证明购买行为导致其人身权或者财产权受到实际损害。被上诉人叶某在二审中亦承认其没有受到实际损害。[1]

由此可见,一审法院与二审法院所关注的问题焦点在于叶某是否实际上受到损害,直接回避了使用极限词描述商品或服务的行为可否认定为欺诈行为这一核心问题。本部分认为,不能将广告与产品的说明相等同,否则只需要有产品说明书即可,完全不需要广告。在广告中不可避免地会出现对产品或服务的夸张说明或文学比喻,这样便于广告信息的传播。因此,即便在广告中使用了极限词,也不能简单地将其认定为欺诈行为。这是因为,法律意义上的欺诈行为必须具有导致对方陷入重大认识错误并据此实施交易行为从而导致财产损失的高度危险性,而极限词的使用只是可能使消费者或潜在消费者产生交易动机上的认识错误,消费者对于其将购买的产品的用途、性能、价格等本身并没有产生认识错误。

第二个问题与第一个问题相关联。首先,在互联网时代的今天,随着电子商务的迅速发展与自媒体的广泛普及,消费者与经营者之间的界限已经被完全打破,借助自媒体宣传自己网店的商品或服务已经成为一种常态,如果对所有在广告中使用了极限词进行描述的广告发布者均追究法律责任的话,几乎波及每一个网店经营者。其次,在互联网时代,每天都充斥着大量的垃圾信息,其中广告信息就占据很大一部分,作为处于信息时代中的一员,任何消费者都应有基本的信息甄别能力。因此,在广告中使用极限词或绝对化用语的行为即使直接触犯了《广告法》第9条第3项的规定,侵犯了禁止使用极限用语做广告这一行为规范,但在互联网时代的今天,将这一行为规范的违反放置于整体法秩序中进行衡量时,其违法程度正在显著降低,甚至可以

[1] 参见广州铁路运输中级法院行政判决书,(2016)粤71行终268号。

说绝大部分的情形都已经不足以发动《广告法》第 57 条所规定的罚则。在广告领域,多项违法行为情节轻微,当事人及时纠正,没有造成危害后果的,可免除行政处罚。例如,违反《广告法》第 9 条第 3 项,广告中使用“国家级”“最高级”“最佳”等用语,但广告是在广告主自有经营场所或者互联网自媒体发布,且属于首次被发现的;违反《广告法》第 14 条,通过大众传播媒介发布的广告未标注“广告”字样,但能使消费者辨明为广告的。[1]

四、诈骗罪与敲诈勒索罪的界分

案例一中有一个情节特别值得关注,即“吴某锋负责向淘宝投诉、并附已向杭州市市场监督管理局投诉的图片(系其 PS)及 QQ 联系方式。待商家主动添加 QQ 后,由陶某与商家聊天,威胁对方支付一定的费用才能撤销投诉,部分商家因害怕被市场监督管理部门处罚、影响店铺信誉率而被迫支付钱款”。针对这一情节,法院几乎不加任何分析就直接将其定性为敲诈勒索行为,甚至在本来应当中性描述案情的事实部分中已经使用了“敲诈勒索”一词。然而,在构成要件该当性的判断上,这一行为到底符合敲诈勒索罪还是诈骗罪的构成要件,才是问题的核心,法院不加任何论证直接定性为敲诈勒索罪的做法,值得商榷,也不利于对类似案件裁判规则的建构与沉淀。以下,笔者试着从解释论的角度出发,厘清诈骗罪与敲诈勒索罪之间的关系与界限。

诈骗罪与敲诈勒索罪都是行为人实施的某一行为而使被害人基于有瑕疵的同意作出财产处分行为,并导致财产至少在整体上受损的交付型财产犯罪,因此这两个犯罪在犯罪构造上具有相似性。在当前刑法学界,不少观点认为这两个犯罪之间的区分取决于被害人主观上的心理感受。具体而言,当被害人陷入认识错误时则符合诈骗罪的构

[1] 具体内容参见 http://sfj.sh.gov.cn/info/6233d093e7eb4f12a58aba9ff1fbf97c。

造,当被害人陷入恐惧状态时则符合敲诈勒索罪的构造。然而,当行为人所实施的欺诈行为使被害人陷入一种被强制的状态时,如何在刑法上评价行为人的行为,必然成为难题。例如,交通碰瓷行为、假装投诉举报而索财的行为、假装将公开他人隐私而索财的行为,在司法实践中对这类案件的裁判结论并不一致。在理论上,围绕诈骗罪与敲诈勒索罪之间的关系,大致形成了"一罪说"与"竞合说"之间的对立,一罪说认为在这种情形中只能根据实际案情具体认定更符合诈骗罪的构成要件还是更符合敲诈勒索罪的构成要件;[1]与此相对,竞合说认为在这种情形中不必过分纠结于构成要件层面上的辨认,从追求结论的妥当性出发可进行模糊化处理,即根据具体情形适用想象竞合或法条竞合法理进行处理,甚至有学者认为法条竞合与想象竞合都没有区分的必要,一概遵循从一重罪处罚的大竞合论即可。[2] 由此可见,一罪说侧重于诈骗罪与敲诈勒索罪在构成要件层面上的区分,哪怕可以将这两个构成要件视为一对双胞胎,都试图找出其中的个体差异;与此相反,竞合说基本上放弃了在构成要件层面进行区隔的努力,转而追求所谓的结论妥当性,但实际上就是重罚主义。虽然所谓的"量刑反制定罪"这一命题在诸如想象竞合犯中具有其适用余地,但诚如车浩教授所担心的:不加限制地适用想象竞合,只会助长我国司法人员的思维惰性,为司法人员不研究法律规定、不探求规范法理的不当做法大开绿灯。既然此罪与彼罪没有任何界限,研究规范意旨自无必要,倒不如直接从一重罪处断来的省事,这样的做法,将会进一步刺激法官的自由裁量空间,助长司法裁判的恣意性。[3] 在这一意义上,本部分认为罪与罪之间的区分归根结底还是取决于构成要件,应当在解

---

〔1〕 参见王作富主编:《刑法分则实务研究》(中)(第5版),中国方正出版社2013年版,第1023页。

〔2〕 参见陈洪兵:《不必严格区分法条竞合与想象竞合——大竞合论之提倡》,载《清华法学》2012年第1期。

〔3〕 参见车浩:《强奸罪与嫖宿幼女罪的关系》,载《法学研究》2010年第2期。

释论上建构起区分诈骗罪与敲诈勒索罪的规则。不少学者已经围绕这一问题展开了富有见地的研究,例如,徐成认为,是否缺乏消极自由是诈骗罪与敲诈勒索罪在罪质层面上的根本差异,而消极自由的缺乏又对应了心理强制状态的存在,因此可以依据被害人是否陷入心理强制状态认定索财行为的性质,如果相对人受到强制,则相对人的索财行为可能成立敲诈勒索罪,反之则成立诈骗罪。[1] 详言之:当行为人编造的财产处分根据,原本就会导致相对人遭受其本应面临的害恶时,便在表达害恶要挟的同时向被害人提供了更多可能的选项,非但没有限缩被害人的消极自由,反而拓展了其自主意志,因此被害人的意志自由并未陷入被强制的状态,但行为人虚构了财产给付根据,导致交付财物之目的落空,因此符合诈骗罪的基本构造。与此相对,当行为人编造的财产处分根据所言非虚,被害人如果不作出相应的财产处分行为,将会使自己遭受本来不应遭受的害恶时,则可以说其财产处分行为是在其意志被强制的状态下作出的,因此符合敲诈勒索罪的构成要件。[2]

这一观点以行为人所告知的害恶内容是增大还是缩小被害人的选择自由为基本判断标准,并综合行为人所告知的害恶内容是否为真实来区分敲诈勒索罪与诈骗罪,思路清晰透彻,然而,该观点显然是立足于裁判当时,从法官的视角出发,以行为人告知了害恶内容之后的事实及其因果流程作为判断素材进行的事后判断,基本上断绝了对于行为人所实施的行为本身的行为规范违反性的事前判断。根据事前判断与事后判断的对应原则,事前判断设定了基本的判断框架,而事后判断不得超越事前判断的范围。[3] 这样的话,首先应考察行为人

[1] 参见徐成:《刘某等敲诈勒索罪案　欺骗与胁迫并存的索财行为定性》,载《中国检察官》2016 年第 18 期。

[2] 参见徐成:《刘某等敲诈勒索罪案　欺骗与胁迫并存的索财行为定性》,载《中国检察官》2016 年第 18 期。

[3] 参见[日]高桥则夫:《刑法总论》(第 4 版),成文堂 2018 年日文版,第 67 页。

所告知的害恶内容及其性质对包括行为人在内的平行社会一般人的意志自由造成的障碍程度,在此基础上进一步考察被害人据此作出的财产处分行为是否在该障碍程度的限度范围内。据此,当行为人所告知的害恶内容直接关系到被害人及其家属的重大人身安危时,无论告知的内容经事后查明是真是假,在行为当时都会使被害人陷入一种被强制的紧急状态中,在这种心理状态下所实施的财产处分行为以及所造成的财产损失,就在该紧急状态所辐射的射程范围内,因此符合敲诈勒索罪的构成要件;反之,当该害恶的内容本身尚不足以对包括被害人在内的平行社会一般人造成强制的紧急状态时,被害人对于是否作出财产处分行为仍然有衡量的余地,当基于错误认识而作出错误抉择最终导致财产损失时,该处分行为及其造成的财产损失后果就可以归属于行为人所编造的足以导致被害人陷入认识错误的虚假事由上,从而符合诈骗罪的基本构造。

这样的话,在案例一中,行为人吴某锋向被害人发布经过 PS 的投诉照片这一行为本身显然不足以使被害人陷入只能任由行为人摆布的紧急状态中,因为被害人有充足的时间、有足够多的信息获取渠道去了解行为人告知的害恶内容的真假及其性质,因此其后续的交付行为显然是建立在错误认识的基础上。据此,本部分认为,法院对案例一中的被告人的行为直接定性为敲诈勒索罪存在疑问,以诈骗罪定罪处罚更具有合理性和说服力。

五、罪数与数额判断

在案例一与案例二中,行为人在三个月的时间内向不特定的多数商家连续实施同一侵财行为,最后分别获取非法所得 165,201 元、36,588 元。在案例一的判决书中详细列举了被告人从 2017 年 12 月 27 日至 2018 年 7 月 2 日几乎没有一天间断地成功实施了 455 个索财行为。在此基础上,法院理所当然地将这 455 个行为认定为一罪,并将所有的数额相加作为最终的犯罪数额,即同种数罪不并罚好像是无须任何论证的命题。在司法实践中，甚至被告人连续杀害、强奸多名被害人，都不实行数罪并罚，而仅以一个故意杀人或强奸罪定罪处罚。例如，在高某勇案中，被告人高某勇从1988年到2002年这14年的时间里，抢劫、强奸并杀害了11名被害人，即便如此，最高人民法院最终也仅承认被告人高某勇构成一个抢劫罪、一个故意杀人罪、一个强奸罪、一个侮辱尸体罪，并对这4个罪进行数罪并罚。

然而，这样的处理方法不仅违反罪数判断的基本原理，也是对生命、身体、自由、名誉、财产等专属于具体被害人的最重要基本权利的藐视。具体而言，在罪数判断中，①应当把行为人所实施的在刑法上值得评价的行为作为判断基底，当行为人基于同一行为意思，在时空密切连接的条件下实施了多个侵犯同一法益的行为时，可将其视为一体化的行为，否则应当将其作分断处理；[1]②具体判断被筛选出来的行为可能符合《刑法》分则所规定的哪个犯罪的构成要件；③当行为符合两个以上构成要件时，进一步考察不同构成要件之间是否存在法条竞合关系；④考察不存在法条竞合关系的构成要件是否可能存在想象竞合关系或牵连关系，或者就科刑的角度而言应当将其作为一罪处理的情形；⑤经过上述逐层考察仍然无法得出一罪结论时，则数罪并罚。

据此，对于行为人反复实施同一类型的行为这种情形而言，由于该行为可能符合的构成要件具有同一性，如果要得出不数罪并罚的结论，那么只能在第①个步骤中论证客观存在的复数行为可以被视为一体化的行为，而不作分断评价。在是否可以将复数行为作一体化处理这一问题上，除了考虑行为与行为之间在时空上的密切连接关系，还必须考虑行为所侵犯的法益是否能够被叠加处理，而在这一问题上，不得不考虑法益本身的属性与法益归属主体之间的关系。具言之，对于个人法益而言，法益的人身专属程度越高，就越不能被叠加处理，只有当法益脱离了人身专属性，才具备叠加处理的可能性；对于社会法

---

〔1〕 参见李世阳：《刑法中行为论的新展开》，载《中国法学》2018年第2期。

益以及国家法益而言,原则上不能作叠加处理。这样的话,即便行为人同时或接连杀害或强奸多人,也应根据被害人的人数,对行为人所实施的相应行为进行数罪并罚,因为诸如生命、性自主决定权等法益具有强烈的人身专属性,不具有任何可替代性,因此不能将这些法益简单地叠加并抽象成一个概括的生命或性自主决定权法益。正如张明楷教授主张的,"一罪一刑"的罪刑关系、行为责任论、量刑情节的差异性等原理与事实,决定了对判决宣告以前的同种数罪,原则上应当实行并罚。[1] 劳东燕教授也指出:就同种数罪而言,之所以通常不并罚,是我国立法规定或者司法解释经常存在累积性计算的规定,据此就已经把相应的不法评价进去了。但这不意味着,同种数罪在规范上就不能并罚。如果说有一个行为人,分别捅伤 10 个人,每个人都达到轻伤的程度,在这种情形之下,只有通过实行并罚,才能得出合理的量刑结论。这意味着,在实施同种数行为的情形下,如果不并罚无法实现罪刑相适应,就应当考虑对同种数罪实行并罚。[2]

据此,在案例一与案例二中,行为人在一定时间内连续不断地向不特定多数人实施索财行为,即便法院将其认定为敲诈勒索罪是正确的,也应适用"多次敲诈勒索"这一构成要件;反之,如果根据本部分所主张构成诈骗罪这一观点,由于我国《刑法》第 266 条在诈骗罪构成要件的设置上并未设定多次诈骗这一条款,可否将上百个单独的诈骗行为视为一体化的诈骗行为,并将诈骗数额进行合并,成为值得认真对待的问题。根据本部分上述关于行为一体化的判断标准,在这一问题上可以得出肯定的结论。

六、恶势力犯罪的认定与罪刑法定原则的坚守

从 2018 年 1 月中共中央、国务院发出《关于开展扫黑除恶专项斗

---

〔1〕 参见张明楷:《论同种数罪的并罚》,载《法学》2011 年第 1 期。

〔2〕 参见劳东燕:《刑法基本原则的实现机理:立足于技术和方法的视角》,载《中国检察官》2019 年第 13 期。

争的通知》以来，在全国各地范围内开展了专项扫黑除恶行动，我国《刑法》第294条已经规定了组织、领导、参加黑社会性质组织罪，并在该条文中对黑社会性质组织的外在特征作出了4个方面的界定，2000年，最高人民法院又在此基础上出台《关于审理黑社会性质组织犯罪的案件具体应用法律若干问题的解释》，进一步明晰了该罪的构成要件。因此，黑社会性质组织犯罪的认定具有明确的条文依据，尽管在认定上还存在不少困难，但仍然可以通过构建解释论规则进行完善，因此至少不会存在从根本上违反罪刑法定原则的疑虑。然而，在《刑法》条文中并未出现关于恶势力犯罪的表述，尽管如此，最高人民法院、最高人民检察院、公安部和司法部仍然于2019年4月9日联合发布了《关于办理恶势力刑事案件若干问题的意见》（以下简称《恶势力刑事案件意见》），在该意见第4条对恶势力进行了以下界定："恶势力，是指经常纠集在一起，以暴力、威胁或者其他手段，在一定区域或者行业内多次实施违法犯罪活动，为非作恶，欺压百姓，扰乱经济、社会生活秩序，造成较为恶劣的社会影响，但尚未形成黑社会性质组织的违法犯罪组织。"这一意见的出台，使诸如恶势力、"套路贷"等日常用语进入刑法领域，从坚守罪刑法定原则的立场出发，有必要对这些概念进行严格解释。

尤其需要指出的是，要将《刑法》条文适用于鲜活的案件事实，必然需要经过严密的三段论推理与论证，这一适用过程也可以说是对《刑法》条文的解释过程，在解释过程中不可避免地可能会对条文的含义进行扩大或缩小解释。因此，如果单纯就结论上而言，扩大解释与类推适用所得出的结论可能是一致的，但为什么在坚持罪刑法定原则的前提下必然排斥类推适用。这是因为，以罪刑法定原则为基本前提的话，思考问题的逻辑出发点是《刑法》条文，即将现实发生的案件事实与《刑法》条文所规定的构成要件进行逐一比对，只有当案件事实满足某一构成要件的所有要素，才具备以该条文所规定的构成要件去规制该案件事实的基本前提。与此相对，类推适用思考问题的逻辑出发点并不在于《刑法》条文的构成要件,而在于行为的社会危害性与行为人的人身危险性,这两者综合决定了刑事可罚性,当认为具备刑事可罚性时,也就意味着需要动用刑法规制这种已经被先入为主的“犯罪”现象,在这个意义上,只要能满足刑事处罚需要,具体对行为人的行为定哪个罪名似乎已经不是重要的问题。因此,类推适用已经完全背离了解释的思维,抛弃了法治的基本精神。将类推适用贯彻到底,必然导致主观主义刑法的抬头、刑法工具化的盛行。

据此,对专项扫黑除恶行动,应保持基本的警醒。首先,《恶势力刑事案件意见》中关于“恶势力”的表述和界定,基本上使用的是带有强烈主观色彩和情绪宣泄的词语,即使在刑法上承认恶势力这一概念,也严重违背明确性原则。其次,在刑法上并不存在恶势力犯罪这一构成要件,即便在《恶势力刑事案件意见》中也不存在直接将恶势力组织本身认定为犯罪的规定,根据《恶势力刑事案件意见》第 8 条的规定,恶势力实施的违法犯罪活动,主要为强迫交易、故意伤害、非法拘禁、敲诈勒索、故意毁坏财物、聚众斗殴、寻衅滋事,但也包括具有为非作恶、欺压百姓特征,主要以暴力、威胁为手段的其他违法犯罪活动。此外,恶势力还可能伴随实施开设赌场、组织卖淫、强迫卖淫、贩卖毒品、运输毒品、制造毒品、抢劫、抢夺、聚众扰乱社会秩序、聚众扰乱公共场所秩序、交通秩序以及聚众“打砸抢”等违法犯罪活动。由此可见,《刑法》分则所规定的构成要件才是认定犯罪的唯一根据。因此,在司法实践中要严防先将某一犯罪参与人实质评价为恶势力,再以入罪化的思维套罪名。一言以蔽之,“恶势力”在犯罪认定上并没有存在的空间。再次,以共同犯罪的相关理论已经足够解决参与人的量刑问题,如果在此基础上以行为人是恶势力组织成员为理由加重对行为人的处罚,就与责任主义的基本要求相违背,在这个意义上,“恶势力”在量刑上也没有存在的余地。最后,对于一个国家而言,单纯从打击犯罪、惩罚罪犯的角度出发,最高效的措施无疑是废除包括刑法、刑事诉讼法等刑事法律在内的一切法律,使全体国民处于“刑不可知则威不可测”的心理强制状态之下。然而，刑罚毕竟是一个国家在和平时期动用国家暴力机器维护统治的最极端手段，因此应当限制刑罚权的任意发动，而最有效的手段莫过于严守罪刑法定原则、无罪推定原则、任意侦查原则等基本底线。

七、信息与信用是支撑互联网虚拟空间秩序的两大支柱

在案例一与案例二中，行为人显然是利用了互联网这一媒介实施相应的违法犯罪行为，可以将这一现象称为传统犯罪的网络化，[1]然而，在固守罪刑法定原则的前提下，无论利用什么新型技术手段实施的行为，都必须放置于现行刑法的框架下确定其可能符合的构成要件。在这个意义上，利用网络媒介实施违法犯罪行为的现象对于刑法的挑战主要表现于建立在农业与工业时代基础上的传统刑法解释学。例如，对于案例一与案例二而言，如何选取行为人在网络空间实施的值得刑法评价的行为；该行为可能符合诈骗罪还是敲诈勒索罪的构成要件；将该行为放置于整体法秩序中进行评价时是否可能例外地不构成犯罪；刑法与其他部门法之间的关系怎么样，将一个行为入罪的临界点是什么等，这些问题归根结底考验的是刑法解释论所能输出的理论资源。

然而，网络犯罪区别于传统犯罪的最大特征在于网络的虚拟空间性以及犯罪行为的链条性。以最常见的电信诈骗为例，往往只有处于最前端的打电话实施诈骗行为或到自动取款机帮人取款的行为人以诈骗罪被定罪处罚，电信诈骗屡禁不止的根本原因在于治标不治本，为处于前端的电信诈骗源源不断提供技术支持与信息渠道的犯罪链条并未因此瓦解。这种技术黑灰产与侵犯公民个人信息的行为已经成为扰乱互联网虚拟空间秩序的源头。以案例一与案例二为例，行为

---

〔1〕 参见梁根林：《传统犯罪网络化：归责障碍、刑法应对与教义限缩》，载《法学》2017 年第 2 期。

人在实施索财行为之前，均购买了淘宝账号，这背后就产生了贩卖账号的产业，而持有大量淘宝账号的贩卖者又可能从他人手里买来账号，但这些处于流通状态的账号归根结底是被批量注册出来的，由此产生了注册账号这一产业，而在注册账号过程中，又由购买手机黑卡、操控“猫池”、雇用码工进行打码、收购或窃取身份证、虚假认证、模拟生物识别等环环相扣的黑灰产业链条组成。购买被恶意注册账号的行为人又继而利用该账号在网络虚拟空间中从事诸如盗窃、诈骗、洗钱、诽谤、传播淫秽物品等违法犯罪行为。

上述黑灰产业链之所以呈现出如野草般的疯长状态，与我国当前的法律体系未能充分认识到信息与信用在网络虚拟空间中的重要作用有密切关系。在互联网出现之前，个人信息的保护基本上通过隐私权制度进行，这也意味着受法律保护的个人信息主要集中于与个人身份密切关联的信息。然而，在互联网时代的今天，虽然与个人身份相关的信息仍然是个人信息的核心要素，但其范围已经远远不及于此，因为但凡与个人活动情况有关的痕迹都几乎能够以电子数据的形式记录下来，并成为个人信息的一部分。例如，位置信息、网购记录、聊天记录、征信信息、活动轨迹等。这些个人信息成为大数据分析的基础数据，对于政府的决策评估、商业机构的经营决策等具有重大参考价值。因此，个人信息也突破了仅仅作为人格利益的载体这一传统意义，附带上了财产利益。在这种时代背景下，强调个人对于关涉自己的信息具有类似于物权的支配权、主张对所有个人信息进行平等保护的个人信息自决权理论备受推崇，有其必然性。因为如果再不强调人们对于个人信息的支配地位，个人很可能沦为信息时代的工具。然而，不得不说这种观点无异于保护一种漫无边际的个人意志，在法技术上，这种权利主张不具有清晰可见的客体外观，无法为他人的行为划定禁区；在价值取向上，个人信息自决权理论忽视人类社会的存在和个人活动的展开所仰赖的信息交流这个前提。[1] 就这个角度而言，个人信息的自决仅仅可以停留于一种理念的状态，可将其视为人格尊严的必然延伸，但难以将其视为一项具体的法律权利。尽管如此，在该理念的指导下，《一般数据保护条例》以立法的形式为信息主体创设了被遗忘权、数据可携带权等新型权利，这两项新型权利在强调信息主体对于个人信息的主导地位这一点上是一致的，但被遗忘权更侧重于个人信息所承载的人格利益的保护，而数据可携带权更侧重于让作为信息主体的个人也能够享受在大数据时代中个人信息给自己带来的便利与财产利益。可以说，前者旨在个人信息的保护，后者旨在个人信息的利用，而利用是建立在保护的基础之上的。据此，可以说在我国当前阶段确立数据可携带权还为时过早。但在诸多行政法规中已经出现体现被遗忘权之主旨的规定，此时将被遗忘权引入我国行政法领域中，对于建构一套统一的个人信息法律保护规则，具有可行性与必要性。

具体而言，在行政机关收集公民个人信息的情形中，个人与行政主体之间的关系一般比较清晰，容易被类型化，而且这种情形中的信息采集一般带有强制性。权利与义务总是相伴随出现的，既然法律上赋予行政主体收集公民个人信息的权利，行政主体必然也负有妥善保管信息的义务。与此相应，作为行政相对人的个人就具有包括请求个人信息开示权、修正个人信息权、停止使用个人信息权在内的一系列权利。这些权利容易以立法的形式事先赋予信息主体，甚至可以把这种权利的来源上升到宪法层面。例如，我国《宪法》第 38 条中规定：中华人民共和国公民的人格尊严不受侵犯。第 40 条规定：中华人民共和国公民的通信自由和通信秘密受法律的保护。除因国家安全或者追查刑事犯罪的需要，由公安机关或者检察机关依照法律规定的程序

---

〔1〕 参见杨芳：《个人信息自决权理论及其检讨——兼论个人信息保护法之保护客体》，载《比较法研究》2015 年第 6 期。

对通信进行检查外,任何组织或者个人不得以任何理由侵犯公民的通信自由和通信秘密。这样的话,在处理信息主体与行政机关的关系上,不妨承认信息主体的信息自决权,以增强处于弱势地位的公民的对抗能力,在其个人信息受到行政机关侵犯时,为其提供清晰的请求权基础。与此同时,行政机关在采集、利用、处理公民个人信息的过程中,每个环节都负有不同的保护公民个人信息不受侵犯的义务。此外,相应的行政监管部门应当积极发挥其监管职能,敦促网络服务提供者履行信息网络安全管理义务,与此同时,鼓励、指导信息行业自律规则的建立。

我国《刑法》第 253 条之一专门设立了侵犯公民个人信息罪,个人信息被纳入刑法的保护范围,但遗憾的是,我国现行《刑法》只在背信运用受托财产罪、背信损害上市公司利益罪这两个犯罪中将背信行为作为犯罪处理,并未将信用这一法益纳入刑法的保护体系内。从罪刑法定原则出发,背信行为或妨害他人信用的行为都将被排除在犯罪圈之外。这意味着穷尽解释学上的努力也不能将单纯的背信行为或妨害他人信用的行为作为犯罪处理。在互联网时代之前,将信用作为内在道德约束而非动用刑法强求,以避免道德的法律化,具有其合理性。但自从进入互联网 2.0 时代之后,人们通过驾驭账号的行为,将之前在线下进行的交往与交易活动转移到线上,开辟了网络虚拟空间。在这一虚拟空间中,活动的主体变成账号,因此一方识别另一方身份时,往往只能根据有限的注册信息,当驾驭账号的实际主体与账号的注册信息不一致时,就会产生严重的信用危机。此外,当凝结在各种账号上的信用可以直接出售变现时,网络时代的信用已经不再单纯停留于道德与信誉层面,甚至具备了财产属性。因此,可以说信用这一法益已经成为支撑网络虚拟空间秩序的一大支柱,如果在法律上尤其是刑法上仍然停留于目前的几乎完全不受保护的状态,那么互联网黑灰产业链将继续野蛮疯长。因此,就立法论的角度而言,在刑法典中增设一般性地保护信用的罪名,已经刻不容缓。

需要指出的是,这一观点很可能会遭到以下反驳:刑法是其他部门法的最后保障手段,应当保持谦抑性,不能随意发动。本部分认为,在刑法是否应当保持谦抑品格这一问题上,应当区分立法与司法,在司法适用上,刑法当然应当尽量克制;但在立法上,刑法罪名的设置体现的是刑事法网是否严密这一问题,而在刑法上设置的任何构成要件,背后都隐藏着一条行为规范,如故意杀人罪背后的禁止杀人。在这个意义上,刑法首先具有确立某一行为规范,并通过该行为规范面向将来保护法益的功能。基于刑法的严厉性特征,在整个法体系中确立某一行为规范的功能这一重任当然应由刑法承担。

第八章 拒不履行信息网络安全管理义务罪的适用困境与解释出路

一、问题的提出

以产业化、物联网化为基本特征的互联网3.0时代已然到来。[1]在这一时代背景下，一方面，以互联网为支撑的第三产业呈现出爆发式的增长状态；另一方面，以恶意注册、虚假认证、虚假交易为基本表现形式的网络黑灰产也呈现出野蛮式的增长状态。网络黑灰产对传统法律体系提出了巨大挑战，以刑法为例，出现了传统犯罪的网络化与纯正的网络犯罪大幅度上升的趋势。对于前者而言，网络电信诈骗以及传播谣言等虚假信息即为典型；[2]对于后者而言，各种恶意硬件软件的开发与买卖，非法信息与数据的买卖，恶意聊天群组和平台网站的运营等即为适例。在前一类问题的处理上，对于现行《刑法》分则所规定的各个犯罪的构成要件的解释而言，正面临严峻考验；在后一类问题的处理上，从罪刑法定原则出发，当穷尽一切可能的解释仍然无法在现行《刑法》框架内找到合适的构成要件进行规制时，只能作无

〔1〕 参见梁根林：《传统犯罪网络化：归责障碍、刑法应对与教义限缩》，载《法学》2017年第2期。

〔2〕 参见苏青：《网络谣言的刑法规制：基于〈刑法修正案（九）〉的解读》，载《当代法学》2017年第1期。

罪处理，是否犯罪化则应求诸于立法论的探讨。

为了应对严峻的网络犯罪态势，《刑法修正案(九)》增设了3个新型网络犯罪。然而，截至2018年7月11日，在中国裁判文书网上公布的案件中，以拒不履行信息网络安全管理义务罪定罪处罚的案件数量仍然为0，以非法利用信息网络罪定罪处罚的一审案件数量只有33件，以帮助网络犯罪活动罪定罪处罚的一审案件数量也只有17件。[1] 虽然有不少涉及这些新罪名的案件因想象竞合或法条竞合的原因而以其他犯罪定罪处罚，但这一数据足以说明《刑法修正案(九)》所规定的这3个新型网络犯罪并未得到广泛适用。这固然存在网络犯罪侦查的困难尤其是电子证据的收集与认定上的困难等原因，但实体法上构成要件规定的适用困难也是不可忽视的重要因素。

尤其是《刑法》第286条之一所规定的拒不履行信息网络安全管理义务罪，如果判决的数量持续为0的话，该规定无疑将成为僵尸条款，从而造成立法资源的巨大浪费。然而，在司法实践中，网络服务提供者不履行法定的网络安全管理义务的现象并非不存在，因此，从解释论的视角出发重新审视拒不履行信息网络安全管理义务罪的构成要件，为其适用提供具有可操作性的依据，成为一个不可回避的问题。例如，网络服务提供者所指称的对象到底是什么，网络安全管理义务是不是法定义务，监管部门的监管是不是该罪成立的构成要件要素。此外，更为关键的是，根据该法条的规定，该罪显然是情节犯，但由于目前有权机关尚未出台相关司法解释，在司法实践中无法认定情节或者后果的严重程度。

针对上述问题，本部分试图结合司法实践中的案例，从解释学的角度出发，对拒不履行信息网络安全管理义务罪的构成要件进行解读，以期为司法实践中的适用提供可借鉴的标准。

---

〔1〕 参见 http://wenshu.court.gov.cn。

二、网络服务提供者的身份属性及其范围

由于拒不履行信息网络安全管理义务罪的主体被限定于网络服务提供者，显然可以将该犯罪归结为真正身份犯。[1] 然而，身份这一概念也未必是清晰的，可以说其范围一直处于不断扩张的状态中。甚至可以说与某犯罪行为相关的人身关系或特殊地位都可以被称为身份。[2] 这样的话，从罪刑法定原则出发，就必须对“网络服务提供者”这一身份作出明确解释。

（一）根据服务内容的分类

在《刑法修正案（九）》出台前，我国《刑法》条文中并未出现网络服务提供者这一概念，关于这个概念的探讨集中在民法学界，但很难说在这个概念上达成了统一的认识。关于网络服务提供者的含义，存在以下几种观点：①根据网络行业分工中存在的接入服务、存储服务、缓存服务等进行分类。[3] ②将网络服务提供者定义为提供信息传播中介服务者。[4]③将网络服务提供者分成两类，第一类是网络信息内容提供者，第二类是网络中介服务提供者。[5] ④从广义与狭义两个角度来理解网络服务提供者，广义上的网络服务提供者泛指一切提供网络服务的个体和组织，而狭义上的网络服务提供者仅仅指网络技术服务提供者。[6]

以上的观点对于网络服务提供者这一概念的内涵及其外延的界

---

[1] 关于身份犯的表述，参见张明楷：《刑法学》（上）（第5版），法律出版社2016年版，第131页。

[2] 参见日本最高裁判所昭和27年（1952年）9月19日刑集第6卷第8号，第1083页。

[3] 参见张新宝主编：《互联网上的侵权问题研究》，中国人民大学出版社2003年版，第30页。

[4] 参见薛虹：《网络时代的知识产权法》，法律出版社2000年版，第205页。

[5] 参见蒋志培：《网络与电子商务法》，法律出版社2001年版，第181页。

[6] 参见丛立先：《论网络服务提供者的版权侵权责任》，载《时代法学》2008年第1期。

定存在差异,究其原因,在于“网络服务”的内容与种类都在不断地扩大。[1] 因而,这种从内容上对网络服务提供者进行分类的做法,必然陷入无限列举的泥潭中不能自拔。

(二)根据经营性质的分类

此外,根据《互联网信息服务管理办法》第 2 条第 2 款的规定,互联网信息服务,是指通过互联网向上网用户提供信息的服务活动,进而可以分为经营性和非经营性两类。这一分类看似简单清晰,实际上不具有可操作性。例如,随着自媒体时代的到来,网络服务提供者向其用户或者粉丝提供的服务经常是无偿的,但也难以直接断言这就是非经营性的服务,因此,经营性与非经营性之间的界限往往并不泾渭分明。

(三)根据内容参与度的划分

值得注意的是,美国国会于 1998 年通过的《数字千年版权法》,根据网络服务提供者对网络内容的参与程度,区分为网络内容提供者(ICP)与网络服务提供者(ISP)。[2] 受法律所规制的仅限于 ICP,不包括 ISP,原因在于从法律上豁免 ISP 对于网络内容的审查义务。很明显,这种做法一方面是为了保障言论自由得以真正实现,另一方面是考虑到技术上的可行性。然而,这种通过限缩网络服务提供者的范围从而限制其法律责任的做法在我国是否具有可适用性,值得怀疑。况且,在互联网产业化的今天,技术的中立性也遭受有力挑战,网络黑灰产的失控增长状态就是有力证明。

---

〔1〕 参见涂龙科:《网络服务提供者的刑事责任模式及其关系辨析》,载《政治与法律》2016 年第 4 期。

〔2〕 参见刘文杰:《网络服务提供者的安全保障义务》,载《中外法学》2012 年第 2 期。

（四）根据服务功能的分类

由此可见，上述的分类方法对网络服务提供者这一概念从某一侧面作出了解读，但在具体适用过程中都难以一以贯之，归根结底是因为上述分类方法过于机械，“一刀切”的方法难以应对纷繁复杂的网络违法犯罪现象。最近有学者主张应根据网络服务的功能划分网络服务提供者的类型，从而实现对不同类型的网络服务提供者赋予不同的刑事责任这一目标。在此基础上主张将网络服务提供者区分为内容提供者、接入服务提供者、缓存服务提供者、存储服务提供者。[1] 这种分类方法是以规制网络服务提供者的刑事政策功能为导向的分类方法，既能应对网络服务提供者的类型不断扩张的现象，又能针对不同类型的网络服务提供者赋予不同的刑事责任。然而，这一区分方法与上述根据服务内容的区分方法大同小异，而且这四种功能是否已经涵盖了所有的网络服务提供者，不无疑问。例如，杭州互联网法院推出的“微法院”平台，这一平台到底属于哪种类型的网络服务提供者，难以对号入座。此外，有不少网络服务提供者兼具多种功能，如百度，此时其责任如何确定，也存在疑问。

（五）本部分观点：根据该罪保护法益的分类

对于《刑法》分则所规定的构成要件的解释，应当始终以法益以及罪质为解释指针。目前我国刑法学界围绕该罪名的解释已经产生不少论著，[2] 然而，作为前提问题的法益却鲜少提及，虽然有论者将该罪侵犯的法益确定为“具备公益属性的特定信息专有权”[3]，但不得

---

〔1〕 参见王华伟：《网络服务提供者的刑法责任比较研究》，载《环球法律评论》2016 年第 4 期。

〔2〕 参见谢望原：《论拒不履行信息网络安全管理义务罪》，载《中国法学》2017 年第 2 期。

〔3〕 敬力嘉：《论拒不履行网络安全管理义务罪——以网络中介服务者的刑事责任为中心展开》，载《政治与法律》2017 年第 1 期。

不说这一观点无法为该罪构成要件的解释提供明确的方向，首先信息专有权这个概念就值得怀疑，即使存在这种权利属性，也很难说该罪是专门为了保护信息专有权而设置的，更不用说加上了“公益属性”以及“特定”这两个根本无法清晰判断的限定条件。

本部分认为，既然将拒不履行信息网络安全管理义务罪设置在妨害社会管理秩序罪这一章之下的扰乱公共秩序罪这一节中，根据体系解释的原理，该罪所侵犯的法益首先可以确定到对公共秩序的扰乱这一层面。在网络出现之前，公共秩序是在特定、现实的时空条件下形成的，然而，自从进入互联网 2.0 的时代之后，自然人可以通过驾驭账号的形式在互联网上开展相应的交往与交易活动，由此形成了网民之间、网民与平台之间、平台与平台之间全面的互动关系。据此，打开了人类生活的第二空间，即网络虚拟空间。毫无疑问，该罪的设置正是为了保护网络虚拟空间秩序的有序运转。

因此，网络服务提供者的分类必须服务于网络虚拟空间秩序的监管。我国有学者认为将网络服务提供者类型化是设定区别化的管理义务的基础，并在此基础上将网络服务提供者分成以下 3 类：中间服务提供者、互联网信息服务提供者、第三方交易平台服务提供者。[1]可以说，该观点是根据服务内容与服务功能的综合分类方法，归根结底也是为了实现对不同主体的不同责任分配这一目标，但这一分类方法并不清晰，上述对于内容分类法与功能分类法的批评都适用于该观点。

本部分认为，在网络服务提供者的分类上，应当以网络虚拟空间这一特征为事实前提，以维护网络空间秩序这一法益为核心，以实现不同责任归属为目标。据此，网络虚拟空间的开辟者、运行者、维护者都可以视为网络服务提供者。作为网络空间的开辟者，可以表现为网

---

〔1〕 参见皮勇：《论网络服务提供者的管理义务及刑事责任》，载《法商研究》2017 年第 5 期。

络接入、存储、缓存服务提供者等;作为网络空间运行者,如社交服务平台提供者、电子商务服务平台提供者、网络游戏开发者等,即各类应用型软件与平台的开发者;作为网络空间的维护者,主要是对前两类主体所提供的服务以及网络空间秩序进行维护的主体,如各种杀毒软件以及木马程序检测软件开发者等。

这样的话,不得不说网络服务提供者这一身份属性在已经进入互联网3.0时代的今天,呈现出不断扩张的趋势。然而,这并不意味着该罪构成要件的泛化,也并不必然导致刑事责任的扩张。因为除了网络服务提供者这一构成要件身份的限制之外,还必须同时具备其他构成要件要素,而其中最为重要的莫过于"信息网络安全管理义务",以下专门探讨网络服务提供者应当承担的信息网络安全管理义务的边界。

三、信息网络安全管理义务的边界

《刑法》分则所规定的构成要件原则上预设以作为的方式完成,但例外地也可以通过不作为的方式实现。这是因为构成要件背后所要宣示的行为规范包括了禁止规范与命令规范,但由于命令规范的发动比起禁止规范而言,对国民自由的侵犯可能性要大得多,应当受到严格的限制。[1] 据此,不作为犯尤其是不真正不作为犯的成立就必须被严格限定,与此相对,由于真正不作为犯已经对处于保证人地位的行为人应当履行的作为义务作出明确规定,在其适用上,并不存在特别的困难。

很显然,对于拒不履行信息网络安全管理义务罪而言,可以将其罪质归结为真正不作为犯,然而这一罪名在适用上的困难却并未因此消失,这是因为在该犯罪之构成要件的表述上并未明确规定信息网络安全管理义务的内容,而是笼统地规定了"法律、行政法规规定的信息

---

〔1〕［日］井田良:《不真正不作为犯》,载《现代刑事法》1999年第1卷第3号,第93页。

网络安全管理义务”。这样的话，就面临信息网络安全管理义务的再解释这一难题，于是，该犯罪虽然在形式上属于真正不作为犯，实质上却变成不真正不作为犯。因此，以下 3 个问题如果没有解决，该犯罪就无法适用。具体而言，第一，为什么网络服务提供者处于履行信息网络安全管理义务之保证人地位；第二，信息网络安全管理义务的具体内容表现在哪些方面；第三，违反行政管理法规所规定的信息网络安全管理义务在什么条件下可以上升到刑法层面，作为犯罪处罚。以下，笔者试着围绕这 3 个问题展开论述。

（一）保证人地位的发生根据

在当前美国和日本刑法学界中，是否以及在多大程度上让网络服务提供者承担责任依旧是一个富有争论的问题，甚至主张网络服务提供者不具有作为义务的观点占据支配性地位。例如，日本学者真岛信英结合网络服务提供者的分类，对其刑事责任的承担作出了以下详细说明：可以将网络服务提供者所管理的事务分为以下两种：①e - mail 与互联网的介入服务；②显示公告栏与主页等网站。以此为基础，对于第①种情况而言，由于提供者对于流通于其所介入的互联网的信息并不知情，不能追问其刑事责任。但对于第②种情况而言，由于提供者预测并期待不特定的多数人会关心其所提供的内容，有必要探讨其刑事责任的有无。在第②种情况中，进而可以分为以下两种情况：a. 提供者并不知道违法的信息正被传播而加以放置；b. 尽管提供者认识到了违法信息正被传播，却仍然不采取措施而予以放置。在 a 的情形中，从伴随提供者在管理其公告栏与主页之际所产生的作为可能性之有无的技术性问题与政策性视角出发，对于占据压倒性多数的中小规模事业者之提供者而言，一旦要求其确认网页内容，就可能会导致其不堪重负甚至破产，因此不能追究其刑事责任。仅仅在 b 的情形中，如果提供者负有应当删除信息的作为义务，才可能对其追究刑事责任。即使对于 b 的情形，仍然有观点主张由于难以认定提供者具有删除违法信息的作为义务，即使认识到了违法信息仍然放置也不能追究其责任。其结果，多数的论者认为在现行法上无法对于网络服务提供者肯定其应当删除的作为义务，除非在刑法上创设真正不作为犯的规定。[1]

确实，在不存在专门针对网络服务提供者不履行信息网络安全管理义务这种情形的构成要件时，应首先尊重罪刑法定原则。但由于我国《刑法修正案（九）》已经明确规定了拒不履行信息网络安全管理义务罪，没有必要从立法层面上去讨论设置这个构成要件的必要性与合理性，而应从解释论的角度论证网络服务提供者存在信息网络安全管理义务。在这一问题上，德国刑法学界关于确定保证人地位的功能二分说提供了有力解释资源。具体而言，为了弥补不作为犯对于国民自由的过度干预之嫌，不作为的方式对于构成要件背后所保护的法益的侵犯程度必须达到与作为的方式所达到的程度相匹配，即在不作为犯构成要件的设置上必须始终坚持等置原则。正是基于对等置原则的坚持，德国学者考夫曼继受了纳格勒所提出的保证人地位学说，倡导以保证人地位的确立为核心建构不真正不作为犯理论，并在该理论框架下提出了功能二分说，具体而言，保证人地位的发生根据可以分为对于特定法益的保护义务和对于危险源的监督义务。[2]

对于网络服务提供者而言，作为网络虚拟空间的开辟者、运行者与维护者，其对于网络虚拟空间的运行秩序当然负有监管义务。有学者指出：如果认为当一定的社会地位与对于危险回避措施的期待紧密结合在一起时就能肯定保证人地位的话，作为具有继续性、类型性的社会地位之网络服务提供者，当处于其管理之下的设施隐藏着违法信

〔1〕 参见［日］真岛信英：《网络服务提供者的刑事责任》，载《法学研究论集》2002 年第 26 号，第 27 页。

〔2〕 参见周光权：《论实质的作为义务》，载《中外法学》2005 年第 2 期。关于这两种义务的细分，参见［德］汉斯·海因里希·耶赛克、［德］托马斯·魏根特：《德国刑法教科书》，徐久生译，中国法制出版社 2001 年版，第 751 页。

息并且其对此具有认识时，并没有理由直接否定网络服务提供者具有将其删除以防止危害结果的继续扩大的义务。[1] 然而，如前文所述，并不是所有的网络服务提供者都负有监管义务，更不意味着所有的网络服务提供者的监管义务是等同的，应当区分不同类型的主体，探讨具有不同内容的网络安全义务。

（二）不同类型的网络安全管理义务

如前文所述，根据对于维持网络虚拟空间秩序的角色定位，可以把网络服务提供者区分为网络空间的开辟者、运行者与维护者。之所以作这样的区分，归根结底是各个类型的主体所发挥的功能不同，因此其身上所承担的义务也不同。以下，笔者试着以几种典型的网络服务提供者为视角，结合具体案件进行分类探讨。

1. 网络接入服务提供者的义务

以互联网数据中心（IDC）业务、互联网接入服务（ISP）业务和内容分发网络（CDN）业务为代表的互联网网络接入服务，作为互联网应用的基础服务行业，一方面掌握了大量服务器、宽带、IP 地址等网络存储和传输资源；另一方面又承载了上层用户的海量信息，是互联网能够有效运行、高效发展的关键基础，对保障网络与信息安全至关重要。[2] 在我国现行法律框架下，网络接入服务提供者的安全管理义务主要表现在以下几个方面：第一，审查互联网信息服务提供者的备案信息。第二，不得为不符合许可或备案条件的网络服务提供者提供互联网接入服务。第三，记录备案信息。第四，网络信息安全管理义务以及对于用户的监督义务。

由此可见，网络接入服务提供者在维护网络空间秩序中所承担的

---

〔1〕 参见［日］镇目征树：《网络服务提供者等的刑事责任》，载《现代刑事法》2004 年第 6 卷第 1 号，第 17 页。

〔2〕 参见徐恩庆：《互联网网络接入服务市场亟待清理规范》，载《人民邮电》2017 年 3 月 28 日，第 7 版。

主要义务表现在以下两个方面:第一,事前审查义务。这种审查义务又集中在对于经营性与非经营性互联网信息服务提供者的资质进行形式审查,杜绝在未经许可、备案或者超越许可、备案的范围非法经营相应的电信增值业务。第二,资源管理义务。按照现阶段监管要求,互联网网络接入服务经营者的IP地址、宽带等网络资源只能向移动、电信、联通及中国广电等具备相应资质的企业租用。这样的话,网络接入服务提供者的主要功能就是开辟网络虚拟空间,为网络用户提供流量,为信息的传播与互动提供传输管道与场所,其本身无法对信息进行编辑,也无法预测会有怎样的信息出现在网络虚拟空间中。因此,网络接入服务提供者仅仅在其能力限度范围内承担有限的事后审查义务,一般不能把这种义务升格为刑法意义上的义务,因此原则上不对网络虚拟空间中所发生的违法犯罪行为承担刑事责任。

2. 网络信息服务提供者的义务

网络信息服务提供者的义务集中表现为以下两个方面:第一,事前审查义务,即保证所提供的信息内容合法,不得制作、复制、发布、传播法律、行政法规禁止的违法或犯罪信息。第二,事后管理义务,即发现其网站传输的信息明显属于违法或犯罪信息的,应当立即停止传输,保存有关记录,并向国家有关机关报告。

如前文所述,随着财产的虚拟化、数字化以及自媒体的普及,经营性与非经营性的区分标准变得越来越模糊,因此需构建适用于网络信息服务提供者的一般管理义务准则。具体而言,信息发布者作为保证信息合法的第一主体,处于危险源管控地位,对于自己所发布的信息负有直接的法律责任。因此,①当网络信息服务提供者本身就是信息的制作人时,如果其发布的信息内容本身是违法的,当符合《刑法》分则所规定的具体构成要件时,直接定罪处罚。②当网络信息服务提供者本身并不是信息的制作者,也不参与信息的制作过程,而只是为信息在网络虚拟空间的传播与互动提供平台时,如微信、微博、百度贴吧等,应考察其对于网络用户所发布的信息进行监管的合法性、可行性、必要性。例如,《网络安全法》第 47 条规定了网络信息服务提供者事后监管信息内容合法的义务。这样的话,必然要求网络信息服务提供者投入相应的人力、财力、物力对流通于其平台上的信息进行监管。

然而,如果一味强调网络信息服务提供者的事后监管义务,必然产生以下问题:第一,网络信息服务提供者承担了过重的监管义务,承受巨大的经济负担,尤其是对小型网络信息服务提供商而言,可能不堪重负。第二,这种事后监管义务的履行必然要求网络信息服务提供者截取用户信息,如果这些信息本身就是公开的,可能不存在特别的法律问题,但如果这种信息本身是网络用户不想公开的隐私信息,监管本身可能形成对隐私权的侵犯。第三,对网络虚拟空间秩序的监管并不仅仅是网络服务提供者的义务,更是行政监管部门应尽的职责,如果过分强调网络信息服务提供者的监管义务,可能会弱化行政监管部门的监管义务,造成责任的推卸现象。

立法者在设置这个犯罪的构成要件时,显然也考虑到了以上问题,尤其是第三个问题,因此专门设置了“经监管部门责令采取改正措施”这一构成要件要素。以下专门考察这一构成要件要素的性质及其适用。

四、网络服务提供者与监管部门的监管义务分配

如前所述,仅仅违反法定的网络安全管理义务,网络服务提供者并不直接构成刑法意义上的犯罪,除此之外,还必须同时具备“经监管部门责令采取改正措施而拒不改正”以及 4 种法定情形之一,才可能成立拒不履行信息网络安全管理义务罪。这样的话,该法条的后半部分规定才是决定是否成立该罪的关键。那么,如何理解这里的“经监管部门责令采取改正措施而拒不改正”就成为必须面对的问题。具体而言,“责令采取改正措施”的性质是什么;如何认定所谓的“拒不改正”;在追究网络服务提供者的责任时,行政处罚是否必须前置于刑事处罚;这一要素对于该罪的成立而言是一种客观处罚条件,还是不可

或缺的构成要件要素。

责令改正在行政法上是一种什么性质的行政行为，其与行政处罚之间具有怎样的关系，值得研究。如果可以将《刑法》第 286 条之一所规定的“责令采取改正措施”视为一种行政处罚，是否意味着对于该罪而言，行政处罚是刑事处罚的前置条件；如果不能将其视为行政处罚，为什么一种连行政处罚都无法发动的行为，却可以开启刑事处罚的大门。这些问题值得深究。

关于“责令改正”的行为性质，在当前行政法学界，主要存在以下 4 种观点的对立：第一，行政处罚说；〔1〕第二，行政强制措施说；〔2〕第三，行政命令说；〔3〕第四，行政指导说。〔4〕

根据规范互联网秩序的法律与行政法规对于网络服务提供者在违反安全管理义务时的责任规定，应当说“责令改正”在性质上属于行政命令。具体而言，国家或公共团体为了达成行政上的特定目的可以要求人民从事各种行为，由此形成行政法上的义务，而当人民未能履行上述义务时，为了确保行政法规的实效和行政目的的实现，行政机关可对人民施加一定的不利益，此种不利益即为行政制裁。〔5〕 例如，《互联网信息服务管理办法》第 21 条规定：未履行本办法第 14 条规定的义务的，由省、自治区、直辖市电信管理机构责令改正；情节严重的，责令停业整顿或者暂时关闭网站。

这样理解的话，可以认为《刑法》第 286 条之一所规定的“责令采取改正措施”并不是一种行政处罚，但仍然发挥以下 3 个重要功能。

---

〔1〕 参见李岳德主编：《中华人民共和国行政处罚法释义》，中国法制出版社 1996 年版，第 89 页。

〔2〕 参见梁凤云：《最高人民法院行政诉讼批复答复解释与应用》（法律适用卷），中国法制出版社 2011 年版，第 402 页。

〔3〕 参见何建贵：《行政处罚法律问题研究》，中国法制出版社 1996 年版，第 172 页。

〔4〕 关于该观点的介绍与批评，参见许宗力：《行政处分》，载翁岳生编：《行政法 2000》上册，中国法制出版社 2002 年版，第 643 页。

〔5〕 参见夏雨：《责令改正之行为性质研究》，载《行政法学研究》2013 年第 3 期。

第一，进一步明晰网络服务提供者所承担的信息网络安全管理义务的具体内容。如前所述，基于危险源管理义务理论，网络服务提供者对处于其管理、控制之下的平台或网站负有管理义务。但该义务只是第一次性的义务，通过监管部门的监管与告知，网络服务提供者明确地知道自己的行为已经违反了哪些法律或行政法规，接下来在被责令的期限内需要采取哪些改正措施。这样的话，信息网络安全管理义务就不再是抽象的义务，而是具体到某个特定的网络服务提供者身上的作为或不作为义务。据此，刑法的明确性原则也得以补充。

第二，该要素发挥了增强违法程度的功能，不属于客观处罚条件。客观处罚条件是指与犯罪成立条件无关，但却能够决定犯罪是否成立的要素。〔1〕从责任原则出发，不应承认客观处罚条件这一概念，所有被视为客观处罚条件的情节都应与违法性或责任相关联，不应被放置于犯罪论体系之外或将其视为责任原则的例外。〔2〕从该观点出发，"经监管部门责令采取改正措施而拒不改正"是将网络服务提供者对于安全管理义务的违反程度和决意提高到了可罚性程度的要素，因此不能将其视为客观处罚条件，而是对于该罪的成立而言不可或缺的不法与责任要素。

第三，合理分配网络服务提供者与监管部门之间在监管互联网上的责任。保证互联网的安全有序运行之义务，不仅仅由网络服务提供者承担，相关监管部门也有法定义务对互联网秩序进行监管。这一规定可以说是为了维持网络服务提供者与监管部门的平衡。例如，①监管部门疏于监管，未能及时发现传播于互联网上的违法信息，致使其大量传播；②或者虽然发现了网络服务提供者的行为违反了安全管理义务，却仍然采取不作为的态度予以放任；③或者监管部门责令采取

---

〔1〕参见梁根林：《责任主义原则及其例外——立足于客观处罚条件的考察》，载《清华法学》2009 年第 2 期。

〔2〕主张应将客观处罚条件还原为违法要素或责任要素之观点的详细阐述，参见［日］松原芳博：《犯罪概念与可罚性》，成文堂 1997 年日文版，第 205 页。

的改正措施与安全管理义务无关或者无助于该义务的履行;④或者网络服务提供者已经采取了妥当措施。在以上情形中,即使发生严重后果,也不成立该罪。

五、构成要件结果的解释与适用

该法条所规定的 4 种情节并不是结果加重情节,而是内在于该罪的构成要件结果。以下,本部分试图从解释学的角度逐一解析这 4 种法定情形。

(一)致使违法信息大量传播

综上所述,该罪是结果犯。既然构成要件结果对于结果犯的成立如此重要,从罪刑法定原则所要求的明确性出发,构成要件结果必须具体、明确。然而,该项规定的"致使违法信息大量传播"完全不具有明确性,如果不经过解释,在司法实践中基本上无法适用。例如,"违法信息"具体是指什么信息,需要达到什么程度才能称得上"大量",都没有清晰的判断标准。因此,有必要进一步解释"违法信息"与"大量"这两个规范性概念。

在现行《刑法》条文中,只有该法条出现了"违法信息"这一概念,但是因传播某种信息而构成犯罪的罪名在我国《刑法》中却多处可见,例如,传播证券、期货交易虚假信息;传播爆炸威胁、生化威胁、放射威胁等虚假恐怖信息等。本部分认为,可以从以下两个角度来确定"违法信息"的对象:第一,由于该罪被作为扰乱公共秩序罪而被规定在妨害社会管理秩序罪这一章之下,其侵犯的法益是互联网秩序的安全、健康运行,这里的"违法信息"必须是对社会公共秩序具有具体危险的信息,例如,一旦虚假的险情被传播开来,可能导致社会秩序的混乱。第二,传播该"违法信息"的行为本身即可单独构成犯罪。这是因为,如果传播该违法信息的行为不受刑法评价的话,就意味着把一个本来仅仅受行政处罚或不受处罚的行为评价为犯罪,并以刑罚威胁实施该行为的行为人。

至于如何解释这里的“大量”这一问题，本部分认为，鉴于互联网能够不受空间限制进行信息交换，一旦违法信息被上传到互联网上，就可能在极短的时间之内被不特定的多数人所知悉并进一步传播。因此，如果现行《刑法》以及司法解释对传播相关违法信息的入罪标准已经有明确的规定或解释，从其解释。当现行《刑法》与司法解释对于相关违法信息的传播次数等没有明确规定时，可以将这里的“大量传播”理解为被不特定的多数人所知悉，而在刑法上对于多数人的界定，一般认为 3 人以上即可。

（二）致使用户信息泄露，造成严重后果

在该项规定中，如何界定“用户信息”以及“严重后果”的范围成为核心问题。从体系解释的视角出发，第一项规定中的“违法信息”与第二项规定中的“用户信息”不能具有重合部分，因此这里的“用户信息”只能是网络用户在注册账号或使用网络平台过程中所留下的客观、中性的信息，其本身并不违反任何法律或行政法规，但该信息一般仅仅由网络用户所拥有或知悉，法律保护其不暴露于公众的视野之下。既然如此，该信息必须具有被刑法保护的价值与必要性，如网络用户的身份信息、银行账户信息、聊天记录、商业秘密、内幕信息、案件信息、国家秘密、军事秘密等。

关于该项中的“造成严重后果”，可能存在以下 3 种解释：第一，将其理解为结果加重犯中的加重结果，这样的话，不履行网络安全管理义务而导致用户信息泄露就成为基本犯；第二，将其理解为该罪的构成要件结果之一，这样的话，严重后果就成为该罪的不法要素；第三，将其理解为该罪的客观处罚条件，也就是说，严重后果是与该罪的不法与责任无关的因素，是否存在并不影响该罪的成立，只是单纯作为发动刑罚的条件而已。

根据第一种观点，首先，即使没有造成严重后果，网络服务提供者

拒不履行安全管理义务而导致用户信息泄露本身足以成立犯罪;其次,从责任原则出发,主观上对于严重后果的发生至少持过失态度。然而,如果网络服务提供者只是违反安全管理义务而致使用户信息泄露,难以直接将其认定为犯罪,可以说这种情形基本上被视为行政违法行为,网络服务提供者所承担的责任也止于行政责任。因此这种解释难以成立。

根据第三种观点,也会遇到与第一种观点同样的批判,只是根据这种观点的话,网络服务提供者并不需要对于严重后果具有认识。如前文所述,本部分认为不应承认客观处罚条件这一概念,所有被视为客观处罚条件的情节都可以且应被还原为与不法或责任相关的要素。因此,第三种观点也不具有说服力。据此,本部分采用第二种观点,主张这里的“严重后果”是构成要件结果,如果实际上并未产生严重后果,则不成立该罪。

(三)致使刑事案件证据灭失,情节严重

从该项的规定来看,网络服务提供者负有应当保存刑事案件证据的义务。但是,从第一项的规定来看,当出现违法信息大量传播的情形时,网络服务提供者负有屏蔽或删除违法信息的义务。这样的话,当违法信息本身也是刑事案件的证据时,就将网络服务提供者逼入两难境地。例如,网络服务提供者拒不履行安全管理职责,致使侮辱或诽谤他人的言论在其经营的网络平台上大量传播。此时,该言论显然是证明侮辱罪或诽谤罪成立的关键证据,网络服务提供者一旦将其删除,就导致刑事案件证据灭失,而不将其删除,将使该违法信息继续传播。为解决该矛盾,本部分认为,当刑事案件证据本身就是违法信息时,核心的问题在于网络服务提供者是否具有义务冲突这一超法规的违法阻却事由,具体而言,是否存在作为义务与不作为义务之间的冲

突。[1] 当刑事案件证据保存义务与违法信息删除义务这两者并不处于对立关系，即网络服务提供者完全有技术条件与时间条件先保存或备份相关证据，进而将其从网络平台上删除时，就不承认义务冲突的存在，如果网络服务提供者未保存或备份相关违法信息而直接将其彻底删除，即使阻止了违法信息的大量传播，依然可以追究其致使刑事案件证据灭失的责任，反之，如果放任违法信息的大量传播，即使保存了刑事案件的相关证据，也应承担相应的刑事责任。与此相对，如果网络服务提供者在当时的情况下不具有先保全相关证据后加以删除的操作可能性，就可以认定为存在义务冲突。

当然，这样解释的前提是把这里的“刑事案件”作广义上的理解，即只要该行为有可能满足刑法的相关构成要件，具有刑事追诉可能性即可，并不要求其实际上已经进入到刑事诉讼阶段。

这里的“情节严重”与上述对于“严重后果”的解释一样，也是内在于该罪之构成要件的结果，但本部分认为，从存疑有利于被告人的原理出发，这里的情节严重并不包括导致对刑事案件中的被告人作出有利裁判的情形，而主要是指使本来可能被证明无罪的被告人因无罪证据的灭失而被判有罪的情形。

（四）其他严重情节

在我国《刑法》条文中，类似于该项规定的兜底条款随处可见，从罪刑的明确性要求出发，对这种兜底条款的解释应注意以下 3 点：第一，该兜底条款仅限于对该条款的兜底，而不能扩张到对该条款所属章节之罪名的解释；第二，解释该兜底条款时，应符合比例原则的要求，即这里的“严重情节”所具有的不法与责任的程度必须与前 3 项规定的情形相当；第三，应从罪刑法定原则与法益保护原则出发解释该兜底条款，即这里的“其他严重情节”也应具有限定性与类型性，即仅

---

〔1〕 参见［日］山中敬一：《刑法总论》（第 3 版），成文堂 2015 年日文版，第 579 页。

限于严重侵犯该罪所保护的法益的情形。

六、结语

拒不履行信息网络安全管理义务罪既是真正身份犯，又是真正不作为犯，但网络服务提供者这一身份的确定以及网络安全管理义务的认定却并未明确规定在该罪的构成要件中，只能通过解释进一步明确其内容。在解释的过程中，应当始终以该罪的构成要件背后所保护的法益即网络虚拟空间秩序的安全顺畅运行为核心。因此网络服务提供者包括网络空间的开辟者、运行者、维护者，不同的主体所承担的网络安全管理义务内容也不同。由于网络虚拟空间中存在多方参与主体，其秩序的形成不可能仅凭一方之力，应当权衡网络服务提供者、行政监管部门、网络用户之间的责任关系。“经监管部门责令采取改正措施而拒不改正”这一构成要件要素的存在形成了行政法规制与刑法规制的有序衔接机制，也是这一犯罪在当前司法实践中仍然没有适用的最重要原因。

第九章 贿赂犯罪的差序法益构造

一、问题的缘起

我国《刑法》分则第八章规定的贿赂罪是典型的对合犯，然而，无论是行贿人还是受贿人都不是被害人，因为行贿人自愿向受贿人行贿，受贿人收受了贿赂，而行贿人则获取了不正当利益。据此，贿赂罪所侵犯的法益必然不是个人法益，而属于集体法益。[1] 在这个意义上，贿赂罪的构造犹如一场台风，行贿人与受贿人实施的贿赂行为处于风眼区，这一区域风和日丽，但处于其外围的云墙区和螺旋雨带区则狂风暴雨。据此，贿赂罪保护法益的确定，应当穿透行贿人与受贿人形成的交易关系，考察该交易关系在公共层面上的最大射程范围。

长期以来，我国刑法学界都在积极探寻共通于贿赂罪的保护法益从而建构统一的贿赂罪教义学体系，因此形成了诸多具有代表性的观点。[2]

---

〔1〕 关于个人法益与集体法益的关系，参见孙国祥：《集体法益的刑法保护及其边界》，载《法学研究》2018 年第 6 期。

〔2〕 参见王志成：《惩治贪污贿赂犯罪的有力武器》，载《政治与法律》1988 年第 5 期；唐均心：《关于贿赂犯罪的耗散结构理论研究》，载《法学评论》1992 年第 5 期；马春晓：《廉洁性不是贪污贿赂犯罪的法益》，载《政治与法律》2018 年第 2 期；钱小平：《我国惩治贿赂犯罪立法检讨——以积极治理主义为视角》，载《法商研究》2018 年第 1 期。

概括起来主要有职务廉洁性说、[1]职务行为的公正性说、[2]职务行为的不可收买性说、[3]职务行为的不可谋私利性说[4]等。这些学说虽然表述各异,但都将贿赂罪的法益内容聚焦于贿赂与职务行为或与职务密切相关的行为之间的对价关系上。这样的话,这些观点在对贿赂罪基本构造的理解上始终没有跳出行贿人与受贿人所处的风眼区,只是在侧重行贿人视角还是受贿人视角来考察贿赂对职务行为的影响方面存在差异。

本书尝试跳出行贿人的贿赂物与受贿人的职务行为形成的对价关系这一圈子,从客观中立的第三人视角考察贿赂这一对价关系的对外波及效应及其最大射程范围,展示贿赂犯罪的差序构造,在此过程中说明贿赂罪侵犯国家法益的性质及法益的具体内容。

二、既有观点的症结:忽视贿赂犯罪的差序构造

国家在行使职权的过程中,呈现出“国家—国家机关—国家机关工作人员—国民”这一金字塔形构造。我国有学者借助韦伯的支配社会学这一分析工具阐释了国家机关工作人员的双重身份。具体而言,作为公共团体的国家才是集中化的支配权力之所在,是真正的支配者,官员和国民的服从都指向于国家,国家支配的权力及其手段不是交给官员个人的,而是分派给“职位”,官员能够代表国家行使支配权的范围以职位的权限为界,公民个体对官员的服从也以官员的权限为

---

[1] 参见高铭暄、马克昌主编:《刑法学》,北京大学出版社、高等教育出版社2019年版,第635页。

[2] 参见黎宏:《受贿犯罪保护法益与刑法第388条的解释》,载《法学研究》2017年第1期。

[3] 参见张明楷:《受贿犯罪的保护法益》,载《法学研究》2018年第1期。

[4] 参见劳东燕:《受贿犯罪的保护法益:公职的不可谋私利性》,载《法学研究》2019年第5期。

界。[1] 于是,担任公职的人员不可避免地具有双重身份,即作为公共职位的占有者与作为对私域享有自主权的个人,正是由于公法上的人格寄居在具有私欲的个人身上,才会出现腐败问题。[2]

可以说传统关于贿赂罪保护法益的各种观点基本上都是从因贿赂而形成的权力与金钱之间的交易关系这一点出发来论证的,因此这些观点具有公因式可以提取,那就是禁止这种权钱交易关系的形成。笔者完全认同贿赂在形式上表现于职权与金钱的交易关系或对价关系,或国家工作人员以权谋私。然而,如果将贿赂罪的法益保护求诸禁止这种权钱交易,则可能产生以下疑问:

第一,职务行为的不可收买性说是对贿赂这种现象的直观描述,禁止权钱交易只是隐藏于贿赂罪构成要件背后的行为规范,该行为规范虽然指向将来的法益保护,但其本身并无法直接作为贿赂犯罪的法益内容,否则将陷入循环论证。[3] 具体而言,问:贿赂是什么?答:国家工作人员的职权与行贿人的财物之间形成的对价关系。问:贿赂犯罪的法益是什么?答:禁止职权与财物形成对价关系。这是无意义的重复,对于为什么要禁止职权与财物之间形成对价关系这一核心问题的解决并无实益。

第二,公职不可谋私利性说的更准确表达其实是国家公职人员的不可谋私利性。然而,如果将此作为贿赂罪的保护法益,则可能将国家公职人员以权谋私的贪腐人格作为刑事制裁的目标,从而存在违背行为刑法基本立场的嫌疑。具体而言,公职不可谋私利性说的主张者认为,受贿犯罪的交易关系并不是发生在行贿人与受贿人之间,而是

---

〔1〕 参见杨利敏:《论韦伯社会理论中现代国家的特质与实现》,载《中国人民大学学报》2019 年第 2 期。

〔2〕 参见劳东燕:《受贿犯罪的保护法益:公职的不可谋私利性》,载《法学研究》2019 年第 5 期。

〔3〕 行为规范是面向将来的法益保护而设定的,因此在判断是否违反行为规范时,应与法益相关联进行判断。参见[日]高桥则夫:《刑法总论》,李世阳译,中国政法大学出版社 2020 年版,第 10 页。

发生在受贿人的职位所蕴含的公权与其所捞取的私利之间。[1] 从该观点出发,只要国家公职人员基于贪念收受财物即可认定受贿罪成立,因此事前受贿、事后受贿、斡旋受贿、利用影响力受贿、感情投资受贿等行为类型均可纳入处罚范围,国家公职人员是否实际上为他人谋取利益也在所不问。然而,这种表面上具有广泛解释力的观点是建立在国家公职人员贪腐人格的基础上,据此,收受财物的外在行为只是这种贪腐人格的外化而已。这种明显具有行为人刑法色彩的观点在扩大刑事处罚范围上不费吹灰之力。然而,如果脱离了为贿赂犯罪的客观不法提供支撑的存在论构造,单纯用"以权谋私"的贪腐人格这一意义上的主观不法填充贿赂犯罪之不法内涵的话:一方面将导致贿赂犯罪实行行为的空洞化,陷入主观归罪的泥潭中;另一方面在刑事诉讼上既可能因无法证明公职人员的贪欲从而进一步依赖口供,又可能滥用模糊的品格证据,从而出入人罪。[2]

第三,职务行为的公正性说认为规定贿赂犯罪的目的在于,防止将职务行为与贿赂置于对价关系之下,从而在贿赂的影响之下做出职权行为,进而不公正地行使裁量权。据此,贿赂犯罪的处罚对象是:由接受贿赂这种手段行为所引起的对职务行为公正性的侵害及其危险。[3] 相比于职务行为不可收买性说和公职不可谋私利性说,职务行为公正性说已经迈出权钱交易圈子的第一步,以该交易关系的存在为震中,试探性考察交易的外部影响。但遗憾的是,该学说归根结底

---

[1] 参见劳东燕:《受贿犯罪的保护法益:公职的不可谋私利性》,载《法学研究》2019 年第 5 期。

[2] 值得注意的是,我国有学者以扒窃为例指出我国《刑法》从客观主义向主观主义回归,从行为刑法向行为人刑法转型的端倪,但该观点仍然首先在存在论与规范论二元区分的范畴内肯定扒窃"裸"的事实存在,并肯定其主观不法,然后再进一步考察扒窃行为的主体性人格表现。参见梁根林:《但书、罪量与扒窃入罪》,载《法学研究》2013 年第 2 期。

[3] 参见[日]山口厚:《刑法各论》(第 2 版),王昭武译,中国人民大学出版社 2011 年版,第 719 页。

还是将“公正性”的内容束缚于公职人员实施的职务行为上。这样的话,判断公正性的视角就无法脱离国家公职人员,也丧失了考察贿赂形成的交易关系对于行贿人之外的国民产生具体影响的契机,更无法清晰说明贿赂犯罪侵犯国家法益的本质属性,最终与不可收买性说及不可谋私利性说一样,都将陷入以公职的含义为核心的内部循环。

据此,贿赂犯罪背后的行为规范是禁止贿赂,即禁止行贿人与受贿人通过贿赂形成的交易关系。然而,法益内容是确立该行为规范最终将要实现的目标,而不是行为规范本身。那么,在确定该目标的过程中就有必要考虑与该行为规范相关的出场人物,首先当然是作为加害人的行为人以及作为被害对象的被害人,但并不仅限于此,而是从各自的关系人出发扩散到区域社会等公共层面上,进而,扩散到社会及国家层面上,犯罪就是这种从私人的事情到公共的事情派生出来的,这也是刑法应当被认定为公法之所在。[1] 简言之,法益内容的确定就是探寻从加害人与被害人的互动关系延伸出的对于区域社会、集体社会乃至国家的逐层影响。这一点对于诸如故意杀人罪这种被认为是侵犯个人法益的犯罪尚且有指导意义,更不用说对于贿赂犯罪这种公认的侵犯国家法益的犯罪。

需要说明的是,将刑法置于公法框架下考察的话,任何犯罪在事实上都会形成“加害与被害的互动关系—社区—社会—国家”这一波澜效应。法益是在该事实性效应的基础上规范性确立行为规范所指向的目标。于是,对于诸如故意杀人罪这种典型的侵害个人法益的犯罪而言,无论是立足于个人、社区还是社会抑或国家,对国民的生命法益的保护都是其共同目标。换言之,法益内容在因杀人行为而形成的差序构造中是重合的。但对于诸如放火罪等侵害社会法益的犯罪而

〔1〕 参见[日]高桥则夫:《刑法总论》,李世阳译,中国政法大学出版社 2020 年版,第 11 页。

言,在因放火行为而形成的差序构造中,禁止实施放火行为对于个人与社会显然具有不同的意义,不特定多数人的公共安全显然包含并超越个人的人身安全。进而,在诸如贿赂犯罪这种侵害国家法益的犯罪中,在由贿赂形成的差序构造中,从平行的社会一般人、全体国民或国家的视角来看,贿赂具有不同的不法内涵,需要分别考察,但最终将统合于维护国家这一抽象人格体的存立根基这一点上。

具体而言,贿赂犯罪呈现出以权钱交易为核心的差序构造:通过贿赂形成的权钱交易关系处于最内层;接着向外扩展到第二层,即以行贿人为标准的平行的社会一般人所处的区域社会;进而波及第三层,即由全体国民所组成的集体社会;最后蔓延到作为抽象人格主体的国家层面。据此,贿赂罪的保护法益应放置于该同心圆式的差序格局中进行考察。只有精确求得贿赂对不同层面的影响内容,才能建构起贿赂犯罪的不同层次的法益体系,进而在刑事政策上检验贿赂行为的出罪与入罪,并在解释论上作为贿赂犯罪构成要件解释的指针。

以下,笔者尝试考察贿赂形成的权钱交易关系辐射到社区、社会、国家所形成的差序格局,并分别探讨在各个层面上的不同法益内容以及由此形成的解释学结论。

三、重构贿赂犯罪的法益体系

如前文所述,从贿赂犯罪的差序构造出发,贿赂犯罪的法益内容也应放置于以下渐进式的三重构造中进行逐层考察。

第一重是贿赂对于区域社会的影响。具体而言,跳出行贿与受贿形成的对价关系这一圈子,立足于与行贿人处于同等社会地位即平行的社会一般人的视角,以贿赂关系形成当时的客观情况作为判断资料,考察该对价关系具体损害了平行的社会一般人的什么利益,或造成怎样的负面影响。例如,官员甲收受商人乙的贿赂,首先应结合乙的请托事由考察该贿赂关系对于和乙经营相同或类似业务的其他商人的不利影响。从这一视角出发,可以清楚看出贿赂关系的成立侵犯了其他平行社会一般人获取相应公共资源的机会公平性。

第二重是贿赂对于集体社会的影响。即考察贿赂形成的对价关系对于包括平行的社会一般人在内的全体国民所在的各个行业所产生的影响。贿赂虽发生于从事特定行业工作的行贿人与身负分配特定公共资源之职权的国家工作人员之间,但显然并不是所有国民都从事这一行业的工作。对于其他一开始就不参与该公共资源分配的国民而言,虽然其他行业的贿赂并不直接侵犯其机会公平性,但这种贿赂关系的成立足以动摇其对于国家工作人员将会公平地分配公共资源的信赖。这一方面可能助长所有行业领域内贿赂风气的形成,普遍提高交易成本;另一方面也损害了国家机关的公信力。

第三重是贿赂对于作为抽象的法律秩序人格化的国家产生的影响。这一层面的法益是建立在前两个阶层法益的基础上,但又应当具备从国家的视角出发进行考察的内容,即贿赂最终将动摇国家这一抽象人格体的存立根基。这样才能合理解释贿赂犯罪侵犯国家法益的特性。

(一)贿赂破坏了平行社会一般人获取生存和自由发展资源的机会公平性

1. 人的生存发展本能与资源的有限性

卢梭认为,人首要的天性是无论如何都会维持自身的生存,也因此,人们会极其关注他们自身的需求。进言之,一个人成为真正独立个体的标志是,有能力自我判断什么样的方式才最适合自己生存下去。[1] 哈特以此作为不证自明的公理,推导出以下五个具有递进关系的推论,具体而言:①维持人类生存的资源是有限的,获取资源的过程需要付出人类的劳动,然而,②每个人获取资源的能力有强弱之分,于是,人类在争夺资源的过程中就很容易陷入互相伤害和算计的状

〔1〕 参见[法]让-雅克·卢梭:《社会契约论》,李阳译,作家出版社2016年版,第5页。

态,③意志坚强的人类甚至可以为了更为长远和巨大的利益而牺牲目前的较小利益,于是,要避免人类自身最终走向毁灭,相互之间就必须保持自制与协力,然而,④纯粹道德层面的约束显然无法确保这一点,因为人类的利他性是有限的,人与人之间的相互理解也是有限的,据此,⑤国家在分配资源的过程中有义务确保人与人之间大致的平等性。[1]

在以上推论中,推论①可以说是产生贿赂现象的根本原因,因为如果资源是无穷无尽的,也就不需要贿赂国家公职人员,或者说贿赂行为也不可能被视为犯罪。推论③则从行贿人的视角出发描述贿赂的表现形式。前四点推论显然可以作为反对功利主义的理由,具体而言,功利主义认为,对现存制度的检验标准和新制度的规范,便是功利原则或最大幸福,于是,不管是怎样的社会制度,只要从社会上来看是最合理、最有效的,就是正确的,并不考虑在社会上财产与机会应当如何分配这一问题。[2] 将该观点贯彻到底的话,贿赂一方面给受贿人直接带来财产的增加,另一方面通过受贿人职权的行使给行贿人带来相应的资源,同时还不直接损害其他国民的财产利益,这完全符合功利主义的表达形式。然而,世界各个国家普遍地将贿赂认定为犯罪就是反对该观点的明证。罗尔斯在尖锐批判这种功利主义思想的基础上,构建了国家分配正义的基本原则,可以说是对上述推论⑤的操作化。

2. 从分配行政的视角看机会公平的实现

罗尔斯扬弃了古典的社会契约论以及功利主义,他认为契约的目标并不是选择建立某一种特殊的制度或进入某一特定的社会,而是选

---

〔1〕 参见[英]H. L. A. 哈特:《法律的概念》(第2版),许家馨、李冠宜译,法律出版社2011年版,第171~176页。科幻小说家刘慈欣借小说人物叶文洁之口提出了宇宙社会学的两条公理:第一,生存是文明的第一需要;第二,文明不断增长和扩展,但宇宙中的物质总量保持不变。参见刘慈欣:《三体Ⅱ·黑暗森林》,重庆出版社2008年版,第5页。

〔2〕 参见[英]边沁:《政府片论》,沈叔平等译,商务印书馆2017年版,第33页。

择确立一种指导社会基本结构设计的根本道德原则，即正义原则。[1]据此，罗尔斯并不侧重从实体上论证正义具有怎样的内涵，而是试图从程序上建构一条通往正义的途径。具体而言：订立契约的“原初状态”纯粹是一种假设的状态，这一状态的基本特征是没有一个人知道他在社会中的地位，正义的原则正是在这种“无知之幕”（veil of ignorance）之后被选择的。[2] 在此假设状态下，罗尔斯建构了正义的两个基本原则：第一，平等自由原则，即每个人对与所有人所拥有的最广泛、平等的基本自由体系相容的类似自由体系都应有一种平等的权利；第二，差别原则与机会公平原则，即社会和经济的不平等应这样安排，使它们在与正义的储存原则一致的情况下，适合于最少受惠者的最大利益（差别原则），并且在机会公平平等的条件下，将职务和地位向所有人开放（机会的公正平等原则）。[3]

然而，这两个正义原则并不是平面耦合式地堆放一起，而应以词典式次序排列。具体而言，在第一个原则中确立了自由的优先性规则，因此自由也只能为了自由的缘故而被限制，这有两种情况：一种是不够广泛的自由必须加强由所有人分享的完整自由体系；另一种是不够平等的自由必须可以为那些拥有较少自由的公民所接受。与此相对，第二个原则的表述本身也确立了正义优先于传统的功利主义所倡导的效率原则和最大限度追求利益总额的原则；在第二原则所派生出的两个子原则中，机会公平原则优先于差别原则，这又分为两种情况：一种是机会的不平等必须扩展那些机会较少者的机会；另一种是过高

---

〔1〕 参见［美］约翰·罗尔斯：《正义论》，何怀宏、何包钢、廖申白译，中国社会科学出版社2009年版，“译者前言”第5页。

〔2〕 参见［美］约翰·罗尔斯：《正义论》，何怀宏、何包钢、廖申白译，中国社会科学出版社2009年版，第10页。

〔3〕 参见［美］约翰·罗尔斯：《正义论》，何怀宏、何包钢、廖申白译，中国社会科学出版社2009年版，第237页。

的储存率必须最终减轻承受这一重负的人们的负担。[1]

由此可见,在阶层式的寻求正义之路的程序建构中,平等自由原则是正义的基础,差别原则是正义的实现方式之一,机会公平原则是最终的落脚点和"试金石"。然而,机会公平本身是以机会的提供和分配为前提,而最终的分配者必然是超越个人层面的国家。凯尔森认为,国家,作为通过其机关而行为的主体、作为归属的主体或者作为法人,都是法律秩序的人格化。[2] 然而,这一虚拟的人格体所开展的活动都必须通过个人来实施,在这个意义上,国家问题就是一个归属问题,关于归属的标准,凯尔森认为:将人的活动归属国家,归属一个看不见的人格者,就是将作为国家机关活动的那种人的活动和规定这一活动的秩序的统一体联系起来,作为一个人格者的国家只不过是这一统一体的人格化而已,然而,只有人,或者更加正确地说,只有人的行为,才可能是法律调整的对象。[3] 奥托·迈耶指出,国家是一个有序的集合体,是人民为在人类发展史中展示并发扬其特征而联合成的,为此,集合体及其目的的实现而进行的活动可以称为行政,即行政在最概括的意义上是指国家为实现其目的而进行的活动。[4] 根据目的的种类又可以将行政作用划分为以维持国家或公共团体的存续为目的的秩序行政、以整备和形成秩序为目的的整序行政、以生活考虑而提供给付为目的的给付行政。[5] 然而,这种分类虽然便于就不同类型的行政活动或不同的行政法部门展开高效的法学思考,但这归根结

---

〔1〕 参见[美]约翰·罗尔斯:《正义论》,何怀宏、何包钢、廖申白译,中国社会科学出版社2009年版,第237页。

〔2〕 参见[奥]凯尔森:《法与国家的一般理论》,沈宗灵译,商务印书馆2013年版,第291页。

〔3〕 参见[奥]凯尔森:《法与国家的一般理论》,沈宗灵译,商务印书馆2013年版,第284、292页。

〔4〕 参见[德]奥托·迈耶:《德国行政法》,刘飞译,商务印书馆2016年版,第1页。

〔5〕 参见[日]南方博:《行政法》(第6版·中文修订版),杨建顺译,商务印书馆2020年版,第30页。

底只是一种立足于国家与私人两级关系的“中观”视角的考察。[1] 而且，这一分类也是建立在夜警国家的形象基础上的，所关注的核心问题在于确保市民的自由不受国家公权力的任意侵犯。[2] 伴随全能主义国家观念的式微与服务行政理念的兴起，国家的角色定位与行政的作用也正被重构。其中有力的观点认为：现代政府本质上是一个公共机构，其存在的合理性在于人们可利用其具有规模效益优势的强制力量，保护个人权利和节约交易费用，政府的职责在于为社会提供“公共产品”。[3]

据此，分配行政的观念应运而生，所谓分配行政，并非与秩序行政、给付行政并列的另一个行政法部门，而是将秩序化与给付的现象囊括起来，嵌入连通管系统的一种思考，它是私人间分配斗争的表现，但这种分配斗争不是通过私法秩序中的手段，而是以行政的决定来终结的，据此，古老的双极行政关系扩张为三极或者多极法律关系。[4] 我国有学者指出，“分配行政”是与现代行政任务的变迁相适应的，宏观的、事关行政的现代性的一种理论观念，如果说传统行政法主要是解决公益与私益（国家与私人）之间冲突的“抵触法”，那么现代行政法则是以公共性为媒介的私益间的“分配法”。[5]

从分配行政的宏观视角出发，代表国家实施符合相应行政目的之行政行为的国家工作人员化身为公共产品这一资源的分配者，而处于这一地位的分配者必然被要求基于客观中立的立场公平公正地分配资源。这是因为：

---

〔1〕 参见王天华：《分配行政与民事权益——关于公法私法二元论之射程的一个序论性考察》，载《中国法律评论》2020 年第 6 期。

〔2〕 参见［日］盐野宏：《行政法》，杨建顺译，法律出版社 1999 年版，第 9 页。

〔3〕 参见马庆钰：《关于“公共服务”的解读》，载《中国行政管理》2005 年第 2 期。

〔4〕 参见［德］施密特·阿斯曼等：《德国行政法读本》，于安等译，高等教育出版社 2007 年版。

〔5〕 参见王天华：《分配行政与民事权益——关于公法私法二元论之射程的一个序论性考察》，载《中国法律评论》2020 年第 6 期。

第一,我国《宪法》第 2 条及第 27 条规定,中华人民共和国的一切权利力属于人民,一切国家机关和国家工作人员必须依靠人民的支持,经常保持同人民的密切联系,倾听人民的意见和建议,接受人民的监督,努力为人民服务。《公务员法》第 2 条更是直接规定公务员是人民的公仆。

第二,我国《宪法》第 33 条第 2 款规定中华人民共和国公民在法律面前一律平等,据此,平等权成为公民享有的、被宪法确认的基本权利。这一方面建立起公民抵制国家侵犯平等权的防御机制,也是罗尔斯提出的正义第一原则的基础;另一方面也赋予国家积极建立保障公民实现其基本权的义务,[1]因为每个公民因其个体的先天性差异或后天性因素导致公民在获取生存和自由发展的资源过程中事实上处于不平等状态,据此,国家有义务调整这种不平等状态,至少确保公民获取资源的机会公平性,这成为罗尔斯正义第二原则的基础。

第三,党的十九大报告明确指出,我国社会主要矛盾已经转化为人民日益增长的美好生活需要和不平衡不充分的发展之间的矛盾。这一社会主要矛盾的变化对国家工作提出了新的要求,即要在继续推动发展的基础上,着力解决好发展不平衡不充分问题,大力提升发展质量和效益,更好满足人民在经济、政治、文化、社会、生态等方面日益增长的需要。

3. 贿赂损害了平行社会一般人获取公共资源的机会公平性

综上所述,在资源有限的前提下,国民为了追求生存和自由发展必然形成相互竞争关系,而每个国民获取资源的能力和途径并不均衡,为此,国家有义务对该局面进行调整,以保障宪法确认的公民所享有的平等权。作为调整措施的行政行为固然多种多样,但都应以追求机会公平为目标。从分配行政的视角出发,作为代表国家分配公共产品这一重要资源的主体,国家工作人员应保持客观中立态度,以确保

---

〔1〕 参见陈征:《基本权利的国家保护义务功能》,载《法学研究》2008 年第 1 期。

每个国民在资源分配中公平地获得相应机会的权利。当某一国民为获取更多的生存和发展资源而向国家工作人员行贿，一旦国家工作人员接受该贿赂物，便可能为其利用职务便利为行贿人谋取不正当利益提供强势的行动理由，为此，国家工作人员在分配公共资源上本来应保持的中立客观立场产生动摇。[1] 随着社会分工的不断深化，这一立场的动摇最先波及与行贿人处于同等的资源竞争地位的其他平行的社会一般人这一群体，也就是说，打破了这一群体进行自由竞争的局面，侵害了这一群体获取生存和自由发展资源的机会公平性。

很显然，贿赂是否侵害机会公平性的判断取决于以下两个数值的比较，即，①假设不存在贿赂关系，与行贿人处于同等地位的竞争群体获取相应资源的可能性及其份额大小；②在贿赂关系的影响下，该竞争群体事实上获取相应资源的可能性及其份额大小。从事后判断的视角出发，当且只有当②的数值大于①的数值时，才能认定机会公平性受到实际损害。然而，仅从事后的视角出发进行判断容易导向结果主义，忽视了刑法树立行为规范的功能，也必然不当缩小贿赂犯罪的成立范围。因此，在机会公平性的判断上，首先应立足于事前判断，即从平行的社会一般人的立场出发，立足于贿赂关系成立当时，以行贿人和受贿人形成的贿赂关系为判断资料，判断贿赂关系是否具有侵害机会公平性的危险。在此基础上再从法官的立场出发，立足于裁判当时，以贿赂关系发生之后的事实作为判断资料，判断贿赂关系对机会公平性产生的实际损害。[2] 具体而言，在是否侵害机会公平性的判断上，应考虑以下情形：

第一，对价型贿赂，即行贿人本来没有获得相应资源的可能性或

---

[1] 拉兹认为，在对一切事情进行考虑之后，一个人总是应当出于一个不败的理由而行动。参见［英］约瑟夫·拉兹：《实践理性与规范》，朱学平译，中国法制出版社 2011 年版，第 34 页。

[2] 关于事前判断与事后判断的对应原则，参见［日］高桥则夫：《刑法总论》，李世阳译，中国政法大学出版社 2020 年版，第 58 页。

可能性小,但以获得该资源作为请托事由向相应的国家工作人员行贿,从而获取了本来应属于其他同业竞争人员的资源。换言之,行贿人所获取的不正当利益可以直接归属于贿赂关系的存在。例如,被告人陈柏槐利用担任湖北省农业农村厅党组书记等职务上的便利,为武汉佳和房地产开发有限公司、深圳泰然公司等单位和个人在土地使用权转让、项目开发、企业经营、工程招标等方面提供帮助,直接或通过其妻邓润清非法收受上述单位和个人给予的财物共计折合人民币280余万元。[1]

第二,双重保险型贿赂,即行贿人凭借自己的实力本来就应该或有较大的可能性获取相应的资源,但为保险起见而向相应的国家工作人员行贿,并最终顺利获得相应资源。例如,在王林行贿案中,被告人王林虽具备相应资格并具有优势,但为在职务调整、提拔中谋取竞争优势,给予他人好处费17万元。[2] 在这种情形中,如果单纯坚持事后判断,就很可能得出并不损害机会公平性的结论,然而,这一结论显然不具有妥当性。本部分认为,这种双重保险型贿赂是否损害平行社会一般人的机会公平性的判断,可以参照共犯理论中帮助犯的认定规则。具体而言,从因果共犯论出发,只有当参与人实施的行为对于正犯实现的构成要件结果具有物理促进力或心理促进力时,才能认定帮助犯的成立,当否定参与行为对于正犯结果的因果促进力时,应进一步考察该参与行为对于正犯是否具有心理促进力。[3] 在双重保险型的贿赂中,基于行贿人本来存在的相对于其他竞争者的竞争优势,贿赂对于损害其他竞争者的机会公平性的物理促进力并不明显,因此应进一步考察心理促进力的有无。德国学者普珀将心理因果关系理解为对他人的行动提供理由,进而指出:"当行为人给他人提供了做出某

[1] 参见《最高人民检察院公报》2016年第1号(总第150号)。

[2] 参见云南省安宁市人民法院刑事判决书,(2020)云0181刑初第146号。

[3] 参见[日]西田典之、[日]山口厚、[日]佐伯仁志编:《注释刑法总论》(第1卷),有斐阁2010年日文版,第890页。

种决定的理由，则这一行为与所做出的决定之间便是存在因果关系的。即便他人做出决定还出于其他的理由，也仍然不影响因果关系的判断。如果要考虑决定的做出是否还可能有其他的理由，以决定是否进行归责，这是完全没有意义的。因为从自由意志的角度讲，一个人在一个完全不同的情况下会如何做决定，这是无法判断的。”[1]将该行动理由说适用于双重保险型的贿赂，可以容易肯定贿赂的提供对于损害机会公平性的心理促进力。这是因为：国家工作人员很难无偏私、没有先入之见地完全从客观中立的观点出发酌情作出决定，而是会虑及自己收受的财物，带着内心的负担去作出决定。[2] 一旦国家工作人员本来应保持的客观中立的立场发生动摇，当然损害了其他竞争者的机会公平性。

第三，感情投资型贿赂，即一方先通过利益输送，与国家工作人员建立起感情关系，而相隔较长的时间距离之后，再向国家工作人员提出请托事项但并不附随财物给予。[3] 这种情形对于是否侵害平行社会一般人的机会公平性的判断显然应立足于事前判断而非事后判断，因为介入了“感情”这一因素，使公共资源分配与金钱之间的对价关系并未直接显现，而只是具备侵犯机会公平性的可能性。也就是说，应从平行的社会一般人的视角出发，考察一体化的感情投资行为对于国家工作人员在将来行使分配公共资源的职权中将分配的份额往感情投资人倾斜的可能性。据此，应分以下两个步骤进行考察：

第一个步骤是判断行为人所实施的给予国家工作人员财物的行为是否可以被评价为一体化的感情投资行为。在司法实践中，感情投资一般都呈现出小额多次的特点，因为大额的财物给予很容易直接被

---

〔1〕 See Puppe, Die Erfolgszurechnung im Strafrecht, 2000, S. 58 – 59. 转引自徐凌波：《心理因果关系的归责原理》，载《苏州大学学报(法学版)》2018 年第 4 期。

〔2〕 参见车浩：《行贿罪之“谋取不正当利益”的法理内涵》，载《法学研究》2017 年第 2 期。

〔3〕 参见车浩：《贿赂犯罪中“感情投资”与“人情往来”的教义学形塑》，载《法学评论》2019 年第 4 期。

认定为贿赂,而一两次的小额财物给予尚不足以和国家工作人员建立起稳固的感情。于是,小额多次的财物给予是否可以被评价为一体化的感情投资行为关系贿赂犯罪实行行为的认定。具体而言,在行为人同一的行为意思支配下实施的,具有时空上密接性的,共同指向于非一身专属性法益的复数行为,可以被视为一体化的行为。[1] 于是,可以被评价为私人之间为维持或增进感情之表达方式的财物给予行为,一开始就应当被排除在刑法的评价范围之外。

第二个步骤是判断感情投资行为侵犯机会公平性的危险程度。具体而言,当收受财物的一方具有国家工作人员身份时,需要进一步考察财物给予方是否以建立双方之间的感情为媒介,其根本目的是将来借助国家工作人员的职权谋取私利。在此意图支配之下,多次反复实施的小额财物给予行为,会共同指向侵犯社会一般人的机会公平性,从而具备行贿的抽象危险性和实行行为性。但此时对机会公平性这一法益的侵犯程度尚未达到具体危险程度,因此不足以发动未遂犯的制裁规范,只有当感情投资人基于之前一体化的财物给予行为而向国家工作人员提出了具体请托事由时,对机会公平性的侵犯才达到具体程度,也才值得至少发动未遂犯的制裁规范。[2] 尤其值得注意的是,对于感情投资性的贿赂而言,一旦通过一体化的感情投资行为确立行贿人与国家工作人员之间的感情关联,国家工作人员对于行贿人的公共资源分配倾斜并不限于行贿人第一次提出的请托事由,而是将长期影响到此后一体化的请托事由,从而持续性地侵犯机会公平性。

---

[1] 参见李世阳:《刑法中行为论的新展开》,载《中国法学》2018 年第 2 期。

[2] 本部分认为,实行行为 = 实行着手 ≠ 未遂犯成立,关于实行行为、实行着手、未遂犯之间的关系,参见[日]高桥则夫:《刑法总论》,李世阳译,中国政法大学出版社 2020 年版,第 91 页。我国有学者指出,感情投资行为以“可能影响职权行使”为目标,处于实害犯与抽象危险犯之间,属于一种具体危险犯。参见车浩:《贿赂犯罪中“感情投资”与“人情往来”的教义学形塑》,载《法学评论》2019 年第 4 期。

(二)贿赂破坏了国民对于凭借自己实力获取相应公共资源的信赖利益

如前文所述,从平行的社会一般人的视角出发,贿赂犯罪侵犯了其获取生存和自由发展资源的机会公平性。关于是否侵害机会公平性的判断应坚持事前判断与事后判断的对应原则,因此,对这种机会公平性的侵犯不以实害后果的发生为必要,而以具有受到侵犯的具体危险性为足。然而,无论是对机会公平性产生实害还是危险,都只是相对于与行贿人处于同等竞争关系的平行社会一般人而言。当超越这一群体的立场,从包括平行社会一般人在内的全体国民的视角出发来看行贿人与国家工作人员的贿赂关系时,贿赂侵犯机会公平性这一观点的解释力将受到挑战。例如,在事后受贿的情形中,如果国家工作人员事先并未与请托人约定事后受贿,而是在自己的职权范围内对公共资源进行了公平分配,行贿人在当时并未获得额外的机会或份额,而只是在事后甚至在国家工作人员退休之后主动给予财物。此时,难以解释这种贿赂关系对于平行的社会一般人参与公共资源分配的机会公平性的危险。国家工作人员主动索贿,并且一开始就不打算为对方谋取利益,在这种情形中,虽有贿赂关系的存在,但贿赂提供方非但没有获取额外的公共资源,反而单纯失去了相应贿赂物,其他平行的社会一般人也并未减少获取公共资源的机会或份额。

据此,单纯从与行贿人处于同等竞争关系的平行社会一般人的视角出发,已经难以观测到贿赂关系波及的范围之全部,有必要跳出区域社会,进而从全体国民的视角考察贿赂犯罪所侵犯的法益。这是因为,从集体社会的视角出发将形成以下两个不同维度:第一,形成贿赂关系的具体的行贿人与受贿人这两个主体均被抽象化。即行贿人被抽象化为参与社会分工、扮演不同角色的所有国民;受贿人被抽象化为代表国家行使提供及分配各种公共资源的国家机关。于是,从区域社会视角出发考察的处于特定行业的平行社会一般人与具有分配特定公共资源职权的国家工作人员之间的关系,扩散到了社会大分工之下的所有国民与代表国家意志的国家机关之间的关系。第二,从关注个体的机会公平性是否得以保护这一微观视角转向国民对于国家机关公平地分配各个领域的公共资源的期待这一宏观视角。也就是说,贿赂关系对于平行社会一般人获取公共资源的机会公平性的危险外化为国民对于国家机关的信任危机。

值得注意的是,信赖利益说得到国内外不少刑法学者的支持。例如,德国学者罗克辛教授认为,一个受贿的政府官员将严重地动摇一般公众对国家行政管理的可信赖性的信心,因此对这种行为必须使用刑事处罚来惩罚。〔1〕 日本刑法学界虽存在职务行为的不可收买性说与职务行为的公正性说之间的争论,但不论主张哪种观点,一般都把国民对于职务行为不可收买性或公正性的信赖作为法益的一部分。〔2〕 我国学者张明楷教授认为,贿赂犯罪侵害了职务行为的不可收买性,其包括职务行为的不可收买性本身和国民对职务行为不可收买性的信赖。〔3〕 此外,也有学者主张受贿犯罪的保护法益应包括国民对职务行为不可收买性及公正性的信赖利益。〔4〕 然而,如前文所述,职务行为的不可收买性只是对贿赂侵犯的行为规范的描述,其本身并不能直接成为贿赂犯罪的法益。换言之,普遍存在的贿赂正是职务行为被收买了,国民当然不享有对职务行为不可收买的信赖利益,否则便是以刑法的名义要求国民相信贿赂并不会发生。与此相似,国民也不享有对职务行为公正性的信赖利益,因为如果将所谓"社会信赖"理解为"不要有腐败"的国民内心期待的话,则所谓社会信赖就演

〔1〕 参见[德]克劳斯·罗克辛:《德国刑法学总论》(第1卷),王世洲译,法律出版社2005年版,第29页。

〔2〕 参见[日]大谷实:《刑法讲义各论》(第2版),黎宏译,中国人民大学出版社2008年版,第573页。

〔3〕 参见张明楷:《刑法学》(下)(第5版),法律出版社2016年版,第1211页。

〔4〕 参见孙运梁:《受贿犯罪的保护法益应包括信赖利益》,载《苏州大学学报(法学版)》2019年第2期。

变成了禁止贿赂的行为规范被严格遵守的状态，并非禁止贿赂所保护的利益。[1] 我国学者更是一针见血地指出：对公权力的不信任是现代法治社会的进步表现，动用刑法手段让人们信赖职务行为的公正性，有南辕北辙之嫌。[2]

由此可见，国民并不享有对于职务行为保持不可收买性或公正性这种应然状态的信赖利益，国民对国家机关所享有的信赖利益源于：根据由职务行为这一分配公共资源的手段形成的利益格局，自由选择最大限度获取生存和自由发展资源的方案。德国学者卢曼指出：只有当人们能够依循一定的预期去行动时，才能免于频繁进行利害权衡之苦，从而最大限度地降低社会成本。然而，现代社会的复杂化却加剧了人们规范性预期之间的冲突，故法律系统的功能就在于有选择地稳定部分规范性预期，从而促进社会信任的形成，有效降低未来世界的复杂性，最终实现人们自由行动和选择空间的最大化。[3] 然而，当贿赂关系存在时，虽然可能直接为行贿人及受贿人带来相应利益，但就全体国民的视角来看，无疑扰乱了人们的行动预期，无限增加了社会交易成本。关于这一点，德国学者阿尔布莱希特有以下精辟论述：腐败就意味着惯常附着于交易的成本被哄抬；此外，一个与腐败如影随形的结果就是不信任，因为一旦有了腐败，便再无法看清是何人基于何种目的而作出了该决定；究其根本，则因决断的依据显然已不再是业绩或功勋，而是外人无法理解的关系与联结；最后，通过腐败作出的决定无法监控，因为它遵循的不是国务或者行政活动本应奉行的标准，而是其他各种心机与算计。[4]

---

〔1〕 松原芳博『刑法各論』日本評論社 2016 年版，第 598 页参照。

〔2〕 参见黎宏：《贿赂犯罪的保护法益与事后受财行为的定性》，载《中国法学》2017 年第 4 期；熊琦：《刑法教义学视阈内外的贿赂犯罪法益》，载《法学评论》2015 年第 6 期。

〔3〕 参见[德]卢曼：《法社会学》，宾凯、赵春燕译，上海人民出版社 2013 年版，第 82 页。

〔4〕 参见[德]汉斯·约格·阿尔布莱希特：《德国贿赂犯罪的基本类型与反腐刑法的最新发展》，韩毅译，载魏昌东、顾肖荣主编：《经济刑法》第 17 辑，上海社会科学院出版社 2017 年版，第 57 页。

据此,从维持稳定的交易模式,最大限度减少社会交易成本的立场出发,国民应受法律保护的信赖利益表现为以下三个方面:

第一,对自己能够凭借实力获取相应资源的信心。换言之,国民可以相信获取生存和自由发展资源所依靠的是自己的努力与决断力,而不是国家工作人员在分配公共资源时给予的特殊照顾。

第二,对其他资源竞争者不任意增加交易成本的信赖。贿赂关系的形成可能让行贿人短时间内高效率地获取公共资源,这必然引发其他资源竞争者的模仿,并扩散到其他行业领域,从长远来看,任何一起贿赂案件的发生,都将增加全体国民获取资源所需的成本。

第三,对国家机关工作人员在分配公共资源时应当保持中立客观立场的信赖。具体而言,国家工作人员代表国家行使各种分配公共资源的职权,并不是任何国民都可以成为国家工作人员的,根据我国公务员法的相关规定,公务员的任用,坚持德才兼备、以德为先,坚持事业为上、公道正派,应当具有符合职位要求的文化程度和工作能力,还应当忠于人民,勤勉尽责,清正廉洁。这无疑以法律的形式赋予国民相信国家工作人员在履行分配公共资源职责时将会客观公正的信赖利益,这种信赖利益将作为国民的行动预期而支配国民的生活。

需要说明的是,这三种信赖利益并不是各自分立,而是具有内在联系的有机整体。具体而言,第一种是对内的信赖利益,而第二种与第三种均是对外的信赖利益,但对外的信赖利益的维护归根结底是为了更好地实现对内的信赖利益,最终促成个人的自由发展,实现个人的价值与尊严。[1] 其中,第二种信赖利益用于指导对行贿罪的解释,而第三种信赖利益则用于指导对受贿罪的解释。

---

〔1〕 在这个意义上,亚里士多德主张的分配正义观仍具有指导意义,即根据各取所值的原则,按照各自的价值进行分配,正义就是一种比例。参见《亚里士多德全集》(第8卷),苗力田译,中国人民大学出版社1994年版,第100页。我国《宪法》第33条第3款规定的“国家尊重和保障人权”以及第38条规定的“中华人民共和国公民的人格尊严不受侵犯”,为这种各取所值的分配正义观提供了宪法根据。

以下，笔者尝试将这三点信赖利益的具体内容适用于事后受贿、主动索贿的解释。

1. 事后受贿破坏了国民对他人不任意增加获取资源成本的信赖

我国《刑法》并未明文规定事后受贿罪，但在2016年“两高”出台的《关于办理贪污贿赂刑事案件适用法律若干问题的解释》第13条规定，履职时未被请托，但事后基于该履职事由收受他人财物的，应当认定为“为他人谋取利益”，构成犯罪的，依照受贿罪定罪处罚。应当说明的是，事后受财可以分为兑现事前约定与事前无约定这两种情形。由于兑现事前约定的事后受财行为并不是贿赂犯罪的实行行为，在请托人与国家工作人员形成约定之时，已经建立起分配公共资源的职权与金钱之间的对价关系，对平行的社会一般人获取资源的机会公平性形成具体危险，足以发动未遂的贿赂犯罪的制裁规范，事后受财只是对事前已经形成的对价关系的确认而已，将其认定为贿赂犯罪并不存在任何法理上的障碍。因此，问题的焦点聚集在事前无约定的事后受财这种情形上。有学者从受贿罪的保护法益是职务行为的公正性这一立场出发认为这种情形原则上不成立受贿罪，因为如果没有事先约定，行为人就不可能具有收受贿赂的认识，更不可能具有将职务行为置于不公正裁量之下的危险。[1] 如果单纯从事后判断的视角来看职权的行使与财物的给予这两者之间的一一对应关系，这种观点具有合理之处。然而，如前文所述，应跳出行贿人与受贿人的观察视角，从平行的社会一般人、社会大分工之下的全体国民乃至国家的视角出发，对行贿人与受贿人通过贿赂形成的对价关系是否侵犯其他国民获取资源的机会公平性进行事前判断。据此，不仅行贿人与受贿人被抽象化，对价关系本身也被抽象化，即不再要求某一财物与某一具体的履职事由之间的一一对应关系，而是财物与过去、现在及将来履行的分

[1] 参见黎宏：《贿赂犯罪的保护法益与事后受财行为的定性》，载《中国法学》2017年第4期。

配公共资源的职权之间可能形成的对应关系。其中的判断资料就包括:国家工作人员事前的履职是否客观中立、双方之间的人际关系、受财者在受财当时的身份、财物价值大小等。判断的标准就是,这种事后受财是否破坏了国民之间相互保有的对于他人不任意增加获取资源之成本的信赖。

据此,要将事后受财排除在贿赂犯罪的范围之外,必须同时满足以下两个条件:第一,切断职权行使与财物给予之间形成对价关系的可能性。具体而言,可以考虑以下情形:国家工作人员事前的履职客观中立,在履职过程中并未考虑将来据此索取或收受他人财物,以此为前提:①事后他人在与国家工作人员的正常人情往来中给予社会观念上可被接受的财物;②国家工作人员在受财当时已经不具有国家工作人员身份,以后也不可能再享有分配公共资源的职权,如已经辞职、退休或者入狱。第二,该事后受财行为不足以引发其他国民的效仿,从而在整体上提升了国民获取资源的成本。这是因为,在司法实践中有不少事后的财物给予只是将国家工作人员之前正常的履职事由当作一个借口,据此开启感情投资模式,为将来的请托事由做铺垫,这种情形当然应认定为受贿。

2. 被索贿者未获取不正当利益的出罪理由

我国《刑法》第 389 条第 3 款规定,因被勒索给予国家工作人员以财物,没有获得不正当利益的,不是行贿。根据《刑法》第 385 条的规定,国家工作人员利用职务便利索取财物显然是法定的受贿方式之一。这样的话,从直观来看,被索取贿赂者不构成行贿的理由仅仅在于没有获得不正当利益。然而,如前所述,如果跳出行贿人与受贿人之间形成的对价关系这一视阈,分别从平行的社会一般人及全体国民的视角出发考察贿赂犯罪的保护法益,那么行贿人是否获得不正当利益并不是衡量是否构成行贿的标准。只有具备侵犯平行社会一般人获取公共资源的机会公平性之危险的行为才能被评价为贿赂犯罪的实行行为,其中,行贿行为对于机会公平性的侵犯主要体现为损害了他人对其不任意提高获取公共资源之成本的信赖利益，而不是单纯的行贿人最终获得不正当利益。据此，可以说是行贿的行为样态决定了行贿的成立与否，由行贿给行贿人带来的不正当利益并不是行贿罪的构成要件。在这个意义上，应当说我国《刑法》所规定的行贿罪是一种短缩的二行为犯，即行贿罪规定的“为谋取不正当利益”是一种间接目的，只有行贿才是构成要件行为，谋取不正当利益的目的是否实现既不影响行贿罪的成立，也不影响犯罪既遂的认定。[1]

从该结论出发，在对我国《刑法》第389条第3款的解释上，首先应确立的前提是本款所规定的“不是行贿”是指不构成行贿罪，然而，在三阶层的犯罪论体系中，不构成犯罪的出罪事由可能是构成要件不该当，也可能是不具有违法性，还可能是缺乏有责性。于是，可以对《刑法》第389条第3款的适用进行以下分类讨论：

第一，国家工作人员明知他人有具体的请托事由，以此为由向对方索取财物，被索贿者基于理性考虑接受了国家工作人员的索取并输送了相应的财物，但最终被索贿者谋求的不正当利益并未兑现。[2]在该情形中，被索贿者构成行贿罪。这是因为，这种情形与行贿人一开始主动向国家工作人员提供财物的情形并无不同，两种情形均基于双方的意志自由形成了对价关系。从社会一般人的视角出发，主动索贿国家工作人员的职权行使处于贿赂的影响之下，机会公平性显然受损；当被索贿者在意志自由的前提下做出向国家工作人员输送财物的选择时，显然也破坏了国民对其保有的做出拒绝决定的期待与信赖利

---

〔1〕 在这个意义上，国家工作人员接受贿赂后没有利用自己的职权在分配公共资源时向行贿人倾斜，或者正确地行使自己的职权向行贿人分配了相应份额的公共资源，都不影响受贿罪的成立。参见张明楷：《论短缩的二行为犯》，载《中国法学》2004年第3期。

〔2〕 例如，时任某法院副院长职务的王鹏翔主动联系郑官顺，要求有偿出借100万元人民币给郑官顺，郑官顺虽没有借款需求，但为今后能请托王鹏翔提供帮助，遂答应王鹏翔的要求，许诺支付2%的月息。参见浙江省宁波市中级人民法院刑事裁定书，(2019)浙02刑终第484号。

益。于是,这种情形在形式上具备行贿罪的构成要件,在实质上侵害了行贿罪的保护法益,值得发动行贿罪的制裁规范对其加以谴责。

第二,被索贿者本来就具有获得相应份额的公共资源的资格和能力,但国家工作人员利用分配该公共资源的权限向对方索贿,否则就阻碍对方利益的实现,被索贿者虽向国家工作人员提供了贿赂但最终并未获得该利益。[1] 这种情形应否定行贿罪的成立,这是因为,被索贿者本来就具有凭借自己的努力与实力获取相应公共资源的信赖利益,国家工作人员的索贿令其信赖利益落空并不得不增加成本。此时,国民不享有对被索贿者拒绝国家工作人员索贿的期待与信赖利益,因为作为第一重的对内信赖利益已经被作为国家工作人员的索贿者侵犯,如果转而赋予国民信赖被索贿者拒绝索贿的信赖利益,无异于将贿赂的责任转嫁到包括被索贿者在内的全体国民身上,这无助于恢复被贿赂所侵犯的行为规范,也无助于培养国民对于法规范的忠诚。[2]

第三,当国家工作人员勒索贿赂的行为对被索贿者意志自由的压制达到与敲诈勒索同样的程度时,不论被索贿者最终是否获得不正当利益,都不应认定为行贿。具体而言,敲诈勒索罪是一种利用被害人意思瑕疵的财产犯罪,也就是说,被害人是在受限的意志自由状态下处分了财产。我国有学者认为处分自由有双重含义:①反抗有用,即被害人的妥协和配合是行为人获得财物的必要条件;②应能反抗,即

---

〔1〕 例如,在"程某某无罪案"中,法院认为:原判认定上诉人程某某为获得审计报告向潘某江行贿 8 万元并送给审计人员吴某某 5 万元,系被索贿,且在案证据不能证明程某某谋取了不正当利益,其行为不符合行贿罪的构成要件。参见贵州省黔南布依族苗族自治州中级人民法院刑事判决书,(2014)黔南刑二终字第 94 号。

〔2〕 积极的一般预防论着眼于长远,将法益侵害大小、行为的规范违反性及其程度、一般人效仿犯罪的可能性等作为刑罚适用的依据,追求社会政策方面的价值,参见周光权:《新行为无价值论的中国展开》,载《中国法学》2012 年第 1 期。

不妥协的代价没有超出被害人的承受范围。[1] 在国家工作人员索贿的情形中，只要被索贿者事实上拒绝给予财物，索贿者就当然无法获取财物，也就是反抗是有用的。因此判断的重点应放在被索贿者是否应能反抗，而这里的应能反抗是一种应当能够反抗的规范性判断，即“面对生命、身体、自由、名誉等与财产之间的选择权衡，可以允许一个人为保卫财产付出多大的代价，涉及个体的自我决定权与刑法家长主义之间的关系。此外，当外部压力以公权力面貌出现时，被害人的处分自由是否受到压迫，也不得不考虑到法秩序对于公民形象以及法民关系的期待等应然性命题”。[2] 如果将该判断标准适用于索贿的情形中，那么在判断被索贿者是否应能反抗时应考虑两个因素：首先，被索取的财物与可能获取的期待利益或丧失的既得利益的大小关系，当前者显著大于后者时，反抗则存在困难；其次，国家工作人员的索贿行为给被索贿者带来的心理冲击与持续焦虑。具体而言，作为国家公权力代表的国家工作人员本应一方面对国民处于正常状态的基本权保持尊重与克制态度，另一方面对遭受侵犯的基本权提供保护与救济手段。于是，当国家工作人员竟然借用国家公权力勒索财物时，从社会一般人的视角来看，对于被勒索者而言显然难以以孤独的个体对抗以国家暴力机器为后盾的公权力。

（三）贿赂犯罪累积性地侵犯国家这一抽象的人格体的存立根基

前文从平行的社会一般人及全体国民的视角出发对贿赂犯罪所侵害的法益进行考察，然而如果仅仅停留于这一层面，显然无法清晰说明为什么贿赂犯罪是一种侵犯国家法益的犯罪，也无法为日益扩张

---

〔1〕 参见车浩：《抢劫罪与敲诈勒索罪之界分：基于被害人的处分自由》，载《中国法学》2017 年第 6 期。

〔2〕 参见车浩：《抢劫罪与敲诈勒索罪之界分：基于被害人的处分自由》，载《中国法学》2017 年第 6 期。

和重刑化的贿赂犯罪提供理论根据。具体而言,①同样是贿赂犯罪,为什么对国家工作人员实施的贿赂犯罪的处罚比对非国家工作人员实施的商业贿赂犯罪的处罚要重得多,[1]将答案求诸身份的不同显然是一种循环论证;②对于形成贿赂这一对价关系的行贿人与受贿人的刑罚轻重也不同,对受贿人甚至可以判处死刑的根据是什么;③在斡旋受贿罪中,斡旋者本人的职权并未与行贿人的财物形成直接的对价关系,却仍然以受贿罪论处,其根据何在;④在介绍贿赂罪以及利用影响力受贿罪中,犯罪的主体已经不再要求具备国家工作人员这一身份要素,这种犯罪扩张的合理性根据是什么。

显然,在以上四种情形中,背后有一股强大的"对贿赂犯罪用重刑,扩大贿赂犯罪处罚范围"的刑事政策力量在推动,驯服这股刑事政策力量的最好方式是将其纳入以宪法为顶点的整体法秩序进而融入对相关犯罪的解释之中。在此过程中,具有宪法关联性的法益概念,作为一种分析工具必然发挥批判立法与解释的功能。[2] 既然贿赂犯罪是一种侵犯国家法益的犯罪,就有必要进一步超越国民的视角,从国家这一被虚拟化的人格体的视角出发,观察贿赂对其产生的影响。我国《宪法》第1条第2款就开宗明义规定社会主义制度是我国的根本制度,禁止任何组织或个人破坏社会主义制度。任何侵犯国家法益的犯罪都必然具有破坏国家制度的实质内容,否则将会导致以国家的名义任意侵犯国民的基本权利。[3] 在危害国家安全罪以及危害国防利益罪中,行为人以分裂国家、武装叛乱、投敌叛变、破坏军事设施等方式直接而剧烈地从外部摧毁国家政权存立的根基;与此相对,在贪

---

〔1〕 广义上的商业贿赂包括商业活动经营者之间的狭义商业贿赂和公务性商业贿赂,本部分仅指狭义商业贿赂。参见刘远:《商业贿赂犯罪的概念与立法》,载《华东政法大学学报》2006年第5期。

〔2〕 参见张翔:《刑法体系的合宪性调控——以"李斯特鸿沟"为视角》,载《法学研究》2016年第4期。

〔3〕 参见车浩:《刑事立法的法教义学反思——基于〈刑法修正案(九)〉的分析》,载《法学》2015年第10期。

污、贿赂、渎职等职务犯罪中,行为人通过对本应保持客观公正的职务进行持续性污染,使国家的正常职能陷入无法顺畅运行的状态,间接而缓和地从内部瓦解国家政权的存立根基。诚如德国学者 Adriano Teixeira 直截了当指出:越来越多的构成要件指向于保护一个制度本身,贿赂犯罪的保护法益就是保障国家制度不因腐败而瓦解,在这个意义上,贿赂犯罪是一种累积犯(Kumulationsdelikt),因为对于制度的破坏并不是由偶然的一两次犯罪直接导致的,而是大量的贿赂行为的出现。[1]

据此,从国家的视角出发,可以说对包括贿赂犯罪在内的职务犯罪的处罚是出于国家自我防卫的需要。根据我国《刑法》第 20 条的规定,正当防卫的成立需要同时具备防卫的前提事由与防卫行为在防卫限度内这两大基本条件。当然,该法条规制的是国民的防卫,但当把国家视为虚拟化的人格体时,该条款仍然可以类推适用于国家。换言之,国家的自我防卫同样需要同时具备以下两大要件,即现实存在正在进行的不法侵害的防卫事由以及合比例地发动与不法侵害程度相适应的防卫行为。在这个意义上,贿赂犯罪的不断扩张可以视为防卫事由的扩张,而贿赂犯罪的重刑化可以视为防卫限度的降低。贿赂犯罪的累积犯的罪质特征为贿赂犯罪的扩张提供正当化根据,而贿赂犯罪的重刑化仍然要受制于比例原则。以下,笔者尝试以上述四个问题为素材,将该论点进一步操作化。

1. 商业贿赂止步于对市场公平秩序的侵犯

根据我国《反不正当竞争法》的规定,可以把商业贿赂概括为经营者为谋取交易机会或竞争优势而向交易相对方或有能力影响交易的单位或个人提供贿赂的行为。由此可见,商业贿赂表现于金钱和商机之间的交易,侵犯的是以高质量的产品和优质的服务赢得市场的公平竞争秩序。与此相对,以国家工作人员为交易方的贿赂则表现于金钱

---

〔1〕 See Adriano Teixeira, Das Unrecht der Privaten Korruption im Geschaeftlichen Verkehr, 2017, S. 132.

和公共资源的交易，在侵犯平行社会一般人获取公共资源的机会公平性的同时，还侵犯了国民对于自力更生、艰苦奋斗的信赖利益，并进而渐进式破坏国家政权的存立根基。这样的话，商业贿赂犯罪的刑罚轻于贿赂犯罪的根据就在于：

第一，在商业贿赂中，由于交易的双方均为经营者，即从事商品生产、经营或者提供服务的自然人、法人和非法人组织，即便其中一方处于优势地位，也不具有像国家工作人员那样面向全体国民分配公共资源的权限。据此，商业贿赂的保护法益的射程范围就被限定在平行的社会一般人的圈子内。

第二，从长远来看，在商业贿赂中处于优势地位的一方也无法一直保持这种优势地位或提供对方需要的商机，而分配公共资源的权限具有相对的稳定性，因此贿赂犯罪对法益的侵犯具有持续性特征。

第三，商业贿赂的起刑点高于贿赂。很显然，《反不正当竞争法》是商业贿赂的前置法，《刑法》应作为最后的保障手段出现，而对于国家工作人员的贿赂犯罪而言并没有前置法，《刑法》冲在最前线。

据此，当贿赂行为发生在商业领域时，应严格区分作为妨害公司、企业的管理秩序罪的商业贿赂与作为职务犯罪的贿赂犯罪。前者归根结底是一种侵犯社会法益的秩序犯罪，而后者则是侵犯国家法益的职务犯罪。区分的关键就在于贿赂行为仅仅止步于对公平的市场交易秩序的侵犯还是进一步侵犯对公共资源的公平分配秩序。

2. 受贿罪的刑罚重于行贿罪的合理根据

众所周知，行贿罪和受贿罪是一种对合型的必要共犯，然而，如果要将处于对向关系的双方参与人均纳入处罚范围，则应具备共同的法益侵害内容并符合法规范的保护目的。[1] 从作为最终被害人的国家

---

〔1〕 例如，拐卖妇女儿童罪和收买被拐卖的妇女儿童罪均共同侵犯了人身不可买卖性及被害人的人身安全法益。与此相对，刑法规定贩卖毒品罪，但并未把单纯为了吸食而购买毒品的行为认定为犯罪，以及规定了组织卖淫罪、容留卖淫罪等，但并未将卖淫行为认定为犯罪。

的视角出发，受贿罪与行贿罪在对国家政权的存立根基的侵犯上达成了最低限度的共同内容。即便如此，受贿罪的刑罚显然比行贿罪重，这种刑罚上的加重应外化为不法程度的升高或谴责可能性的增加，否则罪刑均衡原则将受到挑战，甚至刑罚的正当性本身也将存疑。如前文所述，从国民的视角出发，受贿罪与行贿罪在对外信赖利益的侵犯上有所区别，前者侧重于对国家工作人员应以客观中立的立场公平地分配公共资源的信赖，而后者侧重于对其他国民不任意提高获取公共资源成本的信赖。这两种信赖利益的大小难以比较，但当以国家的视角分别考察其与受贿人及行贿人之间的关系时：一方面这两种信赖利益找到了可供比较大小的参照系；另一方面也为加重对受贿人的谴责提供根据。

如前文所述，国民对于国家机关工作人员公平分配公共资源的信赖利益具有法定性。与此相对，国民对于其他国民不任意提高获取公共资源成本的信赖并不是一种法定的信赖利益，而是一种约定的信赖利益。在这个意义上，可以说国家工作人员接受或索取贿赂对于信赖利益的侵犯程度要高于国民主动向国家工作人员提供贿赂，即不法程度更高。在此基础上，从国家法人说的立场出发，国家与国家工作人员之间的关系形同被代理人与代理人之间的关系，当国家工作人员受贿时，也以实际行动表明了其对于与国家形成的信赖关系的破坏，从而为谴责可能性的增加提供基础。[1]

由此可见，即便是对合犯，即便侵犯的法益具有共通性内容，由于其侵犯法益的行为样态以及行为人一身专属的可谴责性不同，刑罚的轻重也各不相同。

3. 从累积犯的罪质特征看贿赂犯罪的扩张

所谓累积犯，是指单个行为基于事实上的原因，对于所保护的法

---

〔1〕 关于“国家法人说”的批判性考察，参见王天华：《国家法人说的兴衰及其法学遗产》，载《法学研究》2012 年第 5 期。

益不能产生损害，但如果类似行为大量实施最终会导致法益侵害，因而有必要对该行为予以禁止。[1] 由此可见，累积犯要获得处罚必要性，该行为必须具备引起他人大量模仿的动力，即如果不禁止特定行为，就会对他人实施类似的行为具有现实性影响，这对立法者设定累积犯具有决定性作用，这种现实性影响，通常被称作“真实的累积效应”。[2] 据此，累积犯的成立应受到以下条件的限定：第一，累积犯所侵害的法益是一种集体的、以未来为导向的法益，因为对个人法益的侵犯是一种现实的危险或实害，以此为由即可单独受刑法评价，而无须进一步关联他人的侵害行为。第二，该行为的实施是个体获得生存和自由发展资源的捷径，由此必然引发他人的模仿，即这种行为具有传染性。第三，如果该行为不被禁止，模仿的速度与规模将呈几何级增长态势，维系全体国民生存和发展的资源将在短时间内耗尽，进而必然产生人与人之间的信赖危机并引发秩序的混乱。第四，设立累积犯的目的在于预防被法所保护的集体法益的损害借由大量的、类似的个体行为而走向现实化。换言之，当该集体法益实际受损或灭失，一切已经太晚。以上四点，可借用古人韩非子的名言加以阐述：千丈之堤，以蝼蚁之穴溃；百步之室，以突隙之烟焚。故曰：白圭之行堤也塞其穴，丈人之慎火也涂其隙，是以白圭无水难，丈人无火患。此皆慎易以避难，敬细以远大者也。[3]

从上文主张的贿赂犯罪的差序构造特征以及与此相对应的三重保护法益出发，贿赂犯罪是一种累积犯的结论已经清晰可见。这一罪质特征的确定一方面为扩张贿赂犯罪的构成要件类型提供刑事政策根据，另一方面又为贿赂犯罪的边界确定提供解释论基础。具体而

---

〔1〕 参见张志钢：《论累积犯的法理——以污染环境罪为中心》，载《环球法律评论》2017年第2期。

〔2〕 参见张志钢：《论累积犯的法理——以污染环境罪为中心》，载《环球法律评论》2017年第2期。

〔3〕 出自《韩非子·喻老》。

言,将贿赂犯罪纳入累积犯这一分析框架下进行检视时,可以得出以下三个推论:

第一,是否将某一行为纳入贿赂犯罪这一家族性罪名中,取决于该行为对于贿赂犯罪的保护法益的侵犯是否具有真实的累积效应。从本书所主张的贿赂犯罪的三重法益构造出发,行为是否破坏处于第二重法益的信赖利益,是检验是否具有真实累积效应的“试金石”,因为一旦某一行为破坏了国民对于他人及自己保有的信赖利益,该行为就开启了向全体国民传染的开关,并进而危及国家法益。

第二,行为人一旦被纳入贿赂犯罪范围的行为,即可视为对目前为止所有贿赂行为所侵犯的法益状态的承继,因此对累积犯的处罚并不违反个人责任原则。[1]

第三,累积犯的罪质特征为预防性的刑罚扩张提供正当性根据,但刑罚的分配仍受制于比例原则。从国家自我防卫的立场出发,金钱与公职直接或间接呈现出的对价关系的交易行为在形式上具备了侵犯贿赂罪保护法益的抽象危险,由于这种抽象危险具有传染性和累积性,国家有必要将其作为防卫事由并发动刑罚权。然而,当刑罚过于苛厉,容易形成国家与国民之间的紧张对立关系,国家作为保护国民基本权利的屏障功能也将消失。

从以上三个推论出发,我国刑法所规定的斡旋受贿罪、介绍贿赂罪、利用影响力受贿罪、对有影响力的人行贿罪等犯罪被作为独立的贿赂犯罪类型,具有正当性。[2] 具体而言:

首先,在斡旋受贿罪中,本人的职权与其他国家工作人员的职权

---

〔1〕 在这个意义上,伏尔泰的名言“雪崩时没有一片雪花是无辜的”,是对累积犯的责任承担的最好诠释。

〔2〕 虽然我国刑法经数次修正并扩张了具体的贿赂犯罪类型,但有学者指出这是一种罪刑规范结构的退变,反而从较为合理“严而不厉”走向失衡的“厉而不严”。参见梁根林:《中国反贿赂刑法与〈联合国反腐败公约〉:一个比较分析》,载《中国法律评论》2017 年第 4 期。

通过斡旋这一黏合剂形成了一个整体，共同成为金钱交易的对象，自此，作为贿赂犯罪的其中交易一方的职权范围就不再限定于本人，而是从本人的职权出发迅速向横向及纵向扩张，从而形成一张稳固的、长期可用于与金钱交易的职权网络。[1] 据此，可以将斡旋受贿罪解释为一种实质预备犯，也就是说，斡旋这一预备行为单独作为受贿罪定罪处罚是对受贿这一行为的正犯化，这一解释一方面符合贿赂犯罪的累积犯特征在刑事政策上的刑罚扩张需求，另一方面也为刑罚权的任意发动进行合理限制，即斡旋行为必须侵犯了受贿罪的法规范保护目的，在法益侵害程度上能与受贿行为做同等程度的评价。[2]

其次，在介绍贿赂罪中，通过介绍人的居间撮合，本来没有相向而行倾向及机会的国家工作人员和请托人相向而行并完成职权与金钱之间的交易。于是，从国家工作人员、介绍人、请托人这三者之间的关系出发，介绍人成为具备双重共犯身份的人。具体而言，在介绍人为请托人提供金钱与职权的交易机会这一意义上，介绍人成为请托人行贿的帮助犯；与此相对，在介绍人怂恿国家工作人员接受金钱并为请托人谋取不正当利益这一意义，介绍人成为国家工作人员受贿的教唆犯，据此，即使介绍贿赂者不具有国家工作人员的身份，由国家工作人员这一身份所附带的对贿赂犯罪保护法益的侵害可能性也连带作用于介绍人。[3] 由此可见，介绍贿赂罪本身是狭义共犯的正犯化，介绍行为获得了独立于行贿与受贿的地位。

---

〔1〕 值得关注的是，我国有学者认为我国《刑法》第 388 条规定的受贿罪的主体属于被其利用的其他国家工作人员渎职行为的共犯，具体来说是“类似教唆犯”的角色。这一观点从共犯论的视角出发论证斡旋贿赂者受处罚的根据和必要性，但无法清晰解释为什么斡旋贿赂以贿赂罪论处而不是以渎职罪的共犯论处。参见黎宏：《受贿犯罪保护法益与刑法第 388 条的解释》，载《法学研究》2017 年第 1 期。

〔2〕 关于实质预备犯的解释论建构，参见梁根林：《预备犯普遍处罚原则的困境与突围》，载《中国法学》2011 年第 2 期；陈兴良：《虚开增值税专用发票罪：罪名沿革与规范构造》，载《清华法学》2021 年第 1 期。

〔3〕 参见周啸天：《身份犯共犯教义学原理的重构与应用》，载《中外法学》2016 年第 2 期。

最后，在利用影响力受贿罪及对有影响力的人行贿罪中，本来形成贿赂的国家工作人员的职权与金钱之间的交易关系扩散为职权形成的影响力与金钱之间的交易关系。据此，在利用影响力的贿赂犯罪中，形成了国家工作人员本人、关系密切人、其他国家工作人员、请托人这四方关系，具体而言，与国家工作人员关系密切的人借助国家工作人员的职权形成的实际影响力，获得了准予国家工作人员的斡旋权能，利用其他国家工作人员的职权为请托人谋取非法利益，借此收受或索取请托人财物。由此可见，可以把利用影响力受贿罪归入斡旋贿赂罪之中。但由于关系密切人利用影响力的斡旋无法像国家工作人员本人的斡旋那样形成横向及纵向的用于与金钱交易的职权网络，因此在违法程度及责任程度上显然轻于斡旋受贿罪。

据此，贿赂犯罪的家族性罪名呈现出不断扩张的趋势，这种扩张是在国家这一抽象法人格体基于自我防卫的需要这一刑事政策驱动之下进行的，可以预见，贿赂犯罪在立法上还将进一步扩张。然而，为防止立法上漫无边际地扩张：一方面，贿赂犯罪的犯罪化应符合国家自我防卫的需要，也就是对国家法益形成持续性的、形成积累效应的侵犯，国家据此发动与法益侵害急迫性程度相对应的防卫措施；另一方面，对既有的立法，根据其法益与罪质，构建起稳固的、具有可操作性的教义学规则。

（四）三重法益之间的关系

如前文所述，如果将刑法置于公法范畴中，对于所有的犯罪而言，最终都必然面临国家与“加害—被害关系”的对决，这样才能最终修复犯罪行为对被害人、社区、社会及国家产生的损害，恢复包括被害人在内的全体国民对于继续遵守行为规范的信心。法益便是以刑法的名义禁止该犯罪行为所欲达成的规范目标。当法益属性为个人法益时，犯罪行为对于社区、社会及国家的波及效应仅对于制裁规范的发动有影响，对行为规范所追求的规范目标并无影响。与此相对，当法益属性已经超越个人层面时,犯罪行为对个人之外的社区、社会及国家的损害也应纳入行为规范所禁止的内容之中。当犯罪行为所侵犯的法益属于国家法益时,对国家这一抽象人格体的保护成为树立该行为规范的最终目标。然而,这一法益内容本身未免过于空洞和抽象。为此,必须阐明达成这一最终目标的途径,即考察犯罪行为对社区、社会及作为最终被害人的国家的实害内容,据此构建起以保护国家这一抽象人格体的存立根基为最终目标的法益体系。于是,对于贿赂犯罪而言,无论是受贿罪还是行贿罪,归根结底都是对国家政权存立根基的侵害,但在行贿人与受贿人形成贿赂关系的过程中,基于公职与金钱之间的挂钩程度、行贿人或受贿人的主动程度、受贿人利用职务便利的程度、行贿人获得不正当利益的程度等因素的不同,作为贿赂犯罪之不法评价对象的贿赂关系的样态也不尽相同,与此相应,贿赂犯罪具有了不同的不法内容,有些贿赂犯罪侧重于对机会公平性的侵犯,有些则侧重于对国民凭借自身实力获取公共资源这一信赖利益的侵犯,但所有的贿赂行为都累积性地侵犯国家政权的存立根基。这为设置不同的贿赂犯罪构成要件类型提供了合理根据。

四、基本结论

贿赂犯罪作为一个种类的犯罪,应当有共通于所有贿赂犯罪的保护法益,以发挥立法批判功能及司法解释功能。[1] 在贿赂犯罪的保护法益上,既有的廉洁性说、不可收买性说、公平性说、信赖利益说、不可谋私利性说等观点立足于贿赂犯罪是一种侵犯国家法益的犯罪这一共识上进行了诸多建设性探索。但不论哪种学说都停留于探讨作为受贿一方的、代表国家的国家工作人员与作为行贿一方的、个体的请托人之间的互动关系这一层面,只是在从哪一方的视角出发定位保

---

〔1〕 参见张明楷:《论实质的法益概念——对法益概念的立法批判机能的肯定》,载《法学家》2021 年第 1 期。

护法益的内容这一点上有所区别。但从这种两极构造出发并无法阐释国家法益的实体内容，从“个体—平行的社会一般人—全体国民—国家”这一差序格局并从分配行政的视角出发可以清晰说明国家法益的不同层次及其内容。据此，本部分初步认为贿赂犯罪的背后潜藏着以下三重渐进式的差序法益：

第一重保护法益，从与行贿人处于同等的资源竞争地位的平行社会一般人的视角出发，贿赂犯罪侵犯了其获取维系生存和自由发展的公共资源的机会公平性。应从事前判断的视角而非事后判断的视角判断机会公平性是否受侵犯，因此不论对典型的对价型贿赂还是双重保险型贿赂抑或感情投资型贿赂，都侵犯了机会公平性。

第二重保护法益，从全体国民的视角出发，贿赂犯罪破坏了国民对于凭借自己实力获取相应公共资源的信赖利益，这里的信赖利益由国民对于自己的努力与实力的内部信赖利益和对于他人不任意提高获取资源成本及作为公共资源分配者的国家工作人员保持客观公正立场的外部信赖利益构成，其中，外部信赖利益归根结底是服务于内部信赖利益的实现。据此，事后受贿罪因侵犯外部信赖利益、阻碍内部信赖利益的实现而具有法益侵害性；未获取不正当利益的被索贿者因没有破坏他人的对外信赖利益，让全体国民继续保有对内信赖利益，因此不具有法益侵害性。

第三重保护法益，从国家的视角出发，贿赂犯罪累积性地侵犯国家的根本制度。国家从自我防卫的必要性出发有理由组织对贿赂犯罪的反击，但在法治国家，刑罚权的发动应受合宪性控制。据此，作为贿赂犯罪扩张类型的斡旋贿赂罪应纳入实质预备犯的解释框架下，而介绍贿赂罪是狭义共犯的正犯化，利用影响力受贿罪是一种准斡旋受贿罪。

第十章 以不作为方式参与他人犯罪的责任归属

一、问题意识

伴随刑法知识的转型，在借鉴德国与日本刑法解释学的基础上，我国刑法学界对共犯论和不作为犯论展开了较为深入的理论研究，但可以说在这两个领域的基础问题上尚未达成一致共识，例如，我国《刑法》规定的犯罪参与体系是单一正犯体系还是区分正犯与狭义共犯的二元制区分体系，作为义务的功能及其来源是什么等。这必然导致跨越这两个领域的不作为共犯问题呈现出更为复杂的理论局面，例如，以不作为的方式参与犯罪应统一认定为正犯还是应区分为不作为的狭义共犯与不作为的共同正犯；进而，以作为犯为基本模型的正犯与共犯的区分标准是否能够原封不动适用于不作为犯；如果不可以，需要做出怎样的修正；适用于不作为单独正犯的作为义务来源是否可以原封不动适用于不作为共犯中。[1]

在讨论这些问题之前，有必要对不作为共犯这一被统称的事态进

〔1〕 参见何龙：《不阻止他人故意犯罪的行为性质认定》，载《中外法学》2017 年第 6 期；欧阳本祺：《论不作为正犯与共犯的区分》，载《中外法学》2015 年第 3 期；孙立红：《论共同犯罪中的不作为参与》，载《法学家》2013 年第 1 期。

行更细致的分类。如果说共同犯罪是一种在由自己的实行行为导向构成要件结果的因果流程中介入了基于合意的他人行为的事态，当其中一方参与人以不作为的方式参与到该事态时，即形成广义上的不作为共犯。据此，可以将不作为共犯分为以下三种情形：(1)以不作为的方式参与到他人以作为方式实现的犯罪中，如某工厂的仓库管理员甲发现乙正在偷仓库货物却放任不管。(2)以作为的方式参与到他人以不作为的方式实现的犯罪中，根据他人的不作为是真正不作为还是不真正不作为，又可分为两种情况，前者如甲教唆乙遗弃其智障儿子，乙照做；后者如甲教唆乙不要给刚出生的婴儿哺乳，导致婴儿饿死。(3)所有参与人以共同的不作为方式实现犯罪，如甲与乙携带儿童丙到森林公园游玩，丙不慎掉入湖中，甲与乙袖手旁观，直至丙死亡。

在以上三种情形中，刑法理论上讨论的最多的是第(1)种情形，例如：不作为参与人是否具有阻止他人犯罪的作为义务，如果有的话，与作为犯参与人之间是否成立共犯关系，具体是共同正犯的关系还是帮助犯与正犯的关系等。对于第(2)种情形而言，有观点从目的行为论出发，主张不作为与作为在构造上的根本区别，进而彻底否定这种形态的存在可能性。即故意是对因果流程的积极操纵，因此只能以作为的方式呈现出来，不作为故意是无法想象的，因此对于不作为犯的教唆或帮助归根结底是阻止不作为犯产生履行作为义务的决意或将该决意付诸实行，而在这种情形中，已经不是作为的教唆犯或帮助犯，而是作为的正犯。[1] 但伴随着对目的行为论之立论根基的有力批判，直接否定这种参与形态的观点已经几乎不被支持，问题逐渐转化为义务犯理论视角下的犯罪参与形态。对于第(3)种情形而言，无论是在理论上还是司法实践中都普遍肯定这种参与形态的存在，但不作为的参与人之间具体是成立不作为帮助犯与不作为正犯，还是成立不作为的同时正犯，抑或成立不作为的共同正犯，这些不同参与形态之间的

---

〔1〕 Vgl. Armin. Kaufmann, Die Dogmatik der Unterlassungsdelikte, 1959, S. 190 ff.

区分标准是什么，在理论上仍然有进一步厘清的必要性。

很显然，第(1)种情形所涵盖的问题已经波及第(2)种与第(3)种情形，而我国司法实践中也出现了不少可以归结于第(1)种情形的案例。据此，本书将以这些案例为素材，对以不作为的方式参与到他人以作为方式实现的犯罪这种情形的责任归属问题进行探讨。具体而言，问题的核心在于，作为实行人已经以自己的作为支配了犯罪的因果流程，在构成要件结果可以归属于作为实行人的情况下，让不作为参与人对作为实行人所实现的构成要件结果承担责任的理由是什么。在这一核心问题之下，不得不探讨不作为参与人与作为实行人之间的犯罪参与关系；不作为参与人应履行的作为义务的具体内容是什么；是否具有履行该作为义务的能力即作为可能性；如果履行该作为义务，构成要件结果在多大程度上就不会发生，即结果回避可能性。

二、是否成立不作为的间接正犯

从个人责任原则出发，每个人都仅仅对于在自己自由意志支配下实施的客观外在行为及其所造成的结果负责，原则上不对他人实施的行为及其结果负责。除了聚众型的必要共犯，《刑法》分则的构成要件也预定了单独实行犯，即只有亲手实施该当于构成要件的行为，才是本犯罪的实行人，才需要对该实行行为及其引发的构成要件结果负责。这是因为，实行人通过其实行行为开启并支配了构成要件背后所要保护的法益的受损因果流程，在这个意义上，限制的正犯概念基本上是妥当的。然而，预定为单独犯的构成要件当然也可以由两个以上的行为人来实施，于是，即使没有亲手实施构成要件行为的行为人也有可能要对他人所实施的构成要件行为及其后果负责，在这个意义上，狭义上的共犯即教唆犯和帮助犯成为扩张的处罚事由。[1] 但从

---

〔1〕 刑法首先要抑制的是正犯，正犯是一次责任，教唆犯与帮助犯是二次责任。换言之，二次责任是以正犯的存在为前提的派生性、扩张性犯罪形态。参见张明楷：《共犯人关系的再思考》，载《法学研究》2020 年第 1 期。

罪刑法定原则出发,该处罚事由的扩张也应当被限缩在国民可预测的范围之内,以确保国民的行动自由。与之相应,从自由主义出发,刑法对于作为犯与不作为犯的处罚在对于国民行动自由的限制程度上是不同的。具体而言,对于以作为方式实现的犯罪而言,只要国民不以积极的身体动作去实施符合构成要件的行为,在任何时间点上实施任何行为都是被刑法所允许的;与之相对,对于不作为犯尤其是不真正不作为犯而言,之所以构成犯罪,并不是因为行为人什么都没做,而恰恰是因为行为人没有实施被《刑法》所期待的行为。换言之,在当时的情形下以《刑法》的名义要求行为人必须实施某一行为以保全构成要件所保护的法益,这就意味着行为人在当时的时空条件下只有唯一的行动选择,否则将面临刑罚的制裁。[1] 据此,只有不作为的方式对于法益的侵犯程度能与作为的方式相匹敌,并且行为人特别地负有其他行为人不承担的作为义务时,《刑法》的这种强制性命令才具有正当性根据。

据此,不作为共犯的解释建构应同时受制于共犯论与不作为犯论这两方面的约束,在具体参与类型的判断上,首先应划清不作为单独正犯与广义上的不作为共犯之间的界限。单独正犯有两种形态,即直接正犯和间接正犯,前者是指在由行为人的实行行为导向构成要件结果的因果流程中并未介入他人因素,行为人直接支配了该因果流程;与此相对,后者则是指在因果流程中虽然介入了他人因素,但他人的参与并非基于自律性决定,整个法益受损的因果流程还是掌控在背后者的手中。对于以不作为的方式参与他人作为犯罪的情形而言,当双方之间不成立广义上的共犯关系时,在已经存在作为正犯的前提下,是否可以肯定"正犯背后的正犯"这种形态,如果可以,不作为参与人有没有可能以间接正犯的形态存在,还是只能以直接正犯的形态存在,则需进一步考察。如果不作为参与人不成立单独正犯,则接着考

---

〔1〕 参见[日]岛田聪一郎:《不作为犯》,载《法学教室》2002 年第 263 号。

察是否可能与作为正犯者成立共犯关系，进而在广义的不作为共犯的范围内进一步探讨具体的参与类型，即统一视为不作为共同正犯，还是区分不作为共同正犯与狭义的不作为共犯。以下，笔者将按照该考察顺序探讨不作为参与人的具体参与形态。

关于行为人是否可能以不作为的间接正犯的形态参与他人的作为犯罪，存在否定说和肯定说这两种学说的对立。以下，笔者试着以一则案例为素材分析这两种学说的理论对立轴。

案例一：丁某患有精神病，丁某之妻杨某是其法定监护人，某日凌晨3时，两人来到丁某父母家中，其间，丁某与其父母发生争吵，后来丁某在客厅内持菜刀反复砍击其父母的头、面部及胳膊，两位老人伤重倒地。杨某明知丁某患有精神疾病，没有制止丈夫行凶，也没有呼救，且在两位老人还有生命迹象时关了房门和灯并离开现场，回到自家后还随即清洗了沾有血迹的鞋子和衣服等。当日17时20分，丁某的妹妹发现二被害人死于家中。海淀区人民法院认为：①杨某是丁某的法定监护人，其明知丁某正在实施杀害两位老人的行为，却未及时采取有效的制止、呼救措施，在丁某砍杀、殴打两位老人时，杨某明知两人的生命处于极端危险的境地，却没有刻意大声开窗呼救，也没有报警。其不作为与两被害人死亡之间存在因果关系，其行为已构成故意杀人罪。②在丁某砍杀两位老人数十刀后，杨某仍旧未采取任何救助措施，而是离开现场，将两位老人留在凌晨3时的封闭室内，事实上将两人获救的可能性降至最低，放任了两位老人的死亡后果。③杨某回家后还立刻清洗了自己带血的鞋，具有明显的毁灭证据的意图，故可以认定杨某主观上具有故意杀人的间接故意。[1]

（一）否定说的考察

否定说主张不可能存在不作为的间接正犯这种形态，其理由在

---

〔1〕 参见北京市海淀区人民法院刑事附带民事判决书，(2016)海刑初字第2799号。

于:间接正犯这种形态是基于事实上的行为支配,对于不作为犯而言,不能说不作为者(背后者)具有操纵支配他人(媒介者)的影响力。换言之,不能说媒介者成为背后者之意思的道具。当保证人基于法律上的特别地位而负有作为义务时,则成为不作为的直接正犯,而非间接正犯。[1] 当然,这种否定说是以肯定间接正犯这一概念的成立为前提的,最近在我国刑法学界中否定间接正犯这一概念的观点被有力主张,根据这种观点,无论是作为形式的间接正犯还是不作为形式的间接正犯均被否定。[2]

以上裁判理由的第①点和第②点为否定说提供了论据,但需要特别注意的是,这两点理由分别提出了杨某两种不同的作为义务来源。具体而言:第①点裁判理由从杨某是丁某的法定监护人这一前提出发,推导出了杨某在丁某实施杀人行为时具有阻止犯罪的义务,据此证立杨某的保证人地位的发生根据,当杨某没有履行该作为义务时,即成立不作为的故意杀人的实行行为。换言之,杨某在丁某实施犯罪行为时的不阻止态度本身已经为杨某成立故意杀人罪的单独正犯提供根据。与此相对,第②点裁判理由则认为,在丁某实施完犯罪行为之后,杨某对两位被害人负有救助义务,因为在当时具体的时空条件

---

〔1〕 参见[日]吉田敏雄:《不真正不作为犯的体系与构造》,成文堂 2010 年日文版,第 173 页。

〔2〕 例如,刘明祥教授认为,我国刑法在犯罪参与体系的问题上采取了不区分正犯与共犯的单一正犯体系,因此并无间接正犯概念赖以依存的法律基础。参见刘明祥:《间接正犯概念之否定——单一正犯体系的视角》,载《法学研究》2015 年第 6 期。与此相应,黎宏教授在坚持区分正犯与共犯的二元制体系的基础上认为伴随着极端从属性说的衰弱,间接正犯也丧失赖以存立的根基,应全面否定间接正犯概念并将其分解到直接正犯、共同正犯、狭义共犯等具体参与类型中。参见黎宏、姚培培:《间接正犯概念不必存在》,载《中国刑事法杂志》2014 年第 4 期。梁根林教授在全面考察间接正犯肯定说与否定说之理论根据的基础上认为,间接正犯仅剩学术史考察和比较法研究的价值,其原用以填补刑罚处罚空隙的功能已经丧失殆尽,因此间接正犯概念应当在中国刑法教义学中寿终正寝。参见梁根林:《间接正犯的中国命运》,载《比较法研究》2019 年第 5 期。

下，杨某对于两名被害人的生命法益形成排他性的支配，据此论证杨某的作为义务来源。

然而，不得不说以上两点裁判理由对于杨某负有作为义务的论证缺乏说服力。

首先，从法定监护人这一地位出发是否能直接推导出监护人负有阻止被监护人实施犯罪的义务，不无疑问。基于被监护人自我法益保全能力的脆弱性，监护人对被监护人负有直接的法益保护义务，例如，当母亲发现自己4岁的儿子正在被继父殴打而不阻止时，就违背该法益保护义务。但本案的情形并非被监护人处于遭受他人侵犯的状态，而是反过来，被监护人正在实施杀人行为。据此，从《民法典》关于监护人职责的规定出发难以直接推导出杨某负有阻止丁某犯罪的义务。但是，基于被监护人是无法辨认和控制自己行为的精神病人，可以说是一个有可能侵犯法益的危险源，作为精神病患者的监护人，当然负有管控该危险源的义务，由于监护人的疏忽导致精神病人实施犯罪，监护人最多在监督过失的限度内承担刑事责任。

其次，一旦作为精神病患者的被监护人实施杀人行为，就单独开启了法益侵害因果流程，成为杀人的正犯，当丁某已经着手实施杀人行为，尤其是在本案中，丁某持菜刀反复砍击其父母的头面部，杨某是否还能有效阻止死亡结果发生，不无疑问，判决理由中没有说明该事后结果回避可能性的有无就直接肯定杨某不作为与死亡结果之间的因果关系，恐怕言之过早。

再次，在丁某持刀砍杀其父母的行为当时，可否以刑法的名义强制性要求杨某挺身而出阻止丁某的犯罪行为。换言之，裁判理由并未考虑杨某阻止丁某犯罪行为可能面临的危险，即没有考察是否存在作为可能性。法不强人所难，刑法更不能以刑罚去威胁行为人去完成不可能完成的任务，或者即使可能完成任务也以自己的基本权利付出巨大牺牲为前提。

最后，在丁某实施完犯罪行为之后，杨某是否负有救助两名被害人的义务,需要单独考察,裁判理由直接将杨某负有救助义务作为当然的前提,不无疑问。即两名被害人的生命法益侵害流程已经被丁某开启,要求杨某尽一切可能实施该因果流程阻断措施的根据是什么,而且,即使杨某实施了相应的救助行为,在多大可能性上能够阻止被害人死亡结果的发生。关于这两个问题,将在后文中详细论述。

(二)肯定说的考察

由此可见,如果不作为犯的正犯性应参照作为犯的正犯性进行解释这一命题可以成立的话,不作为的正犯性就在于处于保证人地位的行为人以不作为的态度排他性支配了已经处于危险状态的法益走向现实化的因果流程。[1] 当作为正犯已经单独开启被害法益的受损流程时,如果不作为者与作为者不成立广义上的共犯关系,一般难以肯定不作为者对该法益受损流程的排他性支配,即原则上不成立直接正犯。但当作为正犯实施完犯罪行为后,如果不作为人负有保护被害法益的义务,则例外地为其不作为的正犯性提供根据,但这种情形已经与作为正犯者的法益侵害行为无关,而是单纯基于不作为者负有保全被害法益的义务为直接正犯性提供根据。

那么,不作为人通过其不阻止作为正犯者的犯罪这种不作为态度,是否可能成立间接正犯。否定说是建立在对不作为和间接正犯的以下理解的基础上得出的。即:第一,不作为在物理意义上的能量比作为弱;第二,将间接正犯的正犯性求诸道具说,即背后者将媒介者作为实现自己犯罪的工具。然而,这两点理由可否成立,存在疑问。

首先,对于不作为犯之形态的理解本来就不能停留于事实层面,而应在规范层面上加以把握,并且只有当不作为与作为对于法益的侵害程度能做同等评价时,才能以相应的构成要件规制不作为。因此,

---

〔1〕 例如,日本学者岛田聡一郎教授主张排他性支配领域并不是保证人地位的发生根据,而是不真正作为犯的正犯性判断标准。参见[日]岛田聡一郎:《不作为犯》,载《法学教室》2002 年第 263 号。

在规范意义上，不作为和作为对于法益受损的因果流程支配力是同等的。

其次，道具说只是从形式上描述了间接正犯的形态，但这种道具性本身具有怎样的实质内容却是不明确的，从事实层面还是从规范层面判断，将得出不同结论。[1] 从规范的层面而言，间接正犯的正犯性无法从其本身推导出来，而应参照直接正犯的正犯性来理解，从而以单独正犯的正犯性统合直接正犯和间接正犯的正犯性。如前文所述，单独正犯性的根据在于可以将被追问罪责的行为人评价为第一次性实现结果的主体。于是，间接正犯的正犯性就在于，媒介者虽然以自己的行为完成犯罪事实，但幕后者对于该犯罪事实的完成过程处于比媒介者更为优越的支配地位，媒介者基于在犯罪事实上缺乏某些要素的存在或认识而无法直面该犯罪构成要件背后的行为规范，即媒介者在与该行为规范的交流上出现了障碍，难以形成阻止规范违反的动机，因此刑罚对于媒介者而言既不能实现一般预防的效果也不能实现特殊预防效果，对媒介者施加处罚并不能实现规范保护目的，因此是一种刑罚过剩。与此相对，幕后者基于自己的优势支配地位，在明知构成要件背后所保护的行为规范的前提下，仍然让不具有规范阻碍动机的媒介者实施相应的构成要件行为，据此，可以说从幕后者利用媒介者的这一时刻开始就开启了法益侵害的因果流程，虽然介入了媒介者的行为，但该法益受损的因果流程都处于幕后者的掌控之下，即利用行为所造成的被法所不允许的危险通过被利用行为在构成要件结果中实现，因此由媒介者实施的构成要件行为所造成的法益受损后果可以归属于幕后者。[2]

最后，我国《刑法》中并不存在关于间接正犯的条文，因此如果要将某行为人作为间接正犯处罚时，其条文上的根据就只能是像故意杀

---

〔1〕 参见［日］高桥则夫：《刑法总论》（第4版），成文堂2018年日文版，第435页。

〔2〕 在这个意义上，本书肯定正犯背后的正犯，间接正犯的实行着手应当是利用行为。

人罪、盗窃罪等这种分则的具体规定。据此，间接正犯的成立条件也应与根据这些规定进行处罚的直接正犯做同等考虑。如前文所述，当行为人没有介入其他任何人的行为而直接地亲手实现构成要件时，就应被评价为单独正犯。因此，即使在介入他人行为的情形中，只要背后者与该构成要件结果存在可以与这种直接的结果惹起等而视之的关系，背后者依然可以作为单独正犯，而介入者是否存在对于该结果的自律性决定，就成为“可否与直接的结果惹起等而视之”的重要判断基准之一。也就是说，当介入者认识到了结果，在不受强制的状态下实现该结果时，原则上就可以说结果在介入者的支配领域内发生，于是原则上不能追溯在此之前的行为人的行为并将其认定为对结果的直接支配。与此相对，当介入者存在瑕疵时，如果背后者利用该瑕疵而直接实现结果这一评价能够成立，背后者就可以被评价为间接正犯。[1]

据此，不作为的间接正犯这种形态无论是在理论上还是在司法实践中都是存在的。虽然本案的裁判理由并没有明确地朝故意杀人罪的间接正犯方向论证，但第③点裁判理由认为杨某具有故意杀人的间接故意，暂且不论其事后清洗自己带血的鞋这一事实能够推定其主观上的杀人故意，这一裁判理由显然是为杨某成立故意杀人的正犯提供主观上的依据，即杨某本应形成反对违反禁止杀人这一行为规范的动机却以自己的态度表明了违反该规范的决意，具备主观上的非难可能性。然而，如前文所述，间接正犯的成立不仅需要利用者对被利用者形成意志上的优势支配，从实行行为与故意应当同时存在的原理出发，还应存在由利用者发起的导向被利用者完成预定的犯罪事实的利用行为，当该利用行为以不作为的方式呈现时，从自由主义原理出发，只有当利用者特别地存在解除被利用者面对规范的障碍之作为义务

---

〔1〕 参见[日]岛田聪一郎：《间接正犯与共同正犯》，载《神山敏雄先生古稀祝贺论文集》，成文堂2006年日文版，第447页。

时,这种不作为态度才与法益侵害相关联,也才具备正犯性。关于这一点,第①点和第②点裁判理由试图从不同角度为杨某的作为义务来源提供根据,经过以上对这两点理由的考察,虽然分别在作为可能性和结果回避可能性上存在疑问,但无法完全排除作为义务本身的存在。在这个意义上,该案存在朝不作为的间接正犯这一方向进行论证的空间。

三、广义不作为共犯的成立条件

如前所述,行为人 A 实施某种法益侵害行为之后,在导向构成要件结果发生的因果流程中,当介入了非基于自律性决定的行为人的行为时,行为人 A 成立间接正犯;反之,当介入了基于自律性决定的行为人 B 的行为时,行为人 B 是在充分理解结果的意义与射程的基础上,在没有被强制的自由状态下引起了法益侵害结果,在这种情况下,就难以肯定行为人 A 成立单独正犯。[1] 紧接着应考察行为人 A 与行为人 B 是否可能成立共犯关系,当至少其中一方参与人以不作为的方式参与时,问题就转变为广义的不作为共犯的成立条件。近年来,我国刑法学界在共犯论领域投入了巨大学术精力,但大部分的论著可以归入二元制区分体系与单一正犯体系之间的论战中,对于更为基础的在什么条件下可以将犯罪参与人作为共同犯罪形态进行处罚这一问题,基本上还停留在主观上应具有共同犯罪的故意,客观上应具备共同犯罪的行为这一层面上,[2] 对于司法实践中层出不穷的犯罪参与现象,很难说提出足够细致的下位基准以划定是否作为共犯形态进行处罚的界限。就像西田典之教授所言,在区分某个犯罪参与人是作为共同正犯还是教唆犯抑或帮助犯之前,确认该参与人是否本来就是作为共

---

〔1〕 参见[日]岛田聪一郎:《正犯・共犯论的基础理论》,东京大学出版会2002年日文版,第149页。

〔2〕 参见樊凤林主编:《犯罪构成论》,法律出版社1987年版,第259页。

犯的可罚形态这一点，是最为重要的问题点。[1] 以下，笔者尝试以一则案例为素材，探讨广义的不作为共犯的构成要件边界。

案例二：被告人于爱银因与丈夫阚继明关系不睦，2000 年外出济南打工，并与被告人戴永阳相识，后二人非法同居。其间，二人商定结婚事宜。于爱银因离婚不成，便产生使用安眠药杀害丈夫的念头，并将此告知了戴永阳。2001 年 8 月，于爱银因母亲有病，同戴永阳一起回到成武县田集家中。8 月 13 日上午，于爱银与其 10 岁的儿子及戴永阳在田集药店买安眠药未果。下午，三人回到家中，于爱银又以给戴永阳介绍对象为名，到秦淮药店买到 6 片安眠药后回家，趁其丈夫外出买酒之际将安眠药碾碎，并告诉戴永阳要趁机害死其丈夫阚继明。当晚，于爱银与丈夫阚继明及其儿子和戴永阳一起喝酒、吃饭，待阚继明酒醉后，于爱银趁机将碾碎的安眠药冲兑在水杯中让阚继明喝下。因阚继明呕吐，于爱银怕药物起不到作用，就指使戴永阳将她的儿子带出屋外。于爱银用毛巾紧勒酒醉后躺在床上的丈夫的脖子，用双手掐其脖子，致其机械性窒息死亡。戴永阳见阚继明死亡后，将于爱银勒丈夫用的毛巾带离现场后扔掉。次日凌晨，二被告人被抓获归案。[2]

一审法院认为：①被告人戴永阳明知于爱银杀死其丈夫，不但不加阻止，反而听从于爱银的指使，将于爱银的儿子带离现场，以便于爱银顺利实施犯罪。②在被害人死亡后，又将作案用的毛巾带走，二人

---

〔1〕 参见［日］西田典之：《关于共谋共同正犯》，载《平野龙一先生古稀祝贺论文集（上）》，有斐阁 1990 年日文版，第 367 页。此外，罗克辛教授将共犯视为二级概念，在协助行为被评定为共犯之前，正犯的“一级”概念并不适用于实施该行为的共同参与人。与此相反，将共犯标示为“二级”概念并不意味着，任何不属于正犯行为的协助行为就必定成立共犯。它也可能不具有刑事可罚性，因为缺乏故意的主行为或者缺乏独立的法益侵犯。参见《德国刑法中的共犯理论》，劳东燕、王钢译，载陈兴良主编：《刑事法评论》（第 27 卷），北京大学出版社 2010 年版，第 74 页。

〔2〕 参见陈兴良、胡云腾主编：《人民法院刑事指导案例裁判要旨通纂》（上卷）（第 2 版），北京大学出版社 2018 年版，第 584 页。

共同逃离现场,毁灭罪证。二审法院认为:被告人戴永阳的行为符合共同犯罪的构成要件,其行为已构成故意杀人罪。③上诉人戴永阳明知于爱银要使用安眠药致死其丈夫,且辅助其实施,其行为构成故意杀人罪。④其中,于爱银在共同犯罪中起主要作用,系主犯,应依法惩处;戴永阳在共同犯罪中作用较小,系从犯。

由此可见,一审法院和二审法院都肯定了于爱银与戴永阳成立共同犯罪关系,其理由主要基于以下两点:第一,戴永阳明知于爱银要杀害其丈夫;第二,戴永阳没有阻止于爱银的杀人行为,并且将于爱银的儿子带离现场。显然,第一点理由试图为共同犯罪的主观构成要件提供支撑,而第二点理由则试图为共同犯罪的客观构成要件提供依据。然而,这两点理由是否足以为共同犯罪的成立提供支撑。进而,从一审与二审简短的裁判理由中还能推察出以下隐含的问题点,即一审法院似乎认可了于爱银与戴永阳两人在相互意思联络下的协作关系,因此是否成立共同正犯关系,值得考察;与此相对,二审法院明确认定戴永阳辅助于爱银实施杀人行为,这是否意味着戴永阳成立故意杀人罪的帮助犯,不无疑问。[1]

如前所述,单独正犯的正犯性在于行为人对于由自己实施的被法所不允许的危险行为导向法益受损结果这一因果流程的直接支配,因此客观上需要存在危险的现实化这一事实,主观上需要行为人在认识到这一客观事实的基础上仍然做出违反法规范的决意,只有同时具备这两个条件,才能对行为人发动刑罚制裁。共犯被认为是一种被修正

---

〔1〕 更细致分析的话,可以发现,一审法院认定的戴永阳实施的行为包括以不作为形式呈现的"不加阻止"和以作为方式呈现的"将于爱银儿子带离现场",而二审法院将戴永阳的行为一体化评价为"辅助",但这到底是作为的辅助还是不作为的辅助,不无疑问。关于作为与不作为的区分,有观点指出:区分作为与不作为对我国司法实践的意义在于是否通过保证人地位限缩处罚范围,根据这一目的指引,停止能量投入应被合目的地理解为能量不投入即不作为,其他特定方向上的能量投入皆为作为。参见吕翰岳:《作为与不作为之区分的目的理性思考——以德国判例与学说为借镜》,载《环球法律评论》2017 年第 4 期。

的构成要件,即参照单独正犯的构成要件进行修正,但在客观构成要件和主观构成要件上应分别进行怎样的修正,具体的下位基准是什么,背后的法理根据又是什么,当其中的参与人以不作为的方式参与时,又应当在此基础上做怎样的修正。以下,笔者试着对这些问题进行考察。

(一)作为共犯的客观归属构造

《刑法》的根本任务在于保护法益,[1]因此实施通过某种相当的流程而实现法益侵害的行为这种"行动自由"在整体法秩序中是不应当存在的,行动自由所保障的仅仅是欠缺共犯的因果性的行为。[2]如前文所述,如果比照单独正犯的法益侵害因果流程的话,可以对广义的共犯现象进行如下描述,即在从参与行为导向结果的因果流程中介入了具有自我答责性的正犯行为,从而否定了参与行为对于结果的单独正犯性,在这种情形中,如果要将构成要件结果归属于参与人,就只能是在以下这种事态中——处于正犯支配领域内的法益受损流程也仍然可以评价为是参与人的"作品",具体而言,正犯行为是在参与人的影响下,通过参与行为而消除正犯者在实现该具体结果发生之前

〔1〕 虽然在刑法的任务上存在法益保护与维护行为规范的效力这两种基本立场的争论,但两者之间并非相互排斥,而是两个分属不同层次、完全能够彼此兼容的思想,即刑罚只能以通过维护行为规范的效力、强化国民对规范之信赖的方法,间接实现法益保护,因此,刑法的目的在于保障行为规范的效力,而行为规范的目的则在于保护法益。参见[德]乌尔斯·金德霍伊泽尔:《法益保护与规范效力的保障》,陈璇译,载《中外法学》2015 年第 2 期。

〔2〕 参见[日]岛田聪一郎:《广义共犯的一般成立要件》,载《立教法学》2001 年第 57 号。与此相似,何庆仁教授认为,共同犯罪系各参加者以各自的方式在社会背景下共同塑造了同一个符合构成要件的行为,该行为及其结果是全体共同犯罪人的"共同作品";直接实施者不仅为自己,也为其他共同犯罪人实现了构成要件,所以,在归责的意义上没有直接者和间接者、自己的犯罪和他人的犯罪之分,而是数人共同实现了一个共同不法。参见何庆仁:《归责视野下共同犯罪的区分制与单一制》,载《法学研究》2016 年第 3 期。

的物理性或心理性障碍,从而提高了该构成要件结果发生的盖然性。在这个意义上,每一个犯罪的参与人所实施的行为对于构成要件结果发生的因果关联性并不需要达到像单独正犯那种直接支配的程度,只需要对于法益侵害结果的发生起到促进或催化作用即为足够。[1] 但是,这样的理解有可能导致狭义的共犯即帮助犯与教唆犯被统一理解为危险犯,为避免这一点,需要对共犯的这种促进的因果关系进一步操作化,以下以作为形式的犯罪参与为模型,分别讨论物理性促进力和心理性促进力的判断标准,在此基础上考察将该标准适用于不作为的犯罪参与时,需要进行怎样的修正。

1. 物理促进力的判断

如果将作为参与人的行为纳入客观归属论的框架进行考察,关于其物理性促进力,可以按照以下顺序进行判断:

第一,在正犯着手实施犯罪行为之前,当参与人提供犯罪工具本身就是一种犯罪行为时,这种行为在整体法秩序中就是不被允许的,当正犯者使用该工具实施其他犯罪时,即可认为参与人所制造的被法所不允许的危险在正犯导向的构成要件结果中实现。例如,被告人叶某编写了用于批量登录某电商平台账户的“小黄伞”撞库软件[2]供他人免费使用,“小黄伞”撞库软件运行时,配合使用叶某编写的打码软件可以完成撞库过程中对大量验证码的识别,叶某通过网络向谭某有偿提供打码软件的验证码识别服务,谭某利用该撞库软件与打码软件获取某电商平台用户信息 2.2 万余组。[3] 在本案中,由于“小黄伞”撞库软件被证实仅用于针对电商平台账号进行撞库并接入打码平

[1] 据此,共犯虽是一种刑罚扩张事由,但从法益侵害的视角出发,这种扩张仍然具备其合理性。与此同时,法益侵害也为共犯的任意扩张设定最大限度范围的边界。

[2] “撞库”是指黑客通过收集已泄露的用户信息,利用账户使用者相同的注册习惯,如相同的用户名和密码,尝试批量登录其他网站,从而非法获取可登录用户信息的行为。

[3] 参见最高人民检察院第十八批指导性案例,叶源星、张秋剑提供侵入计算机信息系统程序、谭房妹非法获取计算机信息系统数据案(检例第 68 号)。

台,即专门用于违法活动。在这种情形中,即使谭某很容易地可以另外从其他网站购买撞库软件及打码软件,也无法否定叶某提供恶意软件的行为对于谭某非法获取计算机信息系统数据这一构成要件结果的物理促进力。〔1〕

第二,在正犯着手实施犯罪实行行为之前,当参与人所提供的物理性工具本身并不违法,甚至是其正常的业务行为时,按以下顺序进行考察:①在正犯导向构成要件结果发生的因果流程中是否实际使用了该工具,如果并未使用,则阻断参与行为与法益侵害结果的促进力,进而考察是否存在心理促进力。②当正犯实际使用该工具,应考察正犯实际使用该工具对于法益侵害结果的实现可能性是否高于假设没有使用该工具对于实现法益侵害结果。〔2〕具体而言,当正犯使用参与人提供的工具并未提升实现构成要件结果的可能性或进度时,则否定参与行为的物理促进力,进而在此基础上考察参与行为对于正犯的心理促进力;反之,当第②点可以肯定时,也不能直接得出肯定物理促进力的结论,因为该参与行为原则上并未创设被法所不允许的危险,此时应进一步回溯性考虑在当时的情况下参与人的参与行为被替代的可能性有多大,以及从提供工具的时点来看,参与人所提供的工具被用于犯罪而不是其他合法行为的可能性有多大。③如果即使参与人在当时的情况下没有向正犯提供工具,正犯也很容易地可以从第三人处获得该工具,那么就应当否定参与行为的物理促进力。④此外,在参与人向正犯提供工具的当时,如果没有明显的证据可以推定正犯者将用该工具从事犯罪活动,从自由主义出发,参与人就享有这样的

〔1〕也就是说,帮助行为本身并不是中立的,当帮助行为本身即可单独认定为犯罪时,则与正犯所实施的犯罪的帮助犯形成想象竞合关系,择一重罪处罚。关于这一问题的争论,参见张明楷:《论帮助信息网络犯罪活动罪》,载《政治与法律》2016 年第 2 期;邓矜婷:《网络空间中犯罪帮助行为的类型化》,载《法学研究》2019 年第 5 期;王肃之:《论网络犯罪参与行为的正犯性》,载《比较法研究》2020 年第 1 期。

〔2〕参见[日]西田典之、[日]山口厚、[日]佐伯仁志编:《注释刑法总论》(第 1 卷),有斐阁 2010 年日文版,第 890 页。

信赖利益,即正犯者只会遵循该工具的本来的经济性用法将其用于合法领域而不是用于犯罪。[1]

第三,在正犯着手实行犯罪行为之后,不论参与人的参与行为本身是否单独构成犯罪,即使该行为只是参与人的业务行为,只要正犯实际上利用了该参与行为而导向构成要件结果,即可认定参与行为的物理促进力。这是因为,正犯着手实行犯罪行为之后,被害法益已经面临现实的急迫危险,即使正犯在当时的情形下缺乏该参与行为也完全可以实现构成要件结果,如正犯完全可以选择以另外的方式或很容易地可以借助第三人的行为实现构成要件结果,但正是此时此刻的参与行为省去了正犯暂时停下手中的犯罪行为而去实施其他行为的时间,在这个意义上使被害法益的急迫危险状态继续处于持续增加的状态,当这种危险最终在构成要件结果中实现时,当然可以将该结果部分视为参与行为的作品。[2]

2. 心理促进力的判断

根据以上的判断标准,当否定参与行为对于正犯结果的因果具有促进力时,应进一步考察该参与行为对于正犯是否具有心理促进力。在司法实践中,即使参与人没有对正犯提供任何物理上的帮助,但基于其与正犯之间的人身关系,有时只要参与人出现在现场或者一句激励的话,就能够扫清正犯的心理障碍,从因果共犯的角度出发,显然无法否定这种精神上的激励与法益受损结果之间的关联性。但在解释论上应如何构建这种精神激励的判断规则,这种精神激励与共谋之间具有怎样的关系,不无疑问。

---

〔1〕 例如,雅各布斯认为如果每个人都需要在相互预测他人行动方向的基础上才能实施自己的行为,社会就会陷入僵化状态。Vgl. Günther Jakobs, Strafrecht, Allgemeiner Teil, 2. Aufl., 1991, S. 698.

〔2〕 这一问题一般被纳入承继的共犯这一问题领域中讨论,可以说因果共犯论为阻断参与人对于先行行为人所实施的行为及其已经造成的结果的承继,从而仅对后续的参与行为及在此限度内现实化的结果负责,提供了坚实的理论基础。

很显然,以上关于参与人对于正犯结果的物理促进力的探讨是立足于作为判断自然因果关系的条件公式,但条件公式是否能原封不动地适用于心理促进力的判断,值得怀疑。关于这一点,有观点正确指出:在自由意志的前提假定之下,意志形成的过程具有非法则性,以条件公式判定心理因果关系面临失灵的困境,因为在条件公式所设定的“假定”情境下,无法确定一个人会作出何种内心决定。[1] 面对这一困境,德国学者普珀将心理因果关系理解为对他人的行动提供理由,进而指出:“我们之所以如此行动,或是因为我们认为这一行动本身是正确的,或者我们认为这一行动能够实现我们认为正确的目的。为人所意识到的行动理由构成了有别于自然因果关系的另一种原因与结果之间的关联,这种关联同样可以被称为因果关系。因此,当行为人给他人提供了做出某种决定的理由,则这一行为与所做出的决定之间便是存在因果关系的。即便他人做出决定还出于其他的理由,也仍然不影响因果关系的判断。如果要考虑决定的做出是否还可能有其他的理由,以决定是否进行归责,这是完全没有意义的。因为从自由意志的角度讲,一个人在一个完全不同的情况下会如何做决定,这是无法判断的。”[2]

确实,在刑法中,犯罪是指行为人对自由的滥用,法律就此对行为人发出谴责,要求其承担责任并处以刑罚,责任所指的并不是为了实现坏事而“自由地”作出决定,而是主体具有合乎意义地实现自我决定的能力,却依附于驱动力的因果强制,因此,从事实的角度来看,犯罪

---

〔1〕 参见徐凌波:《心理因果关系的归责原理》,载《苏州大学学报(法学版)》2018 年第 4 期。

〔2〕 Vgl. Puppe, Die Erfolgszurechnung im Strafrecht, 2000, S. 58f. 转引自徐凌波:《心理因果关系的归责原理》,载《苏州大学学报(法学版)》2018 年第 4 期。

完全是因果要素的产物。[1] 而普珀教授所倡导的行动理由说一方面尽可能地维持因果律的事实特征,另一方面在归因的同时通过行动理由这一媒介实现了对行为人的主观归属。行动理由是在一定条件成立时一个人实施一个行动的理由,行动者在一定条件下实施一个行动可以视为一个事实,而理由则可以认为是事实之间的关系。[2] 然而,正如物理性因果促进力有强弱之分,理由也具有强弱的维度,于是,按照我们对于实践冲突的直观理解,通过衡量相互冲突的理由之间的强弱或分量,并根据理由的权衡决定应当做什么,这种冲突即可得到解决,在此基础上,拉兹推导出以下三个实践原则——原则一:在对所有的事情进行考虑之后,一个人应当总是按照理由的权衡去做他应当去做的任何事情;原则二:如果打破平衡的理由被不败的排他性理由所排除,那么一个人就不应当基于理由的权衡而行动;原则三:在对一切事情进行考虑之后,一个人总是应当出于一个不败的理由而行动。[3] 显然,原则二是对原则一的修正,而原则三是在原则二的基础上得出的推论。[4] 如果将这三个原则适用于共犯中的心理因果关系的认定,则可以得出以下推论:

第一,在正犯者产生实施某一具体犯罪的决意之前,当参与人直接向正犯者提供实施该犯罪行为的理由或动机时,即开启了引导正犯

---

〔1〕 参见[德]汉斯·韦尔策尔:《目的行为论导论》,陈璇译,中国人民大学出版社 2015 年版,第 65 页。凯尔森曾敏锐指出,并非自由,并非因果上的不受规定性,而是恰恰相反,意志的因果上的可规定性使归责得以可能。人之所以被归责并不是因为他是自由的,而是相反,是因为人可以被归责的,所以他是自由的。归责和自由在实际上且本质上是相互联系的,但是自由并不能排除因果性,而且它事实上也根本没有排除因果性。参见[德]汉斯·凯尔森:《因果与归责》,张小丹译,载《人大法律评论》2013 年第 1 辑。

〔2〕 参见[英]约瑟夫·拉兹:《实践理性与规范》,朱学平译,中国法制出版社 2011 年版,第 6 页。

〔3〕 参见[英]约瑟夫·拉兹:《实践理性与规范》,朱学平译,中国法制出版社 2011 年版,第 29 – 34 页。

〔4〕 这三个实践原则阐释了禁止规范与容许规范之间的关系。

者将该理由纳入自己将来行动计划的考虑范围之中的可能性。[1] 根据正犯者是否接受及其接受程度,又可以分为以下三种情形:①如果正犯者不予接受,即阻断参与人提供的行动理由向正犯者做出行为决意的促进力;②如果正犯者予以接受,即使最终正犯者实施相应犯罪行为的决定性理由并不是由参与人提供的,也并不妨碍参与人提供的理由对于正犯做出犯罪决意的促进力,此时参与人至少承担作为教唆犯的责任;③如果正犯者不仅接受了参与人的行动理由,而且该行动理由打败了被正犯者纳入权衡范围的其他行动理由,那么参与人就为正犯者提供了行动的强势理由,如果参与人与正犯者在基础上形成了双方向的意思联络,则存在成立共同正犯的可能性。

第二,当正犯者本身已经在权衡各种行动理由的基础上作出了犯罪行为决意时,仍然存在参与人向正犯者提供心理促进力的余地。这是因为,即使正犯者决意实施犯罪行为,以其具有意志自由为前提,正犯者在犯罪既遂之前都可以随时撤回这种犯罪决意,自动停止按照预定的行为计划实施下一步犯罪行为。[2] 换言之,在通往犯罪既遂道路上,正犯者随时都可能基于各种理由的考虑撤回犯罪决意或至少动摇了原来的犯罪决意,在正犯者孤独困顿之际,如果参与人至少为正犯者提供一个辅助性理由以帮助正犯者确定有理由去实施之前已经决意实施的行为,从而减少甚至消除决意犯罪的心理障碍,就改变了支撑正犯者下一步行动的理由的强弱状态,在这个意义上,可以肯定参与人的参与行为对于正犯者的心理促进力,这种心理促进力可以通

〔1〕 教唆行为本身是一种为达犯罪目的创造条件的行为,并非完成犯罪或实现犯罪目的的行为,它本身就是一种预备行为。参见刘明祥:《"被教唆的人没有犯被教唆的罪"之解释》,载《法学研究》2011 年第 1 期。

〔2〕 在这个意义上,中止犯减免处罚的规定显然是从刑事政策上为已经踏上犯罪之路的行为人撤回犯罪决意提供一个强势的行动理由。对此,有力的反对观点认为,中止犯免除处罚的根据在于其违法性与有责性比既遂犯减少,以及行为人的自动中止表明其不具有特殊预防的必要性。参见张明楷:《中止犯减免处罚的根据》,载《中外法学》2015 年第 5 期。

过参与人与正犯者之间的人身关系、参与人的言语刺激或鼓励等方式表现出来。

(二)不作为共犯的具体参与类型

以上以因果共犯论为前提,以作为方式的犯罪参与为基本模型,考察参与人的作为形式的参与行为对于正犯行为导向构成要件结果的因果促进力的下位判断标准,具体包括物理性促进力和心理性促进力。就物理促进力的判断标准而言,可以简要概括为:以合法则的条件关系的存在为前提,从事后来看,参与人现实的参与行为提升了单独由正犯行为导向构成要件结果发生的可能性。[1] 与此相对,心理促进力的判断标准可以概括为:参与人至少为正犯者产生并维持犯罪决意提供了辅助性的行动理由,正犯者将其纳入支撑下一步行动的理由范围中予以考量。那么,当参与人以不作为的方式参与到正犯的犯罪行为中,以上的判断基准是否还能原封不动地适用?如果不可以,理由是什么?经过怎样的修正才可能适用?以下,笔者尝试结合上述案例二的素材对这些问题进行探讨。

1. 作为形式的参与和不作为形式的参与的构造差异

以作为形式完成的犯罪具有明确的构成要件加以定型,这种动作(如用尖刀捅对方胸部)对于构成要件背后所保护的法益具有类型的危险性,因此具有清晰的法益侵害方向性,即通过该动作向法益传递了侵害的物理能量。因此,当参与人以作为的方式加功于他人犯罪时,如果可以认定该参与行为本身已经创设了某种被法所不允许的危险,则比较容易肯定这种参与行为与正犯行为的法益侵害方向合流并在构成要件结果中实现。换言之,对于作为方式的犯罪参与往往先考虑其对于正犯结果的实现是否提供了物理性帮助,当得出否定结论时

---

〔1〕 何庆仁教授认为,共同犯罪本身是一种归责形态,共同犯罪人在规范上表达了共同塑造构成要件之实现的意义,所以构成要件的实现要归责于全体共同犯罪人。参见何庆仁:《共同犯罪归责基础的规范理解》,载《中外法学》2020 年第 2 期。

再进而考察该参与行为是否提供了心理帮助。与此相对，当参与人以不作为的方式参与他人的犯罪时，由于不作为的态度本身缺乏明确的构成要件定型，因此无法像作为犯那样清晰描绘出法益侵害的方向路线。但这并不意味着不作为犯的法益侵害程度比作为犯低，如母亲不给婴儿授乳和将婴儿溺死，在对婴儿生命法益的侵害上完全是等值的，在构建不真正不作为犯的解释学体系的过程中，等置原则是应贯穿始终的上位指导原则。但不作为犯毕竟不像作为犯那样持续朝着法益侵害的方向投入物理能量，因此，当参与人以不作为的方式参与他人犯罪时，对正犯行为的法益侵害方向提供牵引力的只能是这种不作为态度为正犯继续实施法益侵害行为提供了充分的行动理由。

那么，在上述案例二中，戴永阳与于爱银是否成立广义上的共犯关系，如果成立，戴永阳是以作为方式参与还是以不作为方式参与，具体的参与类型是什么。

2. 不作为共同正犯的判断顺序

戴永阳与于爱银并没有在杀害阚继明这一事项上形成共谋，双方之间并不成立共同正犯关系。众所周知，对于共同正犯而言适用“部分实行全部责任”的法理，共同犯罪本来就是一种刑罚扩张事由，这种扩张应受到合理限制，如果参与人本身并没有亲手实行构成要件行为，却要对他人实施的构成要件行为及造成的构成要件结果承担全部的刑事责任，更应该受到严格限制。正是在这个意义上，共谋共同正犯这一概念长期以来在刑法学界中饱受争议。〔1〕

本书认为，如果不将共同正犯作为共犯的一种情形，并根据团体法理（而非个人法理）来解释的话，就无法找到“部分实行全部责任”的法理根据，然而，共同正犯毕竟也具有正犯的性质，因此应当同时考虑共同正犯的共同性与正犯性。这样的话，共同正犯的处罚根据就在

〔1〕 肯定共谋共同正犯的学者在正犯判断的标准上一般采用实质客观说。与此相对，否定论者一般采用形式客观说，参见张开骏：《共谋共同正犯理论的反思》，载《中国法学》2018年第6期。

于“基于共谋的通过相互利用、相互补充的行为归属”这一点上。[1]具体而言，对于他人的行为以及结果，自己的行为被作为“共同正犯”而被归属的根据并不仅仅在于自己的行为与整体犯罪结果之间具有因果关系，还在于他人的行为作为自己的行为而被相互归属这一点上。能够承担这一功能的就是“共谋”的存在。通过这种共谋的存在，各个参与人都明晰此后即将实施的行为之意义，能够预期由该行为可能产生的结果，并明确自己在整体行为中的地位与作用。[2]

质言之，共同正犯的正犯性被扩张的根据在于：基于复数人的双方向的意思联络而有计划实施的集团性犯罪行为，与通常的单独犯相比，一般具有更高的犯罪实现危险性。[3] 据此，①共谋承担着发动适用于共同正犯的“部分实行全部责任”这一制裁规范的功能，要发挥这一功能，处于平等主体地位的参与人之间应具有双方向的意思联络，单纯知悉他人的犯罪意图和犯罪计划而不加以反对，并不能直接认定双方之间成立共谋。[4] ②对于没有亲手实施构成要件行为的参与人，如果要令其承担与该构成要件行为对应的刑事责任，该参与人必须发挥了可类比于实行正犯的功能，从而能够以准实行正犯的地位受刑。[5] 只有同时具备这两个要件，参与人之间才成立共同正犯的关系。

从要件①出发，于爱银与戴永阳之间并没有就杀害阚继明这一犯

---

〔1〕 在共同正犯的处罚根据上，存在因果的结果归属论与相互的行为归属论之间的对立，参见[日]高桥则夫：《共犯体系与共犯理论》，成文堂 1988 年日文版，第 295 页。

〔2〕 参见李世阳：《规范论视角下共犯理论的新建构》，载《法学》2017 年第 11 期。

〔3〕 参见[日]龟井源太郎：《区分正犯与共犯》，弘文堂 2005 年日文版，第 60 页。

〔4〕 关于共谋的成立条件及其范围的认定，参见王昭武：《论共谋的射程》，载《中外法学》2013 年第 1 期。

〔5〕 西田典之教授倡导实质的实行共同正犯论，即最终在犯罪的实现中起到相当于实行的分担，或者在起着相当于实行分担之程度的重要作用的场合，也可以肯定共同正犯。参见[日]西田典之：《共犯理论的展开》，江溯、李世阳译，中国法制出版社 2017 年版，第 66 页。

罪事实上形成双方向的意思联络。于爱银虽然将自己将要杀害阚继明的这一意图,甚至将具体的作案时间、地点、方法都透露给戴永阳,但戴永阳只是单方面接收来自于爱银的杀人信息,并没有在此基础上表明同意加入的意愿,更没有与于爱银一起制订接下来的犯罪计划。换言之,于爱银对于戴永阳在整个杀人计划过程中将承担怎样的角色、发挥怎样的作用并没有事先分配,难以认定为共谋,因此缺乏参与人之间行为相互归属的基础,双方之间不成立共同正犯关系。在一审和二审裁判理由中,以戴永阳知悉于爱银的杀人计划而不加阻止为由,肯定双方之间成立共同犯罪(正犯)关系,存在以下两方面弊端:一方面,在没有严密论证双方之间存在双方向的意思联络的基础上就将于爱银的杀人行为及其结构归属于戴永阳,缺乏理论根据;另一方面,在没有严密论证戴永阳负有阻止于爱银杀人行动的义务,仅仅以知道对方的犯罪行动为由就直接肯定共谋共同正犯的成立,使作为义务本来应当发挥的限制不作为犯的成立范围以保障国民自由的功能被直接无视。

从要件②出发,没有证据表明戴永阳发挥了准于实行正犯的重要作用。很显然,准于实行正犯的作用已经无法通过参与人对于构成要件行为的加功而体现出来,否则就变成实行正犯。这样的话,这种作用就只能通过参与人传递给其他实行正犯的心理影响力来实现,具体表现为:在正犯者完成整个犯罪行动的过程中,如果缺乏非实行者的默认、许可、鼓励、指导,犯罪进程就无法推进或者实行犯有高度的盖然性会选择撤回犯罪意图、中止犯罪。这种心理影响力很大程度上取决于参与人之间的人身关系,如黑社会性质组织的上层人员与普通成员的关系、近亲属之间的关系等。本案中,杀害阚继明这一犯意的产生、犯罪计划的制订、实行过程中突发情况的处理均由于爱银在意志自由的状态下作出,并没有证据表明戴永阳给于爱银提供强大的心理支撑。从案情来看,杀害阚继明从而与戴永阳结婚应该是支撑于爱银杀人行动的动机,但这种动机的设定完全是于爱银恣意选择的结果,戴永阳并未进一步增强这种犯罪决意以使于爱银在杀人行动受挫后继续坚持下去。至于在于爱银原定的安眠药杀人计划失败后临时制订的勒死计划:一方面,难以认定双方之间形成现场共谋;另一方面,将于爱银10岁儿子带离现场对于爱银将阚继明勒死这一犯罪计划的实施虽然有物理促进力,但难以将该促进力评价为与实行犯所实施的杀人行为起到同等作用的效果,因此不能令其居于正犯的地位受刑。

综上,戴永阳与于爱银并不存在双方向的意思联络,戴永阳在犯罪过程中所起的作用也难以与杀人的构成要件行为相匹敌,因此两人并不成立共同正犯的关系。即便如此,对于以不作为的形式参与的戴永阳而言,仍然存在将于爱银的杀人行为及其结果归属于其身上的余地,但到底原则上应将其作为单独正犯还是帮助犯论处,在刑法学界存在较大争论。以下围绕这一争论焦点作进一步考察。

3. 单独正犯还是帮助犯

在行为人以不作为的形式参与到他人以作为形式完成的犯罪的情形中,当否定双方之间成立共同正犯时,对于不作为参与人的处理方式,存在原则单独正犯说和原则帮助犯说的争论。这两种学说的理论对立轴是什么,各自的理论基础是什么,需要进一步厘清。

(1)原则单独正犯说的考察

原则正犯说认为,当处于保证人地位的参与人违反其被科赋的作为义务而不阻止法益侵害结果的发生时,对该法益形成的危险无论是源于动物、自然现象,还是源于被害人自身的行为,抑或来自第三人的犯罪行为,保证人都原则上成立正犯。[1] 该学说一开始建立在目的行为论的基础上,具体而言,从目的行为论出发,不作为是一种“无”,构成要件结果是一种“有”,因此无法肯定不作为与结果之间的因果关系,据此,不作为的参与形式与作为正犯惹起的结果之间也不具有因果关系,在这个意义上,不作为的帮助这一概念本身就难以成立,只能

〔1〕 参见[日]井田良:《讲义刑法学总论》,有斐阁2008年日文版,第493页。

探求这种不作为的参与是否可以单独作为正犯处理。[1] 显然，在这一论证逻辑中，只有对结果的发生具有物理促进力才能肯定因果关系的存在，完全忽视了心理促进力，这显然与因果共犯论的一般理解不符合。此外，既然连不作为的帮助犯这一参与类型都是不可想象的，为什么可以直接上升到一般认为不法程度更高的不作为的正犯，作为其理论基础的目的行为论并无法提供合理说明。

伴随着目的行为论的式微，建立在该理论基础上的原则正犯说也必然遭遇挑战，在此背景下，罗克辛教授倡导的义务犯理论无疑为原则正犯说的存续带来新的契机。具体而言，罗克辛教授认为正犯在实质上可以被理解为整个行为事件的核心人物，这种核心作用在支配犯和义务犯中有不同的表现形式，支配犯通过行为人对行为事件的因果流程的控制而体现出其正犯性，但在义务犯中，犯罪行为的外部表现形式是不重要的，义务犯中的核心人物只能是那些违反了前构成要件的、刑法之外的特别义务的人。[2] 在此基础上，罗克辛教授得出三个关于犯罪参与理论的新结论：①非义务承担者无论如何都只能是义务犯的教唆犯或者帮助犯，即使他事实上支配了犯罪流程，也绝不可能是正犯。②虽然某人看上去只是实施了犯罪支配意义上的帮助或者教唆行为，如果他是那个负有特别义务的人，并通过其“帮助或者教唆行为”表明了对特别义务的违反，那么他原则上是正犯，而不再是教唆犯或者帮助犯。③义务犯只有在例外的情况下才不是正犯而是参与者，即对一身专属的义务犯（亲手犯）和加重的支配犯，当行为人以不作为方式实施时，虽然负有结果回避义务，[3] 却不能以不作为的方式

〔1〕 关于目的行为论的系统介绍，参见［德］汉斯·韦尔策尔：《目的行为论导论》（增补第4版），陈璇译，中国人民大学出版社2015年版，第1页。

〔2〕 关于义务犯的系统评述，参见何庆仁：《义务犯研究》，中国人民大学出版社2010年版。

〔3〕 这种结果回避义务为可罚性提供支撑，可以说是共通于故意犯与过失犯的义务，而不同于义务犯意义上的义务。

充足全部的构成要件,就只能构成帮助犯。[1]

从以上三点结论尤其是从结论②出发,以不作为的方式参与到他人作为犯罪的行为人,原则上就成为正犯。然而,为什么违反刑法之外的特别义务的人可以直接上升到刑法意义上的正犯,不同的作为义务来源在刑法上是否具有等值的效果,不无疑问。正如德国刑法学者斯罗德所言,行为人看到自己的孩子正被狼撕咬和看到妻子正杀害自己的儿子,这两种情形存在根本性的价值差异,对于前者而言,行为人是唯一的责任承担者,可以说是作为唯一的"人类代表者"对峙自然力量;与此相对,对于后者而言,行为人的责任是与其他行为人的责任相竞合,于是会产生责任的分配与归属问题。[2]

如果将上述的义务犯理论适用到案例二,则可以得出以下推论:第一,于爱银与戴永阳并不构成不作为的共同正犯,因为于爱银以作为的形式完成犯罪,而戴永阳以不作为的形式参与犯罪,前者属于支配犯的范畴,后者属于义务犯的范畴,双方之间并不负有共同的作为义务,应分别判断各自的正犯性。第二,戴永阳所负有的阻止于爱银实施杀人行为的义务为其正犯性提供根据,戴永阳并不成立故意杀人罪的帮助犯。然而,毋宁说为什么戴永阳负有阻止于爱银实施杀人行为的作为义务才是核心问题,而且,即使其负有该作为义务,令其居于与于爱银同等的正犯地位受刑,也有失罪刑均衡。

(2)原则帮助犯说的考察

由于我国刑法并不存在关于处于不真正不作为犯的一般性规定,

[1] 参见何庆仁:《德国刑法学中的义务犯理论》,载陈兴良主编:《刑事法评论》(第24卷),北京大学出版社2009年版,第249页。

[2] Vgl. Friedrich－Christian Schröder, Der Täter hinter dem Täter, 1965, S. 104.

只能通过适用一般预定以作为形式完成的构成要件来发动刑罚,[1]因此,从等置原则出发,不作为犯的正犯性应参照作为犯的正犯性作统一性理解。日本刑法学者岛田聪一郎教授认为,单独正犯的正犯性通过以下两个方面体现出来:①对被害对象所创设的物理性危险直接在构成要件结果中实现;②认识到了结果的发生,在没有介入自由地实施结果实现行为的主体的前提下,使结果最终发生。[2] 据此,在行为人以不作为方式参与到他人作为犯罪的情形中,当正犯者是基于自律性决定实施犯罪行为时,法益侵害因果流程就不处于不作为者的排他性支配控制领域内,因此不作为参与人通常无法满足单独正犯的成立要件,即使不作为参与人负有犯罪阻止义务,最多也只能作为帮助犯接受处罚。这是因为,如前文所述,作为正犯已经通过其积极的作为而设定了导向结果发生的因果关系,与结果发生具有直接的因果关系和强大的原因力,与此相对,不作为形式的参与仅仅是通过违反作为义务的不作为,通过作为正犯的介入而与结果发生具有间接的因果关系,原因力也比较微弱,只不过是通过其从属性作用的发挥而使作为正犯的实行变得容易一些而已。[3]

---

〔1〕 黎宏教授主张在一定条件下可将见危不救入刑,具体而言,对自身或者第三人没有现实危险的救助他人生命的"举手不劳"型的"见危不救",不仅不会给自己增加负担,而且还会救助刑法中最为重要的保护法益即他人生命,增加社会整体利益,属于己他两利的行为,无论在保护法益上还是在维持社会生活秩序的最低限度上,都有入刑的必要。参见黎宏:《一定条件下的见危不救入刑研究》,载《中外法学》2018 年第 3 期。

〔2〕 据此,岛田教授将排他性支配视为不作为犯的正犯性判断标准,而非作为义务来源。参见[日]岛田聪一郎:《正犯・共犯论的基础理论》,东京大学出版会 2002 年日文版,第 263 页。

〔3〕 参见[日]内藤谦:《刑法总论讲义》,有斐阁 1991 年日文版,第 1444 页。该观点显然是在比较作为与不作为对于结果发生的作用力的基础上得出的,但也有学者对此提出疑问,即应当比较的是不作为者本来应当实施的作为与正犯者的作为,当这两者基本等值时,不作为参与人就可以评价为正犯。参见[日]齐藤彰子:《关于对作为正犯者犯罪实现过程的不作为参与》,载川端博等编:《理论刑法学的探究 8》,成文堂 2015 年日文版,第 56 页。

从限缩的正犯概念的基本立场出发，正犯与共犯的区分在于构成要件的实现而不在于法益侵害流程的惹起。[1] 如果将该实质性判断标准适用于不作为参与人的参与角色的确定上，则只有不作为参与人对于构成要件实现过程的支配程度能与作为正犯者相匹敌时，才能肯定其作为正犯的地位，但由于作为与不作为在构造上的差异注定了不作为并不具备像作为那样对于构成要件结果的物理性因果促进力，在这个意义上，可以说不作为参与人先天丧失了与作为正犯并驾齐驱的地位，当不作为态度对于作为正犯的构成要件实现具有心理性因果促进力时，在此限度内成立帮助犯。据此，笔者基本赞同原则帮助犯说的观点，只是，有原则必有例外，当不作为参与人对于作为正犯的构成要件实现赋予了决定性的心理影响或压力时，应将不作为参与人视为共同正犯。[2]

如果将上述的原则帮助犯说适用于案例二，则应重点考察戴永阳对于爱银的杀人过程产生的心理影响力，而心理影响力的考察又与共谋的认定交织在一起，关于共谋以及共同正犯的认定，已经在上文中阐述，此处不赘述。但是，不能仅仅以共谋或者心理影响力的认定就直接得出不作为参与人成立共同正犯或帮助犯的结论，因为不作为共犯问题的解决需要同时从不作为犯论和共犯论的进路出发，据此，适用于不作为单独犯的作为义务来源是否能够原封不动适用于不作为共犯中，是需要进一步讨论的问题。

四、不作为共犯的作为义务

我国刑法学界关于不作为犯的研究基本上以单独犯为预设前提，将问题焦点集中于作为义务来源的确定上，在这一焦点问题上形成两条具体递进关系的理论脉络，即形式的作为义务论和实质的作为义务

---

〔1〕 参见[德]克劳斯·罗克辛：《德国刑法学总论》（第2卷），王世洲等译，法律出版社2013年版，第9页。

〔2〕 参见[日]岛田聪一郎：《关于不作为的共犯（一）》，载《立教法学》2003年第64号。

论。在形式作为义务论的框架下是否以及在多大范围内承认先行行为的作为义务来源资格，又成为讨论焦点；[1] 与此相对，在实质作为义务论的框架下，不少学者尝试构建对于不作为犯具有统一指导意义的作为义务论，其中，义务二分说和排他性支配领域说是两种具有典型代表性的学说。

笔者认为，在讨论不作为犯的作为义务来源之前，有必要先明确作为义务的功能，而这必须放置在刑法的基本功能这一基本视角下进行考察。具体而言，刑法的基本功能在于：通过对规范违反者施加刑罚从而向全体国民宣告被违反的行为规范继续有效，据此提供预防性的法益保护。[2] 因此，刑法应尽最大限度尊重并保护国民的行动自由，在这一点上，密尔所提出的关于自由的两个基本原则对于作为义务的要求及其功能具有重要的启示意义。具体而言：第一，个人的行动只要不涉及自身以外什么人的利害，个人就不必向社会负责交代；第二，关于对他人利害有害的行动，个人则应当负责交代，而且还应当承受或是社会的或是法律的惩罚，假如社会的意见认为需要用这种或那种惩罚来保护它自己的话。[3]

从第一个基本原则出发，任何人只要没有实施导致法益状态陷入恶化状态的行为，原则上实施任何行为都是自由的，不受来自国家和其他国民的任意干涉。从第二个基本原则出发，让某个特定的行为人承担法律责任或者以法律的名义命令某个行为人在特定的时空条件下采取积极的法益保护措施，需要具备特别的根据，即行为人自身实

[1] 例如，刘士心教授认为，引起作为义务的先行行为应当是对法益安全造成了现实、具体、紧迫危险的行为。参见刘士心：《先行行为引起的义务研究》，载《北方法学》2007年第6期。王莹教授和孙运梁教授借助客观归属理论的框架对先行行为的范围进行限缩，参见王莹：《先行行为作为义务之理论谱系规整及其界定》，载《中外法学》2013年第2期；孙运梁：《以客观归责理论限定不作为犯的先行行为》，载《中外法学》2017年第5期。

[2] 参见[日]高桥则夫：《刑法总论》(第4版)，成文堂2018年日文版，第11页。

[3] 参见[英]约翰·密尔：《论自由》，许宝骙译，商务印书馆1959年版，第102页。

施了法益侵害行为或者对于被害法益具有保护职责。质言之,作为义务的功能是为了满足法治国家自由主义的基本要求,本着自我负责原则,当行为人对他人制造出法益危险状态,即使牺牲自己的部分自由,也应当尽一切努力采取结果回避措施。在这个意义上,应当将使他人法益陷入危险状态的先行行为视为作为义务来源,这里的危险是指一种事实状态,并不需要行为人故意或过失创设这种危险,因为这并不是不作为犯所要直接处罚的对象,不作为犯关注的是在形成这种危险之后处于保证人地位的人的态度。[1] 此外,即使法益危险状态并不是由行为人直接创设的,当行为人对被害法益负有保护义务或者对危险源具有管理义务时,也应当肯定作为义务的存在。

据此,笔者认为,作为义务来源的确定应统合在自由主义原则之下,只有基于行为人实施了法益侵害行为或者其处于与受损法益的保护相关联的地位上,才能以刑法名义令其采取结果回避措施以承担保护受损法益的义务,具体表现为以下三个来源:①创设危险的先行行为;②对已经受损的法益具有保护义务;③对可能创设法益危险状态的危险源具有管控义务。与此相对,排他性支配理论无法直接为作为义务的来源提供判断标准,正如日本学者岛田聪一郎犀利指出,从因果共犯论的基本立场出发,所谓的“将导向结果的因果流程控制于掌中,具体、现实地支配因果经过”[2]无非是正犯的判断标准,其本身无法成为作为义务的发生根据。[3] 我国也有学者在批判性考察支配理论的基础上得出同样的结论,即支配中推导义务的思路错置了支配与义务的关系,两者至多只是伴随关系而不可能相互推导,因此,不作为犯中的支配理论无法成为保证人地位的法理基础。[4]

---

〔1〕 在这个意义上,可以将先行行为创设的危险与紧急避险的危险来源做同样的理解。

〔2〕 参见[日]西田典之:《共犯理论的展开》,江溯、李世阳译,中国法制出版社 2017 年版,第 164 页。

〔3〕 参见[日]岛田聪一郎:《不作为犯论》,载《法学教室》2002 年第 263 号。

〔4〕 参见徐万龙:《不作为犯中支配理论的法教义学批判》,载《现代法学》2019 年第 3 期。

那么,上述适用于不作为单独犯的作为义务来源是否可以原封不动地适用于不作为共犯中,抑或需要进行某种程度的修正。在这一点上,有学者以义务二分说为前提主张以下观点:当不作为者对被害法益负有保护义务时,则成立不作为正犯;当不作为者仅负有危险源管控义务时则成立狭义的不作为共犯。[1] 笔者认为,既然作为义务的负担是自由主义的一种例外,不论是对不作为的正犯还是共犯都应具备相同的作为义务内容。换言之,作为义务本身不具有区分正犯与狭义共犯的功能,对法益受损流程的支配程度才是区分正犯与共犯的标准,这一点已经在上文中详细阐述。以下,笔者试图结合具体案例,探寻上述的作为义务来源在适用于不作为共犯情形中下位准则。

(一)从危险的先行行为引发的作为义务

如前所述,当参与人制造的法益危险在实行人基于自律性决定而导向的构成要件结果中实现时,即使否定参与人作为正犯的资格,也存在成立狭义共犯的余地。本书试图考察的是,在行为人创设了这种危险状态后,当认识到正犯者有意识地利用这种危险状态而实施犯罪行为时,是否负有阻止正犯者实行犯罪的作为义务。根据密尔的侵害原理,行为人创设的危险程度与对他自由的限制程度是成正比的,因此问题的出发点就在于行为人所创设的危险类型及其程度。据此,本书分以下几种情形进行讨论。

1. 行为人实施犯罪行为之后的作为义务

当先行行为本身即可单独构成犯罪,后行行为人利用该犯罪行为所创设的危险状态进而实施犯罪行为时,先行行为人对于后行行为人的犯罪是否作为共犯处罚。这一问题主要取决于:后行犯罪行为实现的法益侵害是否可以评价在先行犯罪行为所创设的法益危险范围之内。

---

〔1〕 参见[日]高桥则夫:《刑法总论》(第4版),成文堂2018年日文版,第519页。

案例三：王定贵以过生日为由叫了被告人柯美兵、董庆以及王娟聚餐，王娟又带了被害人王某某一起吃饭喝酒。23时许，王定贵等五人离开饭店时，王某某已呈醉酒状态。五人乘坐出租车来到某宾馆开了一个房间，五人紧挨着躺在床上睡觉。次日凌晨3时许，董庆起床上厕所时，趁王某某醉酒熟睡、不知反抗之机，将王某某的短裤及内裤脱掉，与其发生了性关系。完毕后董庆将王某某的内裤穿回，准备躺下睡觉。其间，柯美兵醒来，发现董庆与王某某发生了性关系。在董庆结束后，柯美兵在上洗手间时发现王某某衣衫不整，亦起意对王某某实施奸淫，遂趁王某某醉酒熟睡、不知反抗之机，将王某某穿的内裤脱掉，与王某某发生了性关系。董庆见柯美兵奸淫王某某，上前制止，遭柯美兵拒绝后仍继续躺在床上。[1]

本案的一审和二审均将争议点聚焦在董庆与柯美兵是否成立轮奸上。肯定说的主要理由在于：①被告人董庆在奸淫被害人时确实未与柯美兵进行预谋或沟通，但其在自己奸淫完后看到被害人遭受第二次性侵害时，未有效制止柯美兵的行为，继续留在宾馆房间里直至柯美兵完成奸淫行为。被告人柯美兵在明知董庆已奸淫被害人的情况下，在董庆制止其不要脱被害人内裤的情况下仍执意实施奸淫。鉴于二被告人在同一时间同一地点均明知对方要奸淫被害人，可认定二人在犯罪的过程中达成了犯罪联络。②被害人遭受两次性侵害的犯罪结果与一般事先有预谋的轮奸行为并无区别，对二被告人应认定轮奸。与此相对，否定说的主要理由在于：①在被告人董庆奸淫被害人的过程中，柯美兵只是在旁边看到，并未提供任何帮助，董庆也不知道柯美兵已经醒来，二人之间不存在任何意思联络。②在柯美兵准备奸淫被害人时，董庆有制止的言行，对于董庆来说，其并不负有有效阻止柯美兵奸淫行为的义务。③即使按照片面共犯理论，在第一次强奸过程中，柯美兵未实施帮助行为，仅目睹强奸行为的发生，在第二次强奸

[1] 参见浙江省温州市龙湾区人民法院刑事判决书，(2017)浙0303刑初174号。

过程中,董庆也没有实施帮助的行为,相反还有阻止的行为,二被告人的行为分别单独构成强奸罪,不应认定为轮奸。

由此可见,肯定说与否定说双方之间的争议点除了是否具有犯意联络之外,还在于董庆是否负有有效阻止柯美兵实施强奸行为的义务,二审法院最终采取了否定说,判决董庆与柯美兵各自作为强奸罪的单独正犯承担责任。然而,上述支撑否定说的三点理由仍然存在值得进一步考察的余地。具体而言,第一,认为董庆不负有有效阻止柯美兵实施奸淫行为之义务的实质根据是什么,并没有进一步明示。第二,与第一个问题相关联,董庆先行实施的强奸行为对于柯美兵后续实施的强奸行为是否真的没有任何物理促进力及心理促进力。

(1)作为义务的考察

如前所述,作为义务来源的确定应受制于侵害原理,当行为人实施的先行行为本身即可单独成立犯罪时,在对既发的法益侵害后果承担刑事责任的同时,该法益受损结果本身又成为新的危险源,先行行为人成为该危险源的管控者,如果先行行为人在认识到他人可能在此基础上继续实施法益侵害行为而放任不管,只要该危险源对于后续的法益侵害具有促进作用,先行行为人即至少承担片面帮助犯的责任。那么,董庆对王某某实施强奸完毕后是否创设了一个足以被柯美兵利用的危险源,是值得考察的问题,笔者认为,应重点考虑的是:先行行为人的犯罪行为样态及其已经造成的法益侵害后果具体对于被害人的自我保护能力造成多大程度的损害。

具体而言,如果先行行为人的侵害行为致使被害人陷入丧失或显著减弱自我保护能力的状态,则先行行为人负有危险源管控义务。此时又可根据后续的侵害行为是否在先行行为人离开之后分为两种情形。例如,甲在公园里为强奸乙将其打成重伤并强奸既遂,路人丙在甲强奸完毕后对乙继续实施奸淫。①如果甲尚未离开案发现场,却不阻止丙的强奸行为,则甲直接违反了危险源管控义务,至少对丙的强奸行为承担帮助犯的责任。②如果此时先行行为人已经离开案发现场，当后行行为人利用既发的法益受损状态继而实施侵害行为，并且由后行行为开启的法益受损因果流程处于先行行为人的预见可能性范围之内时，先行行为人仍然成立片面的共犯。[1] 据此，即使甲已经离开案发现场，仍然要对丙的强奸行为承担帮助犯的责任。

那么，在本案中，由于董庆并不是采用暴力手段压制王某某的反抗之后对其实施强奸行为，而是利用王某某已经陷入的醉酒状态，在这个意义上，可以说董庆实施的强奸行为并未削弱王某某的自我保护能力，但并不能据此直接得出董庆没有制造危险源并附有管控该危险源的义务。这是因为，本案发生于某宾馆的房间内，五人共处一室，在董庆实施强奸行为的过程中，很可能吵醒其他同伴并激发其性欲，在强奸行为实施完毕之后，将王某某就那样衣衫不整放置于原地，显然加剧了王某某被同室的其他人性侵的可能性，即升高了王某某被强奸的危险。[2] 据此，董庆负有消除通过自己的强奸行为提升的被害人王某某再次被包括柯美兵在内的其他在场人员强奸的危险性这一作为义务。

(2)因果促进力的考察

如前所述，从因果共犯论出发，广义共犯的成立以对法益受损流程具有因果促进力为必要条件，这种因果促进力既包括物理性促进力也包括心理性促进力。质言之，共犯的处罚本身也是刑法为了实现法益保护功能的一个环节。既然如此，为不作为共犯的成立提供基础的作为义务也必须能够还原为防止法益侵害或危险，不应脱离这一点而漫无边际地承认对他人的犯罪承担共犯责任。即使先行行为本身即可单独成立犯罪，如果正犯者所实施的其他犯罪行为的法益侵害结果已经超出了先行行为危险的射程范围，即使先行行为人对正犯者实行犯罪持不作为态度，也不应肯定这种不作为态度的因果促进力。据

---

〔1〕 这一解释论规则可以为交通肇事逃逸加重处罚提供合理的理由。

〔2〕 在此限度内，“破窗效应”理论具有相当程度的解释力。

此，应以事后判断的视角出发，比较 a（现实发生的在先行行为人不履行作为义务的情形下正犯实施犯罪行为）与 b（假设在先行行为人履行作为义务的情形下正犯实施犯罪行为）的困难程度，只有 b 的困难程度大于 a，才能肯定先行行为人不履行作为义务对于正犯实施犯罪行为的促进力。这种促进力既可以表现为犯罪障碍的减少，也可以表现为这种不作为态度本身对正犯心理上的鼓舞，前者是一种物理促进力，后者则是一种心理促进力。将该解释论规则适用于本案的话，在当时的情况下，如果董庆履行了基于其先行强奸行为而派生出的避免被害人再被他人强奸的作为义务，柯美兵在强奸行为的实施上显然会遭遇重大困难，甚至可以说就不可能实现强奸既遂。虽然董庆在柯美兵实施强奸行为之际也上前制止，但这种程度的制止显然不能说已经履行了事前的结果回避义务，因为事前的结果回避义务要求行为人在当时的时空条件下竭尽自己所能去履行平行社会一般人所能履行的作为义务即基准行为。在本案中，董庆仅需大声将其他同伴叫醒即可轻易阻止柯美兵的强奸行为，却不实施，这种不作为既清除了柯美兵实施强奸行为的障碍，进而也为其强奸行为的实施提供行动理由。

2. 行为人提供可能用于犯罪的危险物品之后的作为义务

当行为人向他人提供犯罪工具时，如果双方之间存在犯意联络，则这种提供行为是一种作为的参与，然而，如果提供工具时双方之间并不具有意思联络，则应区分以下两种情形：第一，该工具本身就具有侵犯法益的危险性，如枪支、管制刀具、毒品、假币等违禁品，或者除了用于特定违法犯罪活动之外并无其他正面用途的恶意软件，诸如打码软件、盗号软件等。当行为人向他人提供这种违法工具时，显然创设了被法所不允许的危险，因此原则上行为人负有消除该危险的义务，如果不履行该义务，当他人利用该工具实施相应犯罪时，一般可以肯定该工具所派生的危险在他人的犯罪结果中实现，工具提供者在此危险实现的限度内承担共犯责任。第二，该工具本身是否危险完全取决于使用者的用法，甚至工具的提供本身就是在正常的营业活动范围内。此时,从信赖原则出发,应肯定工具提供者对于工具使用者不会违反该工具的本来用法而用于违法犯罪活动的信赖利益,因此原则上应否定工具提供者的危险消除义务。以下以我国刑法规定的非法出租、出借枪支罪以及丢失枪支不报罪为例,对上述第一种情形进行检讨。

基于违禁品本身就具有侵犯法益的类型性危险,因此我国法律严格管控违禁品本身形成的危险源,违禁品的"生产—销售—使用"这一整个链条基本上都处于刑法的规制之下,甚至对违禁品本身的持有状态都设置了相应的构成要件。可以说,刑法上针对违禁品本身所设置的这些构成要件都是为了实现对危险源的管控,但危险源一旦脱离管控者之手,管控者的责任并不止于危险源管控义务的不履行,因为与此同时也创设了被法所不允许的危险,如果管控者不履行危险消除义务并最终导致该危险在他人的犯罪中现实化,则存在肯定不作为参与责任的余地。例如,我国《刑法》第 128 条第 2 款规定了非法出租、出借枪支罪,即依法配备公务用枪的人员,非法出租、出借枪支的行为,虽然本罪的构成要件并不要求具备"严重后果"这一构成要件要素,但在 2008 年 6 月 25 日最高人民检察院、公安部出台的《关于公安机关管辖的刑事案件立案追诉标准的规定(一)》(以下简称《规定》)第 5 条中区分了两种情形:①依法配备公务用枪的人员或单位将枪支出租或出借给未取得公务用枪配备资格的人员或单位,这种情形的出租或出借行为本身立案追诉;②依法配备公务用枪的人员或单位非法将枪支出租或出借给具有公务用枪配备资格的人员或单位,此时需要造成人员轻伤以上伤亡事故或被他人利用进行违法犯罪活动,才立案追诉。如果说情形①因租赁或借用枪支方不具有持枪资格而类型性地增加枪支的危险性,那么情形②显然是通过出租或出借方所制造的危险行为在他人的犯罪中实现这一点补强可能出现的违法程度不足。据此,可以说本罪在司法实践的适用过程中,已经将出租或出借方在出租、出借枪支之后因不履行危险消除义务而加功于他人犯罪的这种不作为参与情形吸收到构成要件的认定上。与此类似的情形还出现在《刑法》第 129 条所规定的丢失枪支不报罪中，关于本罪所要求的“造成严重后果”这一要素，《规定》第 6 条也将其解释为丢失的枪支被他人使用造成人员轻伤以上伤亡事故，或者丢失的枪支被他人利用进行违法犯罪活动的情形。[1]

（二）对受损法益的保护义务

基于对受损法益的保护义务而引发的作为义务经常发生在以下两种情形中，第一种是基于不作为者与被害人之间亲密的人身关系；第二种是基于不作为者所处的职务上的地位。对于第一种情形而言，例如，当被害人本身并不具备独立生存能力或者因某种原因陷入一时的无法自我保护的状态时，如果处于保证人地位的行为人放任他人对被害人实施侵害行为，是否构成不作为的参与。对于后一种情形而言，例如，仓库管理人员发现他人在盗窃仓库货物而不阻止。以下分别讨论。

1. 基于亲密人身关系的法益保护义务

案例四：2017 年 3 月以来，赵某作为鹏鹏的法定监护人，在明知鹏鹏继母孙某对儿子以管教为名多次施加体罚殴打等虐待行为，且在微信上看到孙某所发鹏鹏脸伤照片后，仍然放任妻子的虐待行为。2017 年 7 月中旬后，赵某又在鹏鹏受伤呈植物人状态时，置其不顾，既不履行抚养照顾义务，也不提供生活来源，自行到异地打工，直至被成都警方抓获。陕西省渭南市临渭区人民法院认为，①赵某作为鹏鹏的监护

[1] 我国刑法学界关于这一问题的讨论集中于是否将“造成严重后果”视为客观处罚条件这一点上，笔者认为，应从因果共犯论的基本立场出发，将“造成严重后果”置于由丢失枪支不报这种不作为态度所引起的法益侵害因果流程之中进行考察，在这个意义上，造成严重后果并不是客观处罚条件，而是构成要件要素。关于这一问题的讨论，参见张明楷：《“客观的超过要素”概念之提倡》，载《法学研究》1999 年第 3 期；柏浪涛：《构成要件符合性与客观处罚条件的判断》，载《法学研究》2012 年第 6 期；王钰：《对客观处罚条件性质的历史性考察》，载《清华法学》2012 年第 1 期。

人,明知孙某有虐待行为,仍不依法履行法定监护职责和保护义务,其在收到被害人受伤的照片,了解相关情况后仍未履行监护义务,致使被害人被虐待,应认定为与孙某构成虐待罪的共犯。②与此同时,在鹏鹏因伤住院期间,赵某也拒绝照顾抚养,将其遗弃在医院,情节严重,构成遗弃罪。[1]

由此可见,裁判理由将赵某的行为分为两个阶段:第一个阶段是在鹏鹏遭受继母虐待时赵某的不作为态度,即违反犯行阻止义务的不作为;第二个阶段是在孙某对鹏鹏实施伤害并致其重伤之后的不作为态度,即违反结果回避义务的不作为。前一阶段的不作为加功于正犯的虐待及伤害行为,而后一阶段的不作为则为单独正犯的成立提供基础。之所以肯定赵某对于孙某的犯行阻止义务,并不是基于赵某与孙某之间的夫妻关系,而是基于赵某对被害人鹏鹏的人身安全保护义务,虽然孙某也是鹏鹏的监护人,但当赵某知道孙某对鹏鹏实施虐待行为时,就不再享有信赖孙某会保障鹏鹏人身安全的利益。从这一点出发,赵某不仅负有阻止孙某继续实施虐待行为的义务,还负有检查并治疗鹏鹏已经受到的伤害以防止伤情恶化的义务。前一种义务的履行时间是在正犯实行犯罪行为的当时,因此,不作为者与正犯之间的人际关系将会影响作为可能性的有无及其程度,从而也将最终决定不作为者是否以及在多大程度上承担不作为参与的责任。[2] 本案中,赵某与孙某是夫妻关系,赵某能成功阻止孙某实施虐待行为的可能性显然要比阻止陌生人实施侵害行为的可能性高得多。虽然在孙某实施伤害行为的当时赵某并不在场,表面上看起来并不具有作为可能性,但虐待罪是一种继续犯,在赵某知道鹏鹏遭受孙某虐待的那一时刻起,就应采取一切可能采取的措施阻止虐待行为的继续实施。与此相对,后一种义务的履行时间则是在正犯的侵害行为实施之后,此

---

〔1〕 参见陕西省渭南市临渭区人民法院刑事附带民事判决书,(2019)陕0502刑初46号。

〔2〕 这一点同样适用于不作为者面对亲人被第三人侵犯时的作为义务来源及其作为可能性的判断上。

时，如果保护义务者不履行法益保护义务，放任构成要件结果的发生，则承担相应犯罪的单独正犯责任。

2. 基于职务地位的法益保护义务

从个人与个人之间的关系来看，每个人既是自己利益的享有者也是保护者，然而，任何人都不可能无时无刻管理并保护自己的利益尤其是财产利益，据此推动了社会分工的精细化。那么，①当某行为人接受以保护他人的人身或财产利益作为职责内容之一的职业时，如果面对他人的人身或财产权利遭受侵害而放任不管，是否以及在多大程度上对损害后果承担刑事责任。例如，小区保安深夜巡逻时发现有人行窃而不阻止。与此相对，从个人与国家的关系来看，虽然国家首先应对公民的基本权保持消极态度以防止侵犯基本权，但当公民的基本权遭受他人的侵害而被侵害人又无法有效保护自己的基本权时，国家有义务挺身而出保护被侵犯的基本权。[1] ②据此，当代表国家公权力的国家机关工作人员发现侵害公民人身权利或财产权利的犯罪行为却不阻止时，除了可能构成渎职罪之外，是否还可能成立不作为的共犯，值得追问。例如，警察不制止歹徒行凶而导致被害人被杀害。限于篇幅，本书以第①种情形为例进行探讨。

案例五：被告人马某在中原油田“春 30”油井上工作期间，被告人李红亮等人先后两次到该油井上盗窃原油 1.6 吨（价值 3460 元），当时值班的马某发现后，未予制止和上报且接受偷油者的现金 330 元。一审和二审法院均认为，①马某身为油井上的看护工作人员，发现偷油者未予有效制止，并接受盗油者钱财，事后不向上级汇报；②与盗窃犯罪人形成非法占有国家财产的共同故意；③以不作为形式放任犯罪人盗油，其行为构成盗窃罪，且属于共同犯罪。[2]

虽然本案的一审和二审法院均认定马某以不作为的形式参与到

---

〔1〕 关于基本权的防御功能和基本权国家保护义务，参见陈征：《基本权利的国家保护义务功能》，载《法学研究》2008 年第 1 期。

〔2〕 参见河南省开封市中级人民法院刑事判决书，(2010)汴刑终字第 60 号。

李红亮等人的盗窃行为中,并承担盗窃罪共犯的责任,然而以上的三点裁判理由仍然存在值得进一步深入挖掘的余地。

第一,如果要认定不作为共犯的成立,不作为的参与人必须具有明确的作为义务来源。那么,阻止盗油者偷盗原油这一作为义务是否可以从马某作为油井看护工作人员这一职业地位出发引出。笔者认为,这一问题取决于油井看护工作人员的职责范围,即其承担的法益保护义务的具体内容和范围。显然,马某所应保护的法益主要就是原油这一财产本身,因此可能导致原油财产价值减损或灭失的行为或事项,马某都应在自己的能力范围内竭尽全力阻止。因此,阻止盗窃原油行为当然是在其法益保护职责范围之内。

第二,上述的第②点裁判理由认为马某与盗窃犯罪人形成非法占有国家财产的共同故意,这一点恐怕并非不证自明。具体而言,盗窃罪在财产犯罪体系中属于利得型犯罪,虽然在条文上并没有规定应当具备非法占有目的,但大多数观点认为利得型犯罪应具备这一不成文的构成要件要素。一般认为,非法占有目的由排除意思和利用意思构成,前者强调排除权利人的占有,以取而代之的意思建立新的占有,从而否定使用盗窃成立盗窃罪;后者强调按照财物的本来经济性用法加以利用,用以区分利得型犯罪与毁弃型犯罪。[1] 这样的话,排除意思的有无直接决定了是否成立财产犯罪,应将其视为违法要素;与此相对,利用意思的有无决定了是否具备利得型犯罪的特征,可以将其视为责任要素。从不法共犯论或者因果共犯论出发,应承认违法的连带性与责任的个别性。据此,在本案中,只要马某认识到了李红亮等人具有排除意思即为足够,并不需要其本人也具有排除意思;与此相对,只有马某也具备利用意思才能具备完整的非法占有目的从而与李红亮等人构成盗窃罪的共犯,在本案中,由于马某接受了来自偷油者的

〔1〕 参见张明楷:《论财产罪的非法占有目的》,载《法商研究》2005 年第 5 期。相反的观点参见刘明祥:《刑法中的非法占有目的》,载《法学研究》2000 年第 2 期。

现金,可以容易肯定这种利用意思的存在。据此,本书认为,本判决的结论是完全正确的。但如果没有任何证据表明不作为的参与人具有利用意思,则丧失了对不作为参与人利欲熏心这一意义上进行谴责的基础,根据部分犯罪共同说或行为共同说,不作为参与人仅仅在毁弃型犯罪的限度内与正犯成立共同犯罪关系。

第三,正犯所实施的犯罪所侵犯的法益应当在不作为参与人所承担的法益保护义务的范围之内,对于超出的部分,不作为参与人将不承担共犯的责任。例如,仓库管理人员甲发现进入仓库行窃的乙在行窃之后为抗拒抓捕打伤了另一名仓库管理人员丙,却放任不管,如果仓库管理人员的职责被限定于货物的管理与保护的话,那么甲的不作为所能波及的范围也仅仅是乙的盗窃行为,由于乙的转化型抢劫已经涉及人身法益的侵犯,因此阻断了该结果对甲的不作为态度的可归属性。

(三)对危险源的管理义务

在以上对基于创设危险的先行行为而产生的作为义务进行讨论的过程中,已经涉及基于对危险源的管理而产生的作为义务。关于这两种作为义务之间的关系,可以说创设危险的先行行为是在怠于危险源的管理的延长线上,这在上述关于丢失枪支不报罪的分析中已经明显体现出来。于是,关于这两种作为义务的区分主要取决于:在行为人决定采取不作为态度的这个时点上,危险源是否尚且处于行为人的支配领域范围之内。然而,在风险社会的今天,可以说危险源无处不在,因此,关键的问题在于危险达到怎样的程度才可以成为刑法意义上的危险源。这不仅取决于工具本身的危险性,如枪支、管制刀具等禁制品,而且取决于行为人对于工具的使用方式,甚至取决于行为人是否掌握了优越于被害人的危险源信息。以下以一则案例为素材探讨危险源的确定标准以及由此引发的作为义务。

案例六:2011 年 6 月 2 日上午,被告人徐汉坤将被害人陈某带至被告人陈玉松的暂住地。当天晚上 11 时许,被告人徐汉坤采用打耳光、按压身体等手段强行与被害人陈某发生性关系。其间,被害人陈某反抗并多次向在同一房间内睡在另一张床上的被告人陈玉松求救,被告人陈玉松仅对被告人徐汉坤作一般言辞劝阻,之后即对被告人徐汉坤继续实施的强奸行为听之任之,致使强奸行为得逞。[1]

上海市奉贤区人民法院在认定被告人徐汉坤构成强奸罪的基础上,认为陈玉松以不作为的方式成立强奸罪的共犯,具体裁判理由如下:①被告人陈玉松留宿被告人徐汉坤和被害人与其同房居住,两床间仅有布帘相隔,作为房间提供者,被告人陈玉松负有相应的安全保障义务。②作为被告人徐汉坤的长辈亲属,被告人陈玉松负有约束晚辈不当行为的责任。③作为被害人当时唯一的求助对象,在其人身未受到暴力胁迫、实施救助不会损害自身权利,且有救助的能力时,被告人陈玉松并未积极履行上述义务与责任,致使被告人徐汉坤的强奸行为得以实行完毕,该消极不作为行为与被害人的性自由权遭受侵害具有刑法上的因果关系。④在主观方面,虽然被告人陈玉松与被告人徐汉坤并未实施强奸的事前通谋,但在被害人明确向陈求救以后,陈玉松仅以言辞稍微制止,其后便任由徐肆意实施奸淫行为,对事态的发展持听之任之的放任态度,具有间接故意,构成共犯关系上的事中故意。因此,被告人陈玉松与被告人徐汉坤构成强奸罪的共犯。

该裁判理由从不作为犯和共犯两条进路论证不作为共犯的成立,具体而言,第①点理由说明陈玉松作为房间提供者,具有安全保障义务,据此论证作为义务的存在;第②点理由从陈玉松与徐汉坤之间的人身关系出发试图进一步论证作为义务的存在;第③点理由引入排他性支配理论,并在论证具有作为可能性的基础上,试图证立不作为态度与被害人法益受损之间的因果关系;第④点理由试图为共犯成立的主观条件提供支撑。前三点理由都服务于成立不作为犯的论证,最后

---

〔1〕 参见上海市奉贤区人民法院刑事判决书,(2011)奉刑初字第 879 号。

一点理由则服务于成立共犯的论证。可以说，该裁判理由是将学理解释与案件事实相融合的典范，尤其是，并未以第④点理由为根据直接肯定共犯关系的成立，而完全忽视了作为义务的证立。然而，在这些裁判理由中仍然存在可以进一步挖掘和扩展的余地。

第一，房屋居住者在怎样的情形下具有安全保障义务。裁判理由仅指出陈玉松作为房间提供者具有安全保障义务，但并未论证负有这种作为义务的根据是什么。房屋在物理空间上与外界相对隔离，一方面为居住者提供安全的饮食起居场所，但另一方面对于不熟悉该居住环境的被害人而言，有可能成为危险源，或者如果在房屋内遭受他人侵害，获取外界力量救助的可能性就会比在公共场合小很多。从这两方面出发可以引导出以下推论：首先，房屋对于居住者本人而言不可能成为危险源，并且居住者的住宅权本身又是宪法规定的基本权利，因此如果他人未经居住者允许而进入其房屋，即使因房屋建筑存在安全隐患而受伤或者被危险宠物咬伤等，房屋居住者也不承担刑事责任。其次，一旦房屋居住者允许他人进入其房屋，该房屋对于进入者而言是完全陌生的未知领域，而对于居住者而言则是支配范围内的领域，由此，在房屋居住者与进入者之间产生了关于房屋安全事项上的信息不对称，因此，经允许而进入他人房屋的人就处于相对脆弱的、需要由房屋居住者提供安全保障措施的处境。质言之，房屋居住者在他人进入其房屋之前完全有决定是否允许其进入的选择权，但是一旦允许他人进入，就对进入者负有安全保障义务。

第二，房屋居住者的安全保障义务的具体内容是什么。即使承认房屋居住者对于经其允许进入的人负有安全保障义务，这种义务的范围也应受到限制。从以上的关于房屋的两个基本特征出发，房屋居住者的安全保障义务主要表现为以下三点：①房屋内存在安全隐患，这既包括房屋设计上的瑕疵也包括房屋内存在危险物品或动物等。②房屋内存在潜在的可能侵犯进入者的危险人物。③进入者因自身或他人原因而陷入无法自救的状态中，如突然在他人家中晕倒或被第三人打伤。对于本案而言，陈玉松对于被害人陈某的安全保障义务首先来源于其允许徐汉坤与陈某进入其房屋内，如果陈玉松一开始就不允许两人进入其房屋，即使陈玉松在当时发现徐汉坤有很大的可能性会强奸陈某，陈玉松也不负有犯罪阻止义务或对陈某的救助义务。其次，在允许徐汉坤与陈某进入其房屋之后，当陈玉松发现徐汉坤具有侵犯陈某的潜在可能性时，就负有管控这一危险源的义务，如劝说徐汉坤放弃犯罪念头，或者提醒陈某注意防范徐汉坤，甚至让陈某离开该房屋。再次，当徐汉坤开始对陈某实施性侵时，性侵的危险转化为现实，由于犯罪发生在处于陈玉松支配领域范围的房屋内，被害人已经处于无法自救的脆弱状态中，因此负有阻止徐汉坤对陈某实施强奸的作为义务。但需要特别注意的是，这种作为义务的来源并不是由陈玉松与徐汉坤的叔侄关系引出的，而是从陈玉松在接受陈某进入其房屋内的那一刻起负有保障其人身安全的义务引出的。最后，如前文所述，从陈玉松"作为被害人当时唯一的求助对象"这一点出发并无法推导出陈玉松负有作为义务的结论，但这种对被害法益的排他性支配可以为正犯性提供根据。

第三，陈玉松与徐汉坤之间的人身关系将对陈玉松的作为可能性产生影响。这里的作为可能性有无的认定应坚持事前判断，即在当时的具体情境下是否能够以刑法的名义要求陈玉松挺身而出阻止徐汉坤的犯罪行为，毕竟刑法不能强人所难，这既包括要求行为人去做自己能力之外的事情，也包括行为人必须付出巨大的代价才可能完成。在这个意义上，阻止与自己有亲密人身关系的人犯罪显然要比阻止陌生人犯罪更容易一些，基于陈玉松与徐汉坤之间的叔侄关系，在刑法上可以期待陈玉松在徐汉坤实施强奸行为之际，不仅仅作一般的言辞劝阻，而应该采取更为严厉和有效的阻止措施，如威胁报警、严厉训斥。[1]

---

〔1〕 此时，虽然陈玉松完全可以对徐汉坤实施防卫行为，但防卫权是一项基本权利而不是义务。换言之，正当防卫在规范论上属于容许规范的范畴而不属于命令规范的范畴，因此不能以刑法的名义要求陈玉松对徐汉坤发动正当防卫。

由此可见，陈玉松实际上并未实施被平行的社会一般人所期待的结果回避措施，因此具备不作为的实行行为性。但在裁判理由中却将属于实行行为性判断的问题领域归入因果关系论之中，混淆了事前判断与事后判断。[1] 具体而言，因果关系的判断是一种事后判断，在不作为犯中，由于其实行行为是行为人不实施基准行为即被期待的作为义务，因此因果关系的判断也变成一种假定的判断，即假设行为人履行了本应履行的作为义务，是否能够有效地阻止构成要件结果的发生。从上述的原则帮助犯说以及广义共犯的因果促进力的判断标准出发，只要不作为参与人应当履行的作为义务在客观上使正犯的犯罪过程遭遇困难或获得不继续实施犯罪的行动理由，即可以肯定不履行作为义务对于正犯结果的因果促进力。

五、结论

从限缩的正犯概念出发，对于他人犯罪的参与应被视为刑罚扩张事由，立足于因果共犯论，只有当参与行为所惹起的法益侵害危险在他人的犯罪结果中现实化时，才能让参与人承担共犯的责任。这一原理共通地适用于作为参与和不作为参与，因此，在不作为参与问题的解决上可以将作为参与作为参照模型。以此为出发点，本书得出以下基本结论：

第一，如果作为正犯并非基于自律性决定而实现构成要件结果，当该因果流程可以归属于处于幕后优越支配地位的不作为参与人时，则不作为参与人成立不作为的间接正犯。

第二，如果作为正犯基于自律性决定而亲手实现构成要件结果，在肯定作为正犯者承担正犯责任的同时，应考察不作为参与人的参与形态。由于不作为并不具有像作为那样的对于结果发生的物理促进

[1] 关于事前判断与事后判断的对应原则及其理论基础，参见［日］高桥则夫：《刑法总论》（第4版），成文堂2018年日文版，第67页。

力,而主要通过心理促进力作用于正犯,因此原则上不作为参与人仅在帮助犯的限度内承担责任。除非不作为参与人为正犯实现犯罪提供了强有力的行动理由,发挥了类似正犯的作用,才能与作为正犯者成立共同正犯。

第三,作为义务的来源受制于侵害原理,因此不作为参与人的作为义务来源与单独犯的作为义务来源应作统一理解。据此,排他性支配理论并不具有引导作为义务的功能,只有行为人的态度与他人的法益受损相关联时,才能要求该行为人牺牲部分自由履行被平行的社会一般人所期待的作为义务。因此,功能二分说具有合理性,除此之外,作为义务来源当然还包括行为人创设的危险的先行行为。

第四,虽然作为义务的有无主要考虑不作为参与人是否负有保护被害法益的义务,但不作为参与人与正犯之间的人身关系将影响作为可能性的有无及其程度。